● 四川师范大学法学学科出版基金资助
● 四川大学中央高校基本科研业务费研究专项项目
（sksz202109）资助

大学思政研究丛书

大学生法治教育与思想政治教育融合研究

熊胤　陈萱源●著

DAXUESHENG FAZHI JIAOYU
YU SIXIANG ZHENGZHI JIAOYU
RONGHE YANJIU

四川大学出版社
SICHUAN UNIVERSITY PRESS

图书在版编目（CIP）数据

大学生法治教育与思想政治教育融合研究 / 熊胤，
陈萱源著． — 成都：四川大学出版社，2023.10
（大学思政研究丛书）
ISBN 978-7-5690-6352-3

Ⅰ．①大… Ⅱ．①熊… ②陈… Ⅲ．①大学生－思想
政治教育－研究－中国 Ⅳ．① G641

中国国家版本馆 CIP 数据核字（2023）第 181657 号

书　　名：大学生法治教育与思想政治教育融合研究
　　　　　Daxuesheng Fazhi Jiaoyu yu Sixiang Zhengzhi Jiaoyu Ronghe Yanjiu
著　　者：熊　胤　陈萱源
丛 书 名：大学思政研究丛书

丛书策划：庞国伟　梁　平
选题策划：梁　平　杨　果
责任编辑：陈克坚
责任校对：杨　果
装帧设计：裴菊红
责任印制：王　炜

出版发行：四川大学出版社有限责任公司
　　　　　地址：成都市一环路南一段 24 号（610065）
　　　　　电话：（028）85408311（发行部）、85400276（总编室）
　　　　　电子邮箱：scupress@vip.163.com
　　　　　网址：https://press.scu.edu.cn
印前制作：四川胜翔数码印务设计有限公司
印刷装订：四川煤田地质制图印务有限责任公司

成品尺寸：170 mm×240 mm
印　　张：13
字　　数：248 千字

版　　次：2023 年 11 月 第 1 版
印　　次：2023 年 11 月 第 1 次印刷
定　　价：68.00 元

扫码获取数字资源

四川大学出版社
微信公众号

前　　言

　　"法者，治之端也。"① 全面推进依法治国战略是历史和人民的必然选择，也是顺应中国特色社会主义治国安民内在规律的本质要求。1982 年 12 月，第五届全国人民代表大会第五次会议正式通过并颁布了新的——也是现行的——宪法。其总结了中国在社会主义发展建设过程中的经验教训，"国家机构"一节史无前例地被设置在"公民的基本权利和义务"之后，即在体例上调整和确认了"公民权利高于国家权力"这一法治国家基本原则。而后，党的十五大将"依法治国"确立为基本治国方略，并于 1999 年以宪法修正案的形式将依法治国方略写入根本大法；党的十六大强调依法治国是社会主义民主政治的重要内容；党的十八届四中全会以"依法治国"为会议中心，发布会议公报，借以综述依法治国战略的总纲与大本大宗，颁布《中共中央关于全面推进依法治国若干重大问题的决定》，绘制出一幅"立法、执法、司法、守法"四个法律运行基本环节与"法治队伍建设""党的领导的加强与改进"协同发展的战略实施路径蓝图；在党的二十大报告中，习近平总书记切中肯綮，指出应坚持全面依法治国的基本方略，"在法治轨道上全面建设社会主义现代化国家②。自"八二宪法"颁布以来，我国在法治道路上踵事增华，不断攀至新的高峰。

　　"教育人才，为根本计。"③ 加强法治宣传教育是全面依法治国战略实施弥足轻重的一环。2021 年，教育部印发《全国教育系统开展法治宣传教育的第八个五年规划（2021—2025 年）》，明确法治宣传教育的主要任务是"以

---

　　① 王先谦：《荀子集解》，沈啸寰、王星贤整理，中华书局，2012 年，第 226 页。
　　② 习近平：《高举中国特色社会主义伟大旗帜　为全面建设社会主义现代化国家而团结奋斗——在中国共产党第二十次全国代表大会上的报告》，人民出版社，2022 年，第 40 页。
　　③ 宋濂：《元史》卷一二六《廉希宪传》，中华书局，1976 年，第 3085 页。

习近平法治思想为引领，持续提升教育系统法治素养"①。大学生作为接受过一定专业教育和职业教育的高素质人群，是掌握先进高新技术与新潮思想理念的前沿群体，是推动社会发展进步的有生力量。在此背景下，大学生既是全面依法治国的主力军、顶梁柱，也是国民法治教育的首要对象。一方面，高校应按照建设德才兼备的高素质法治工作队伍的时代要求，立足现实基础，更新学生培育计划与法治教育方案，培养专业过硬、作风优良、品德端正的社会主义法治专业人才；另一方面，针对其他专业学生，高校应重新建构其素质教育体系，将法治教育以更具实效性、更富生动性、更有科学性的方式融入教书育人全过程。

思想政治教育是在思想的领域，通过内在的品德、观念和外在的规范等内容影响和改造受教育者，使其在观点和立场上发生转变，世界观、人生观、价值观（简称"三观"）趋向一定规律，满足一定时期、一定社会所要求的思想政治素养的社会实践活动。本质上，思想政治教育旨在以果行育德，使受教育者养成符合社会和个人发展的思想政治素质，其注重社会性，更强调政治性。当今世界正经历百年未有之大变局，越到关键时刻，越考验一个国家、一个民族的精神凝聚力。习近平总书记阐明了"青年一代有理想、有本领、有担当，国家就有前途，民族就有希望"②的青年观，将有为青年在可为时代踔厉奋发、展现风采的关键立足于厚植理想信念、价值理念与道德观念的培育建设，强调了强大精神动力对青年行为的引领作用。

高校是传递马克思主义火炬的首善之地，承担着培育德才兼备、具有开拓创新精神的贤士英才的重任。高校思想政治理论课程应在教育部的宏观指导下，施展科学思想理论教育与政治引导的功能，发挥引导大学生树立正确"三观"的重要作用。习近平总书记在全国高校思想政治工作会议上一语中的，从高校思想政治工作方面说明和解决了高校培养什么样的人、如何培养人以及为谁培养人的根本问题。他强调"把思想政治工作贯穿教育教学全过程，实现全程育人、全方位育人，努力开创我国高等教育事业发展新局面"③。这就要求高校思想政治理论课教师在教育内容上应在教材文本的内容上做文章，把握内

① 教育部：《全国教育系统开展法治宣传教育的第八个五年规划（2021—2025年）》，http://www.moe.gov.cn/srcsite/A02/s5913/s5914/202111/t20211111_579070.html，2021年。
② 习近平：《决胜全面建成小康社会 夺取新时代中国特色社会主义伟大胜利——在中国共产党第十九次全国代表大会上的报告》，人民出版社，2017年，第70页。
③ 习近平：《习近平谈治国理政》（第二卷），外文出版社，2017年，第376页。

容的高水平与思想理念的正确性；在教育形式上，应秉持求真务实的精神，将多元化的教学方式应用至一线教学；在教育技术上，须融合运用新媒体技术，在传统思想政治教育的优势上推陈出新。

在中国共产党成立 100 周年之际，中共中央、国务院印发《关于新时代加强和改进思想政治工作的意见》，将"加强社会主义法治教育"纳为深入开展思想政治教育的核心要务①。以上内容表明，同为国民教育的重要内容，大学生法治教育与思想政治教育并非泾渭分明、相互排斥，而是有所交叉与融合，彼此依存、相互促进。其主要体现在以下两个方面：

第一，思想政治教育是法治教育的前提。如前所述，思想政治教育旨在提高受教育者的思想品德，传递民众所接受和倡导的价值观，进而指导受教育者探索和改造世界，将其具有的浓厚政治色彩融入受教育者的理想、信念、立场、纪律、观点等方面。同为意识形态建设的手段，思想政治教育以道德良知约束内在心理，法律规范以国家强制力约束外在行为。一方面，法律是道德的底线，有较高的思想境界、道德素养，必然会指引受教育者在法律的框架内行动；另一方面，思想政治教育为受教育者理解法治建设提供理论基础，当法治价值取向合乎道德价值时，受教育者才能对其产生政治认同，进而接受法律、遵守法律、适用法律。

第二，法治教育是思想政治教育的要件枢纽。思想政治教育涉及大量的专有术语和抽象理论，传统的教育方式仅结合史实，或情景演绎或照本宣科。现今高校学生只得通过电视剧、纪录片等片面化的记录方式对过往的年华窥得一二。法律是社会他律的规范化表达，是更贴近公众生活的权利义务书。通过充分结合法律与道德，高校从更高的价值维度多元讲授思想政治教育课程，不仅可以充分调动学生积极性，也能从多个角度加深高校学生对规律性问题的认识。

正确认识法治教育与思想政治教育的关系并会同协调、有效融合，既有助于推进法治国家的全面建设，又能更好地完成新时代思想政治教育的工作任务。因此，在"依法治国"与"科教兴国"战略实施的背景下，对高校法治教育与思想政治教育相互融合渗透的现实需求、底层逻辑、实现路径与教学模式的研究具有深远的意义。现有研究大多是以思想政治教育工作为主体，在法治

---

① 中共中央、国务院：《关于新时代加强和改进思想政治工作的意见》，https://www.gov.cn/xinwen/2021−07/12/content_5624392.htm，2021 年。

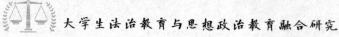

视野下探究其实践维度，而以法治教育为主干的体系研究偏少。

为进一步加强高校法治教育与思想政治教育融合研究，笔者结合多年从事大学生法治教育和长期担任高校辅导员参与大学生思想政治教育工作的实践经验，在学习经典著作和专家学者研究成果的基础上，撰写了《大学生法治教育与思想政治教育融合研究》一书。该书是四川省 2021—2023 年高等教育人才培养质量和教学改革重点项目"综合性师范院校'法学底色、教育特色'法治教育人才培养的新文科改革"（JG 2021－800）和四川师范大学"青春向党"辅导员名师工作室阶段性成果。笔者希望本书的出版能补充现有研究的空缺，为高校开展法治教育与思想政治教育融合工作提供参考借鉴。

目　　录

绪　论

一、研究背景

高校法治教育作为全民法治教育的重要一环，其产生和发展离不开特定的时代背景、社会环境、文化氛围等诸多要素。要研究高校法治教育，就必须对全民法治教育这一逻辑前提进行总体、全面、准确的把握。"人们自己创造自己的历史，但是他们并不是随心所欲地创造，并不是在他们自己选定的条件下创造，而是在直接碰到的、既定的、从过去承继下来的条件下创造。"① 法治教育从本质上说是人的教育行为，人们实施法治教育具有鲜明的时代导向性和目的性。我们认为，高校法治教育孕育于全民法治教育的时代大潮之中，可从时代、理论及实践三个维度对法治教育背景作总体把握，进而由表及里、由此及彼研究和阐释高校法治教育体系建设之深厚意蕴。

（一）时代维度：重视法治教育根植于党团结带领人民进行伟大社会变革的进程

中国共产党自诞生之日起，就始终高举为人民谋幸福、为民族谋复兴的伟大旗帜，团结带领中国人民进行伟大的社会革命，取得一系列伟大的成就，究其原因，"很重要的一条就是我们党在长期实践中培育并坚持了一整套光荣传统和优良作风"②。我们党历来重视法治教育，无论是在革命时期、建设时期，抑或是改革时期，始终注重引导人民树立法治观念、牢固法治意识、培养法治

---

① 中共中央马克思恩格斯列宁斯大林著作编译局：《马克思恩格斯选集》（第一卷），人民出版社，2012年，第669页。
② 习近平：《习近平在中央党校（国家行政学院）青年干部培训班开班式上发表重要讲话强调 立志做党光荣传统和优良作风的忠实传人　在新时代新征程中奋勇争先建功立业》，《人民日报》，2021年3月2日第1版。

1

精神。成立之初，中国共产党就频繁深入劳工群众之中开展宣传教育工作，其中很重要的一项便是向他们介绍劳动权、休息权等法定权利以及人人平等、婚姻自由等法制理念，使劳工在投身革命和建设事业的过程中权益亦能得到保护。"八七会议"后，中国共产党的工作重心逐渐转移至农村，在领导农民开展土地革命的同时，创制了《中华苏维埃共和国宪法大纲》，制定了有关土地管理、劳动和婚姻等关乎社会生活各方面的法律法规，创造了坚持原则、依法办事、廉洁公正的"马锡五审判方式"①，并以此为重点对革命根据地的广大人民群众进行宣传教育。新中国成立后，面对新的社会制度和环境，加强法制建设成为国家政治生活的重要议题，党的八大通过的政治决议指出，"必须进一步加强人民民主的法制，巩固社会主义建设的秩序"②，对民主法制建设重要性的强调也映射出法制教育的必要性。改革开放以来，我们党积极总结经验教训，加快民主与法制建设的步伐，将法制教育摆在更为突出的位置，邓小平同志强调，"法制教育要从娃娃开始，小学、中学都要进行这个教育，社会上也要进行这个教育"③。自 20 世纪 80 年代起，党和政府接连制定"五年普法规划"，开展长期性全民普法，不断探索和开创法制教育新途径。党的十八大之后，党中央把"全面依法治国"纳入"四个全面"战略布局，并指出普法工作要有针对性和实效性，要加强青少年法治教育，提升全体公民法治意识和素养，通过开展特色鲜明的宪法教育、民法典教育等主题宣传教育，尤其是习近平法治思想融入课程教育，开创了法治教育的新局面，赋予了法治教育新的时代内涵。党的十八届四中全会审议通过了《中共中央关于全面推进依法治国若干重大问题的决定》，其阐述了全面推进依法治国的必要性、根本意义以及其总目标，是我国法治建设的重要里程碑。

党的十九大将法治建设摆在了更加重要的位置。党的十九大报告提出了一系列关于全面依法治国和法治建设的新概念、新命题、新阐述、新要求，整个报告共提及法治 53 次，通篇贯穿并反映了习近平新时代中国特色社会主义法

---

① 马锡五审判方式是抗日战争时期在陕甘宁边区实行的一套便利人民群众的审判制度，由陕甘宁边区陇东分区专员兼边区高等法院分庭庭长马锡五首创。其主要特点为：(1) 深入群众，调查研究，实事求是；(2) 手续简单，不拘形式，方便人民；(3) 审判与调解相结合；(4) 采用座谈式而非坐堂式审判。

② 刘少奇：《中国共产党中央委员会向第八次全国代表大会的政治报告》，《人民日报》，1956 年 9 月 17 日第 1 版。

③ 邓小平：《邓小平文选》(第 3 卷)，人民出版社，1993 年，第 163 页。

治思想的时代内涵与创新发展①。习近平总书记指出："全面推进依法治国，总目标是建设中国特色社会主义法治体系，建设社会主义法治国家。"② 新时代法治现代化实现路径需要三个转型升级：一是从法治国家转型升级为法治中国，二是从法治之制转型升级为良法善治，三是从法律大国转型升级为法治强国。

　　在党的二十大报告中，习近平总书记对新时代全面依法治国做出了新的重要部署。习近平总书记指出，"全面依法治国是国家治理的一场深刻革命，关系党执政兴国，关系人民幸福安康，关系党和国家长治久安"③。因此，我们必须更加坚定地走中国特色社会主义法治道路，建设中国特色社会主义法治体系，建设社会主义法治国家。完善以宪法为核心的中国特色社会主义法律体系，扎实推进依法行政、严格公正司法，加快建设法治社会，是我国法治建设的重要工作。由此可见，新时代中国的法治建设从价值认知、本体内涵和实践路径等方面都被赋予了全新的时代要求。

　　（二）理论维度：重视法治教育熔铸于坚持和发展中国特色社会主义的题中之义

　　"以史为鉴、开创未来，必须坚持和发展中国特色社会主义。"④ 中国特色社会主义道路既坚守了科学社会主义一般原则，又一以贯之坚持了马克思主义；并创新了社会主义社会具体制度，发展了马克思主义。其一，中国特色社会主义法治建设理论以马克思主义为指导，并结合了新时代中国特色社会主义实践，是对马克思主义的深化发展。其二，中国特色社会主义法治建设理论弘扬了中华优秀传统文化，创新了马克思主义经典法学理论，开启了马克思主义法学理论中国化的新征程。党的十八大以来，习近平总书记强调"要加强对中华优秀传统文化的挖掘和阐发"⑤。在中国传统社会，由于"家"与"国"的社会治理结构的不同，依法治国曾一度成为中国古人治国理政的主张。中华优

---

　　① 李林：《努力把我国建设成为社会主义法治强国——从十九大报告看习近平新时代中国特色社会主义思想的精髓》，《人民政协报》，2018年1月2日第12版。

　　② 中共中央文献研究室：《十八大以来重要文献选编》（中），中央文献出版社，2016年，第157页。

　　③ 习近平：《高举中国特色社会主义伟大旗帜　为全面建设社会主义现代化国家而团结奋斗——在中国共产党第二十次全国代表大会上的报告》，人民出版社，2022年，第40页。

　　④ 习近平：《在庆祝中国共产党成立100周年大会上的讲话》，人民出版社，2021年，第13页。

　　⑤ 习近平：《在中国文联十大、中国作协九大开幕式上的讲话》，人民出版社，2016年，第15页。

秀传统法治文化中蕴含的家国情怀、良法善治、德法相辅等精神理念在中国特色社会主义法治建设理论中得到了极大的彰显。

中国特色社会主义有着内容丰富、完整全面的四梁八柱。坚持全面依法治国作为"十四个坚持"之一，是新时代坚持和发展中国特色社会主义的实践要求和行动指引，因此，通过法治教育落实好全面依法治国的相关要求，不断筑牢"四梁八柱"，也是坚持和发展中国特色社会主义的题中之义。首先，重视法治教育的最终目的是促进人的全面发展。法治教育本质上仍属于教育范畴，通过对人进行法治思想的教育，培养法治思维，提高法治意识，为人的全面发展提供必要条件。其次，重视法治教育体现着法的演进与消亡的辩证统一。马克思主义认为，法的最终演进结果在于消亡。坚持和发展中国特色社会主义，实现阶段的目标，就是为迈向更高阶段做量变的准备。全面落实法治教育，不断营造崇尚法治的社会氛围，促进社会发展，推动"历史的不断进步，确保法律的终结近在咫尺"①。

（三）实践维度：重视法治教育形成于实施大学生法治教育的成效尚不能满足社会需求的现实困境

重视法治教育的逻辑前提在于满足与需要的契合。党的十八届四中全会第一次以中央全会的形式讨论法治建设问题，会议提出了"全面依法治国"的重大战略举措，并成立中央全面依法治国委员会，总揽法治建设之全局。全面依法治国是一项具有长期性、艰巨性和复杂性的事业，而法治教育在进程中所发挥的积极作用便是为建设法治中国提供坚实主体保障和精神力量。首先，法治教育提供主体保障。全面依法治国从根本上讲是全民的活动，如果离开了社会公众的参与，法治建设便成了无本之木、无源之水。只有通过法治教育将法治意识扎根民众心间才能充分发挥全民参与法治建设的积极性，最终形成群体合力，为法治建设贡献力量。其次，法治教育提供精神力量。列宁在《怎么办?》中深刻指出，思想意识不可能不学而知、不教而会，而是必须通过外界灌输才能形成稳定成熟的价值观念。② 具体而言，法治意识并不是天生的，要形成全民的法治意识、树立法治信仰必须以持续有效的教育引导为前提，因此，开展法治教育是锻造公民法治精神、营造全社会尊法崇法氛围的必要举措。

---

① ［英］休·柯林斯：《马克思主义与法律》，邱昭继译，法律出版社，2012年，第36页。

② 以上观点参见中共中央马克思恩格斯列宁斯大林著作编译局：《列宁专题文集 论无产阶级政党》，人民出版社，2009年，第75～77页。

大学生作为社会中一支重要的生力军和引领者，与国家前途命运息息相关、密不可分。然而通过反思大学生法治教育实践现状，青年大学生的法治意识与法治素养仍无法完全满足新时代经济社会发展的更高要求，存在着社会需求与教育成效不完全匹配的现象，在一定程度上反映出当前大学生法治教育与教育现代化背景下的方式转变等不能完全适应，导致大学生法治教育的实施成效滞后于新时代社会矛盾转型后的新需求。全面依法治国进入以人民为中心的全新时代，社会主要矛盾发生了深刻变革，体现在法治教育领域，主要是法治中国现代化进程对人的法治意识和法治素养提出了更高要求，而这种需求转变与当前不平衡不充分的发展之间产生了新的矛盾，导致大学生法治教育的实施成效与国家社会法治建设的现实需求存在一定的脱节现象。比如，大学生法治教育的内容与实践应用脱节。同时我们通过对在校大学生进行抽样调查，发现高校法治教育方面存在诸多问题，如大学生法治意识水平不高。党的十八大提出完善终身教育体系、建设学习型社会，突出强调了终身学习对社会构建终身教育体系的重要性，因此大学生法治教育实施也应该顺应学习型社会终身教育体系构建的需要，在路径选择上以终身教育思想为指引，更新教育方式，创新教育资源。正所谓"形而上者谓之道，形而下者谓之器"①，大学生接受法治教育应最终让其实现技能与价值的统一、权利与义务的统一，从而解决接受法治知识与践行法律行为相背离的突出矛盾。同时，终身教育理念下的大学生应学会学习，而不是获得学习；终身学习，而不是阶段性学习；开放学习，而不是仅限于课堂学习。大学生法治教育改革要全面适应学习性社会的现实需求，转变现有以思想政治课为主的教育体制机制，充分调动高校内部法学院系、思想政治教育工作者、大学生所在学院等多方主体参与大学生法治教育的积极性，整合高校内外法治教育资源，拓宽法治教育实践路径，建立新型的大学生法治教育体制机制和教育方式。

二、研究意义

"'思想'一旦离开'利益'，就一定会使自己出丑。"② 高校法治教育是高等教育的有机部分，面向青年学生群体开展法治教育，背后蕴含着高等教育所

---

① 吴怡：《易经系辞转解义》，三民书局，1991年，第127页。
② 中共中央马克思恩格斯列宁斯大林著作编译局：《马克思恩格斯文集》（第一卷），人民出版社，2009年，第286页。

承载的价值、旨归和肩负的特殊使命。就宏观而言，高校法治教育的重大意义，集中表现为立魂和立人两方面。

一方面，高校法治教育为青年学生筑牢社会主义法治根基。法治一直是全体人民共同的价值追求，建设法治国家、法治政府、法治社会是我们党团结带领人民矢志不渝追求的目标。我国是社会主义法治国家，法治的内涵、理念、实现路径等许多方面与西方国家存在根本性不同，具有鲜明的社会主义意识形态、显著的中国风格和中国气派。因而，高校法治教育必须理直气壮地回答"举什么旗""走什么路"的根本问题，将法治教育落实到立德树人根本任务中去，培养具有社会主义法治理念、法治信仰的可靠接班人，而不是破坏者和掘墓人。一是坚定对党领导法治建设的认同。这是我国与西方国家法治建设最根本的区别，也是全面推进依法治国的最大优势、根本保证。高校要坚持把中国共产党对法治的全面领导的法理基础分析融入高校法治教育中去，牢牢把握"党的领导"价值原则的主动权。二是坚定对中国特色社会主义法治道路的信心。"全面推进依法治国，必须走对路……具体讲我国法治建设的成就，大大小小可以列举出十几条、几十条，但归结起来就是开辟了中国特色社会主义法治道路这一条。"①青年学生正处于"拔节孕穗期"，对事物既充满好奇，又存在片面观点，因而，通过法治教育讲好中国特色社会主义法治道路背后深层次的历史、理论、实践逻辑有助于增强学生走这条道路的信心，坚定对中国特色社会主义法治的"四个自信"。

另一方面，高校法治教育为青年学生塑造高尚法治人格。法治教育是一种人文关怀，最终会落实到人身上。法治作为社会主义核心价值观的内容，从层面上讲是放眼于社会的，但最终实现与否、成效如何还是要通过人来衡量。具体到每个人，通过开展高校法治教育，能将法治精神春风化雨般输送到青年学生之中，不断锻造他们的法治人格，淬炼他们的法治修养。因而，高校法治教育必须旗帜鲜明地回答"育什么人"的基本问题。一是要真正信仰法治。如果法治没有被人们信仰，且不能得到公正的执行，那么法治的存在是没有意义的。法治教育使学生在正确认识法的本质基础上深刻懂得法治的必然性、重要性，知法于心、守法于行，充分运用法治思维看待和解决现实问题。二是要德法兼修。一个健全的社会人不能没有良好的品德，坚持依法治国与以德治国相结合也是中国特色社会主义法治道路的基本原则之一，因而，在高校法治教育过程中，应将道德教育与法治教育有效衔接，杜绝重法轻德现象，引导学生既

---

①　习近平：《习近平谈治国理政》（第二卷），外文出版社，2017年，第113页。

要明法，也要修德，具备人该有的良知品格，而不是成为单纯的、冷冰冰的只知法律的无情机器。

推进法治教育和思想政治教育融合，有利于深化依法治国与法治教育理论研究，推动国民法治教育体系的建构。依法治国是国家战略，大学生法治教育在全民法治教育体系中有着重要的地拉，其首要任务是人才培养即培养具有法治观念和法治素养的大学生，因此法治教育融入思想政治教育的研究契合国家全面建设社会主义法治国家的战略需求。通过法治教育与思想政治教育的融合，能够充分发挥教育在人才培养、科学研究、文化传承和国际化等方面的促进功能，提升全民法治教育理论水平，营造社会主义法治文化，提升大学生法治素养。社会主义法治教育与道德教育是当代大学生思想政治教育的关键组成部分，思想政治教育的最终目的是将大学生培养为中国特色社会主义的合格建设者和可靠接班人。法律和道德知识具有引导和规范人们言语行为的重要功能，在"有理想、有道德、有文化、有纪律"的"四有新人"目标中，培养新人的道德和纪律是社会主义道德教育和法治教育的目标和根本任务，也是改善和优化大学生思想政治教育的重要途径。因此需要从中国特色社会主义事业的战略高度着眼，从当代大学生思维跳跃多变的实际情况出发，切实发挥高校思想政治教育对青年学子健康成长的培育助力作用，引导青年学子培养优良道德品质、增强法治理念、牢固树立权利义务观念、培育法治精神，营造充满正能量的校园文化氛围。

三、研究现状述评

回溯我国法治教育的发展历程，其经历了从法律教育到法制教育再到法治教育的演变，而自党的十八届四中全会首次明确提出"把法治教育纳入国民教育体系"以来，法治教育地位空前提高，标志着法治教育正式由面向社会大众的普法宣传活动转变为面向国民的法治教育活动，充分体现了新时代法治教育的目标转向。"敬教劝学，建国之大本；兴贤育才，为政之先务。"① 大学是意识形态争夺的前沿阵地，青年时期是形塑价值观念的关键时期，习近平总书记在纪念五四运动 100 周年大会上的讲话中提及："青年是整个社会力量中最积极、最有生气的力量，国家的希望在青年，民族的未来在青年。"② 相应地，

---

① 朱之瑜：《朱舜水集》，中华书局，1981 年，第 501 页。
② 习近平：《在纪念五四运动 100 周年大会上的讲话》，人民出版社，2019 年，第 6 页。

法治教育的重心理应是青年群体，重视塑造有法治品格与法治精神的青年就是在为国家、为民族培育堪当复兴大任的时代新人，此为建成社会主义法治国家、实现中华民族伟大复兴的题中之义。

随着我国法治教育迈向新阶段，学界掀起了关于大学生法治教育的研究热潮。截至2023年7月，在中国知网数字资源平台上以"大学生法治教育"为主题检索发现：学术期刊909篇，学位论文134篇，且集中在2015年以后。从知网文献数量上看，以党的十八届四中全会提出"把法治教育纳入国民教育体系"为契机，大学生法治教育逐步成为学界研究热点。从知网文献内容上看，大学生法治教育的研究内容呈现出更加丰富的面向，取得了一系列研究成果。

（一）聚焦大学生法治教育的时代意涵、时代使命与主体内容

所谓大学生法治教育，意指针对大学生群体开展的有关法治的教育，欲阐述大学生法治教育，须得充分理解大学生法治教育的丰富意涵，深刻把握大学生法治教育的时代使命，深入思考大学生法治教育的主体内容。

1. 大学生法治教育的丰富意涵

关于"大学生法治教育是什么"这一核心问题，学界从性质、内容、概念比较等不同角度进行回答：一是以陈大文教授等为代表的从性质角度来界定大学生法治教育内涵。其指出"大学生法治教育是指学校有计划地实施、旨在提升大学生法律素质的专门宣传教育活动"[①]。二是诸如学者郭宝付从内容出发阐释大学生法治教育内涵。其提出"大学生法治教育是指各大高校遵循大学生成长规律，以学校发展实际为契机，以课堂讲授和实践体验为主要渠道，以法治知识为核心内容，引导学生树立法治理念、提升法治素养、凝结法治思维、生成法治信仰的系统性教育工程"[②]。三是多数学者从"法制教育"与"法治教育"的概念比较中把握大学生法治教育的意涵。譬如，学者王双群认为，"法制教育是法治教育的初级阶段，法治教育是法制教育的深化和升华，法治教育是指除了法律制度的教育外，同样注重培养和发展公民法治意识和用法治

① 陈大文、周扬洋：《学校法治教育的性质与目标》，《思想政治课教学》，2016年第7期，第4页。

② 郭宝付：《坚持高校法治教育与道德教育相统一》，《中国社会科学报》，2020年7月6日第5版。

意识指导自身行为的一种活动"①；还有学者提出法制教育注重法律制度的实际教育，而法治教育则从抽象范畴使受教育者具备法治精神、生成法治信仰。从上述学者对大学生法治教育的内涵界定中可以得出，大学生法治教育绝非一个简单、浅薄的命题，而是牵涉法治教育的各个方面，需要以传授法治知识为基本载体，在普及法治知识的过程中培育大学生法治意识，进而提高大学生法治素养，使其形成对中国特色社会主义法治的理论认同、道路认同、情感认同。

2. 大学生法治教育的时代使命

大学生法治教育的使命随着时代变化而变化，学界对大学生法治教育的目标认知也随之而变。在法治教育起步阶段，法治意识较为薄弱，学界提出"知法守法目标说"，认为国家普及法律知识、开设法律课程的目标仅仅是要求公民具备法制观念、知法守法②。20 世纪末期，在"依法治国，建设社会主义法治国家"入宪后，学界提出"法律意识目标说"，指出大学生法治教育不能局限于法律知识教育，更应该引导大学生树立法律意识③。21 世纪以来，随着法治水平的提高，学界提出"法律素质目标说"，强调大学生要同时具备法律意识和将法律意识转化为"遇事找法"的实际运用能力④。中国特色社会主义进入新时代后，大学生法治教育相应呈现出新的时代意义与使命担当，这一阶段的目标更加全方位、多层次。譬如，有学者主张法治教育应当与社会主义法治国家建设者和接班人之培养相结合，应当与社会主义核心价值观之培育相结合，应当与构建和谐社会、实现中华民族的伟大复兴相结合。也有学者提出高校法治教育目标应该包括三个方面：一是培养具有法治意识、公民意识和道德品质的高素质人才；二是培养具有一定法律知识、法律技能和道德修养的合格公民；三是通过对学生进行法治教育，使其形成良好的道德素养，养成遵守和运用法律的习惯。还有学者表示高校法治教育的目标就是要增强学生对国家的认同感、责任感和归属感，把学生培养成具有法治精神、对法律有信仰、对政府和社会有信心、对国家忠诚，能够依法办事、依法维权、依法参与政治

---

① 王双群、余仰涛：《法治教育与德治教育的关系研究》，《理论月刊》，2005 年第 3 期，第 141 页。

② 以上观点参见党杰、刘硕：《法律基础教程》，北京工业大学出版社，2000 年，第 1~3 页。

③ 以上观点参见陈大文：《对大学生法律意识教育的若干思考》，《荆州师专学报（社会科学版）》，1997 年第 4 期，第 77~79 页。

④ 以上观点参见王建宇：《关于高校法制教育的思考》，《教育理论与实践》，2003 年第 16 期，第 52 页。

生活和社会生活，并且能够为社会发展做出积极贡献的现代公民。统而言之，大学生法治教育愈来愈注重培育与国家法治建设要求相适应的积极型法治公民。

3. 大学生法治教育的主体内容

学界在大学生法治教育的概念研究过程中无可避免地涉及大学生法治教育的主体内容，前述分析已指出，大学生法治教育可以通过课堂教学与实践体悟两种渠道获取法律知识，并在此过程中逐步树立法治意识、提升法治素养、凝结法治思维、生成法治信仰。质言之，法律知识、法治意识、法治素养、法治思维、法治信仰是大学生法治教育中的主要内容。①针对法律知识教育，主要围绕以下几方面展开：一是宪法教育。宪法是一国具有最高效力的根本大法，载有一国国家制度和体系的根本性规定，是一切法律理论与实践的"总引擎"，因而，大学生法治教育理应围绕国家制度、国家机构、公民权利义务等宪法核心内容展开，让大学生充分认识到宪法既是指明一国国家构成的"组织法案"，更是保障一国公民权利的"权利法案"。二是基础法律知识教育。这一教育集中体现为民法、刑法、劳动法等部门法的基础知识教育，聚焦于与大学生息息相关的生动案例，将高深莫测、刻板晦涩的理论学说和法律规范还原为接地气的生活场景，消除大学生对法治教育的距离感，激发大学生对法律知识的兴趣，增强法治教育的吸引力。②针对法治意识教育，主要涵盖权利意识教育与规则意识教育，具体而言：一是权利意识教育应当涵盖权利边界意识、权利义务相统一意识、主动行使权利意识以及权利救济意识；二是规则意识教育绝不单指要求大学生遵纪守法，而是要求大学生具备遵守规则和自觉接受违背规则承担相应后果的意识。③针对法治素养教育。学者陈大文、栗孟杰指出："法治素养的提升应从尊法学法守法用法四个方面展开，即从尊重法律权威、学习法律知识、养成守法习惯和提高法律运用能力四方面来提高法治素养。"[①]④针对法治思维教育。法治思维是指"以法治价值和法治精神为导向，运用法律原则、规则、方法思考问题和处理问题的思维模式，其基本内容包括法律至上、权力制约、权利保障、公平正义和程序正当"[②]。⑤针对法治信仰教育。法治信仰是社会主体对法律治理现象的一种主观把握方式，是社会主体在对法

---

① 陈大文、栗孟杰：《着力引导大学生不断提升法治素养——〈思想道德与法治（2021 年版）第六章重点难点解析〉》，《思想教育研究》，2021 年第 12 期，第 101 页。

② 本书编写组：《思想道德与法治》，高等教育出版社，2021 年，第 221 页。

治现象理性认识的基础上自然产生的一种认同感，是调整社会关系、进行社会秩序安排的主流意识形态，其内在价值意蕴是保障法律得到社会主体的普遍遵守，深刻地影响着法律的治理效果。

（二）剖析大学生法治教育的现实困境

1. 主体困境：法治教育队伍与新时代法治教育要求存在差距

教育主体是大学生法治教育过程中的主导者，是开展大学生法治教育的枢辖之桎，但从高校教师开展法治教育的实际情况来看，师资情况与新时代法治教育要求存在差距。一是高校法治教育师资力量较为薄弱。王凯丽、陈树文指出，"尽管现阶段我国高校思政课教师队伍数量比例达到相关要求，但在高校扩招态势下，师资供给难以适应现实需求"[1]。二是师资队伍结构不够合理。康琴表示，"高校法治教育现有师资队伍涵盖思政教师、法学专业教师、专职辅导员与行政管理人员四类群体，尽管四类群体之间存在分工与配合，但仍存在分工不够明确、配合度不高等问题"[2]。三是师资素质有待提升。孟鹏涛指出，"高校法治教育课程的授课教师不一定接受过系统的法学专业教育，也不一定具备丰富的司法实践经验，致使相关授课教师在课堂教学中往往仅能照本宣科"[3]。此外，赵宇航意识到国家机关和社会力量的参与对于有效开展大学生法治教育同样至关重要，其指出上述群体不仅能够弥补高校师资法治素质缺陷，而且掌握着丰富、生动的法治教育资源，能够使之成为大学生法治教育过程中的鲜活案例。[4]

2. 客体困境：部分大学生法治品格尚未形成

大学生是高校法治教育的客体（对象），大学生对法治教育的接受程度直接决定了法治教育的成效。尽管新时代大学生已经了解一定的法律知识、具备一定的运用法律知识的能力，但"大学生考试作弊""大学生参与网络暴力"等现象无疑反映出一部分大学生法治品格尚未形成。学界普遍承认大学生群体

---

[1]　王凯丽、陈树文：《新时代大学生法治教育探究》，《学校党建与思想教育》，2022 年第 19 期，第 58 页。

[2]　康琴：《新时代大学生法治教育研究》，成都理工大学，2021 年，第 21 页。

[3]　孟鹏涛：《中国高校法治教育问题研究》，吉林大学，2017 年，第 76 页。

[4]　以上观点参见赵宇航：《全面依法治国背景下大学生法治教育研究》，华东政法大学，2022 年，第 35～36 页。

在接受法治教育中存在如下问题：法治动力不足、法律知识掌握片面、法治意识相对薄弱、法治思维尚未成熟、法治能力有待提升。

3. 内容困境：法治教育内容相对滞后、贫乏

法治教育内容涉及法治的方方面面，集结了历史与当下、国内与域外、理论与实践的全景式研究成果。但在大学生法治教育的内容选择上却存在以下问题：一是大学生法治教育的内容不完全满足大学生的实际需要。譬如黄锡生指出，"大学生法治教育的内容事先并未深入学生群体调查受众需求，难以有效贴合受众的实际需求"[①]。再如赵宇航谈道："法治教材仅普及法律知识是什么，难以解决大学生在遇到具体法律问题时应当怎么做问题。"[②] 二是大学生法治教育的内容设置不合理。贺佐成认为，"法治教材流于形式且偏重理论认知层次而忽视实践技能提升，还存在知识体系广而不精等问题"[③]。三是法治教育的内容跟不上时代发展的步伐。法谚道：法律一经制定便落后于时代。一方面，随着我国法律体系的日臻完善，法治内涵的日趋丰富，而大学生法治教育内容却出现窄化倾向，主要以国内法治教育为主，缺乏涉外法治教育的统筹推进；另一方面，实践问题先于法律规范而存在，大数据、人工智能等科学技术的发展更是对法治秩序发起新挑战，滞后性是法律的固有局限，相应地，大学生法治教育内容也具有滞后性。

4. 理念困境：传统观念中欠缺法治理念

现代意义上的"法治"理念缘起于西方，古代中国并不具有现代法治之土壤，故而，即便当代中国移植了西方法治文化，建构起现代法律制度，但一些影响中华民族千百年来社会运行的思想观念仍旧深深植根于民众心中，传统人治观念逐步瓦解却尚未消失。尽管我国古代法制蕴含着十分丰富的智慧和资源，但其仍有历史局限性，诚如陈洁所剖析，我国传统法律文化的消极影响主要体现在以下方面："德主刑辅的礼法文化销蚀了法律的地位"[④]，"重农抑商与重刑轻民思想抑制了个人权利意识发展"[⑤]，"宗法制度下的伦理纲常消解了

---

① 黄锡生：《法治教育在依法治国实践中的意义及制度完善》，《人民法治》，2018年第16期，第35页。

② 赵宇航：《全面依法治国背景下大学生法治教育研究》，华东政法大学，2022年，第29页。

③ 贺佐成：《大学法治教育的问题与建议》，《行政与法》，2004年第10期，第57页。

④ 陈洁：《我国大学生法治教育研究》，复旦大学，2012年，第133页。

⑤ 陈洁：《我国大学生法治教育研究》，复旦大学，2012年，第134页。

法律权威"[1]，"行政司法合一的吏治主义思想助长了人治传统"[2]。

（三）探讨大学生法治教育的实现路径

1. 主体建设：强化法治教育队伍建设

加强法治教育队伍建设是实现大学生法治教育提质增效的重要环节。围绕大学生法治教育中主体存在的师资力量较为薄弱、师资队伍结构不够合理、师资素质有待提升等问题，有学者认为应当从拓展队伍构成、加强队伍培养两个方面进行完善，也有学者表示可以从健全法治教师激励机制、健全对外交流合作机制、教师进行自主假期培训、提升教师授课水平几个方面来提高法治教育队伍的整体法治素养。此外，针对国家机关和社会力量缺乏法治教育的参与渠道这一问题，有学者提出高校应畅通与国家机关和社会力量的合作渠道，邀请校外法治队伍参与高校法治教育的各项工作。

2. 客体塑造：培育大学生法治品格

大学生现在或将来要在中国法治进程中肩负使命担当，其法治品格对法治建设成效的影响更加显著。针对大学生在接受法治教育中出现的法治动力不足、法律知识掌握片面、法治意识相对薄弱、法治思维尚未成熟、法治能力有待提升等问题，有学者认为解决问题的关键在于帮助大学生树立法治信仰，具体包括教育大学生树立正确的法治观、养成法治思维、提高法治实践能力；有学者认为提升大学生法治素养才是解决问题的关键，具体应从加强对法律知识的研习、提高自身法治素养、运用法治指导社会实践三个方面着手；有学者强调大学生掌握一定的法律知识仅仅是法治教育的基础任务，如何培育运用法律知识的法治思维才是法治教育的重点关切。总而言之，在培育大学生法治品格上，不同学者的主张各有侧重，但万变不离其宗。

3. 内容完善：健全大学生法治教育内容体系

只有不断健全与完善大学生法治教育内容体系，才能既顺应时代法治发展又满足多元主体需求，以此增强法治教育的针对性与实效性。一是针对大学生法治教育的内容不完全满足大学生的实际需要这一问题，有学者指出应当深入

---

① 陈洁：《我国大学生法治教育研究》，复旦大学，2012年，第134页。
② 陈洁：《我国大学生法治教育研究》，复旦大学，2012年，第135页。

学生群体，走进大学生的心灵深处开展法治教育工作，利用学生寝室这种高契合度的优势资源嵌入法治教育当中，有效收集学生需求，及时回应学生诉求；二是针对大学生法治教育的内容设置不合理问题，有学者认为应从保证法治教育课时、科学设置法治教育目标切入，也有学者从统一全国法治教材角度指出应组织编纂和全面采用国家统一的法律类专业核心教材以确保理论体系、学科体系和课程体系合理；三是针对法治教育的内容跟不上时代发展的步伐这一问题，有学者指出应培育教育队伍的前瞻意识与终身学习意识，在感受科技带来的便捷生活的同时，也主动应对科技对社会秩序发起的挑战。

4．理念革新：重视先进思想理念引领作用

理念是行动的先导。一方面，我国传统文化中并不具备现代意义上的"法治"理念，但独树一帜的中华法系仍有其可取之处，应充分挖掘其所蕴含的现代法治价值，并根据时代精神进行扬弃和加以转化，使其在新时代全面依法治国实践中焕发出新的生命力；另一方面，马克思列宁主义、毛泽东思想、邓小平理论、"三个代表"重要思想、科学发展观等先进思想中也蕴藏着丰富的法治理念，大学生法治教育过程中要运用这些先进思想夯实理论基础。在当下，特别应当注重将习近平法治思想融入大学生法治教育的全过程，在充分理解习近平法治思想形成和发展的时代背景之下，深刻把握习近平法治思想形成的实践、理论和历史三重逻辑，时刻牢记习近平法治思想的核心要义。

（四）关注大学生法治教育与思想政治教育的融合研究

习近平总书记曾强调，"要坚持把立德树人作为中心环节，把思想政治工作贯穿教育教学全过程，实现全程育人、全方位育人"[①]。从教育理念上看，法治教育与思想政治教育都是社会主义教育体系的重要组成部分，二者在内容上具有内在统一性。将法治教育与思想政治教育相融合，是指将思想政治理论课作为主要阵地，将法律知识融入其中进行授课，在传授法律知识的同时开展社会主义法治理念和道德文化教育，以实现培养全面发展的人的根本目标。随着时代的发展和社会的进步，法治教育和思想政治教育在具体实施过程中都要根据形势的变化不断创新方法，以更好地完成各自的使命。因此，探索将法治教育与思想政治教育相融合的有效路径具有重要意义。

第一，在高校法治教育与思想政治教育的关系方面，有学者认为高校法治

---

① 习近平：《习近平谈治国理政》（第二卷），外文出版社，2017年，第376页。

教育是思想政治教育的基础，没有良好的法治环境就没有良好的思想政治教育，甚至可能使思想政治教育陷入困境，思想政治教育是宣传和灌输法治观念的重要载体和有效途径；也有学者认为高校法治教育是思想政治教育的延伸，将两者结合起来进行研究才能使高校法治教育和思想政治教育发挥各自优势，共同促进高校大学生健康成长。

第二，在高校法治教育与思想政治教育的功能方面，有学者认为二者的功能是互补的，法治是德治的保障，德治是法治的基础，将法治教育和思想政治教育结合起来有助于发挥两者各自的功能，促进高校大学生健康成长；有学者认为二者之间存在冲突，因为二者是在不同历史条件下产生的，其功能定位也不一样；还有学者认为二者之间存在相互依赖关系，它们相互影响、相互促进。

第三，在高校法治教育与思想政治教育的课程建设方面：①在课程内容上，许多学者都是基于对大学生法治意识现状和高校思想政治理论课现状进行分析。如有学者认为我国高校大学生的法治意识状况总体良好，但仍存在较大提升空间；有学者认为新时代大学生法治素养提升要遵循"知行合一"原则；有学者认为大学生法治素养提升应注重法治意识培养与法治行为养成相结合、法律知识学习与法治实践相结合、课堂教学与课外实践相结合；还有学者认为要将更多的法律知识纳入高校思想政治理论课教学内容，在高校思想政治理论课教学时要注重法律知识和价值引领相结合。②在课程体系上，许多学者是基于对课程体系、教学方法、考核方式等方面的研究而展开分析。如有学者提出在思想道德修养与法律基础课中，将马克思主义法学理论和社会主义法治理论作为主要内容，将习近平法治思想作为重要内容，突出马克思主义法学理论的主导地位，将社会主义法治理念融入教学体系，注重法律知识教学与法治实践、社会主义核心价值观培育相结合；有学者认为在形势与政策课中，应当将法律知识教学与马克思主义理论教育相结合；有学者认为应加强对教师队伍建设的重视，提升教师的法治素养和教学水平；有学者认为应创新教学方法，充分发挥互联网技术优势，增强法律知识教学的针对性和实效性；还有学者认为应构建学生、课堂、网络和校园文化四位一体的法治教育模式等。③在课程模式上，一些学者主要是基于对高校法治教育和思想政治教育关系的研究而展开分析。如有学者认为高校法治教育与思想政治教育是不可分割的整体，两者相互促进、共同发展；有学者认为高校应根据思想政治教育和法治教育的特点，将两者有机结合起来，并根据不同的课程特点开展相关教学活动；有学者认为高校应充分利用网络资源开展相关教学活动；有学者认为在思想政治理论教育课程中融入法律知识宣讲有益于思想政治理论教育的课堂效果之提升；还有学者认为高校在思想政治理论教育中应创新教学模式，注重以学生为主体，并结合心理健康教育、职业生涯规划等方面进行相关教学。④在课程评价上，许多学者是基于对高校思想政治理论课考核方式的研究而展开分析。如有学者提出高校应在思想政治理论课程考核中增加法治素养内容，并将其作为思想政治理论课程考核的一项重要内容；有学者提出法治教育与思想政治教育在高校中同向同行、协同共进，在共同培养时代新人的目标上具有一致性；有学者认为应树立正确的法治信仰，注重法律知识与道德素养相结合，注重法律知识和道德素质相统一；有学者认为高校应树立正确的法治理念，并加强相关法律知识教育，将依法治国理念融入大学生日常行为规范中；有学者认为应加强教师队伍建设，提升教师的法治素养和教学水平；有学者认为高校应加强对大学生进行法治教育，并在日常生活中培养其法治意识；还有学者认为高校应建立健全相关法律法规制度，并在日常生活中培养大学生的法治意识。

（五）借鉴国外大学生法治教育的有益探索

国内学者通过对国外法治教育相关内容的研究和分析，总结了一些可供我国吸收借鉴的经验。沈英从法治教育社区参与的主体、客体和方式三个维度介绍了美国中小学法治教育中社区参与的模型结构，以学校与社区在教育中的互动关系为焦点，简述了其互动实施机制，并对参与过程的一些特色进行了阐述①。常素芳通过分析中国青少年法制教育中的突出问题和新加坡青少年法制教育中的有益经验，认为中国可借鉴新加坡青少年法制教育的优良经验，并以之为基础，建构符合我国国情的青少年法制教育模式②。国外法治教育的研究成果为我国法治教育提供了借鉴，但这些研究多局限于中小学阶段，主要就青少年这一群体的法治教育进行宏观层面之比较，而极少涉及国内外高校或大学生法治教育之比较研究。

综观之，学界针对大学生法治教育的研究主要沿袭"概念—困境—措施"的大致思路，具体呈现出如下研究方向：①大学生法治教育的本体论研究，涵盖大学生法治教育的内涵、目标、功能、内容等方面；②大学生法治教育的现实困境研究，包括主体、客体、内容、理念等方面的困境；③大学生法治教育

---

① 以上观点参见沈英：《美国中小学法治教育中的社区参与：内涵、实施及特色》，《外国教育研究》，2005 年第 1 期，第 35～37 页。

② 以上观点参见常素芳：《比较视域下中国与新加坡的青少年法制教育》，《教育与管理》，2015 年第 12 期，第 122～124 页。

的实现路径研究，主要是针对所面临的困境而提出的应对措施。此外，大学生法治教育还存在融合教育研究、域外经验研究等研究趋势。不可否认的是，较之于 20 世纪，学界关涉大学生法治教育的研究成果可谓硕果累累，但切不可因既有成就便止步于此。事实上，大学生法治教育研究仍存在空白与不足。譬如，大学生法治教育中缺乏对其专门的史学（经验）研究，也缺乏对法治教育实践的持续跟进与个案追踪等，此为现有大学生法治教育的研究空白；大学生法治教育的域外研究几乎以情况介绍为主而少有深入对比剖析，研究中针对困境所提举措多是泛泛而谈，等等，此为现有大学生法治教育的研究不足。统而言之，关于大学生法治教育的研究仍旧任重道远。

四、研究方法

（一）文献研究法

本书主要是通过查找相关文献进行资料的收集，从而整合、梳理、分析有关大学生的法治教育、思想政治教育、法治教育与思想政治教育融合等已有文献，从而了解相关研究者在这些领域的既有成果。人文社会科学的研究需要有前人的研究为基础，从而在前人取得的既有成果上不断开拓创新，可以通过梳理文献，从而把握研究对象的发展进程，了解其中的变化过程，从而更好地把握其中的内涵。因此，将该方法运用到研究当代大学生思想政治教育、法治教育以及两者的结合教育中，我们可以观察到以上三部分的发展变化以及进行以上三方面教育的宗旨等，同时可以为当代大学生法治教育综合改革提供理论基础，为编制大学生法律意识问卷提供理论依据。

（二）调查法

除收集、整合、梳理相关文献所提供的既有研究成果及理论外，本书还采用了调查法，主要的调查方式为深度访谈和问卷调查，采集大学生对当前法治教育各环节内容、目标、成效的问题的主观态度与评价的数据，提供利益相关者群体的认识态度、主观倾向等数据信息。通过以上调查方式，了解大学生自身对思想政治教育、法治教育以及两者结合的看法，并且可以了解他们在平时的生活中对法治的熟悉程度、在开设的课程中究竟能学到多少知识以及相关知识在指引他们的行为时能起到多大的作用。在收集到相关资料后，进行数据分析。

（三）案例分析法

无论是进行思想政治教育，还是进行法治教育，都离不开身边的鲜活案例。案例分析法主要是指对具有代表性的事物或者现象进行深度剖析，结合事实进行研究的方法。案例分析能够将理论与现实相结合，更好地阐释相关理论及制度等。本书选取青少年大学生法治教育的案例进行介绍，通过分析相关策略、经验、问题，进一步为当代大学生法治教育综合改革提供经验借鉴。

五、研究思路与框架结构

本书以习近平新时代中国特色社会主义思想为指导，在梳理综述我国有关大学生法治教育研究现状，回顾总结我国大学生法治教育的历程和实践，结合国外大学生法治教育的经验借鉴的基础上，从法治教育与大学生思想政治教育的相关概念界定和性质、内涵、发展规律等学科核心要素着手，系统梳理理论基础内容，阐述大学生法治教育与思想政治教育的内在关联以及二者协同融合的必要性和时代性，多维度分析现阶段大学生法治教育存在的问题及其成因，从完善新时代大学生法治教育工作体系建构、提高法治教育与思想政治教育互通互融等方面，力求多方位、多层次提出提升高校法治教育实效的对策、建议、实施路径。最后，编写以案说法板块，从大学生在学习、生活、工作、实习等节点面临的法律问题入手，精选真实案例，既说法也析理，为大学生提供学习法律常识、增强法律意识、提升应对法律问题能力的有效方式，为营造校园良好的尊法学法守法用法的法治氛围做出积极努力。

本书按照提出问题、分析问题、解决问题的逻辑思路，共分为八章展开相关研究。

绪论是研究问题的提出，从大学生法治教育发展的现实依据出发，提出选题的时代背景、研究意义，收集、整理相关文献，对国内外研究现状进行分析以及述评，开启大学生法治教育与思想政治教育融合的研究。

第一章是大学生法治教育的基础理论概述，在明晰法治、法治教育的内涵的基础上，研究回答大学生法治教育的基本概念、相关范畴、主题适配和核心要旨等相关问题和相关理论知识，为进一步深入研究奠定基础。

第二章是大学生思想政治教育的基础理论概述，从相关概念界定出发，系统梳理大学生思想政治教育的基本内容、目标、形式等相关知识，阐明时代价值，为研究大学生法治教育与思想政治教育的融合奠定理论基础。

第三章是大学生法治教育的回顾与借鉴，进一步梳理新中国成立后高校法治教育的历史发展过程、法治教育内容的沿革特征，国内、域外高校法治教育的经验总结，对新时代下高校法治教育的未来展望的一些思考。

第四章从大学生法治教育与思想政治教育的辩证关系、法治教育对思想政治教育的意义两个方面探讨了两者之间的内在关系，结合现实情况，阐明了大学生法治教育与思想政治教育融合的必要性和有效性。

第五章分析了当前大学生法治教育取得的主要成效，从教育主题、教育内容、教育落实和法治教育与思想政治教育融合不足等方面剖析了高校法治教育及法治视角下思想政治教育存在的不足及其相关原因。

第六、七、八章是本书研究的重点环节，从完善新时代大学生法治教育工作体系构建、大学生法治教育与日常思想政治教育融合路径、大学生法治教育案例分析与思考三个方面进行研究探讨，力求多方位、多层次提出提升高校法治教育实效的对策、建议、实施路径。

六、研究创新点

一是选题具有现实性。在依法治国时代背景下，大学生法治教育是各界较为关注、高校亟待解决的现实课题。本书紧跟时代热点，紧扣我国大学生思想政治教育实践，运用法治理论，阐明法治教育与思想政治教育的内在联系、融合的必要性、存在的问题及原因、实施路径，贯彻落实立德树人根本任务，丰富和完善高校思想政治育人内容。

二是视角具有新颖性。在现有研究中，将大学生法治教育与思想政治教育融合进行研究的不多，而且学者大多侧重于法治教育与大学生思想政治理论课的研究。本书始终站在大学生管理者的视角，特别是关注了高校辅导员对推动大学生法治教育的重要作用，综合运用思想政治教育学、法学、教育学、管理学等学科知识，强调法治教育融入大学生日常思想政治教育的实践特征，具备一定的理论深度与实践向度。

第一章　大学生法治教育的理论根基

一、概念澄清：大学生法治教育之本体概要

（一）"法治"：大学生法治教育的逻辑起点与核心概念

法治教育是关涉"法治"的教育，"法治"概念的确定是展开法治教育研究的先导，故对法治教育的探讨应从"法治"概念着手，界定"法治"的概念，从而勾勒法治教育的边界，描绘法治教育的图景。

现今谈及治理，言必称法治。作为人类历史流变和政治理想的核心范畴，"法治"在世界范围内广受推崇，逐步成为各国治国理政的首选，日益成为人类的共同理想与价值追求。鉴于各国社会基础、历史语境、文化底蕴等方面的不同，法治被视为一种观念、治理模式、政治理想等。国内外学者对法治的具体内涵无法达成共识，其内涵如同普罗透斯之脸般变化莫测，但各国在漫长的政治探索中形成了法治效用的共识——法治有益于所有人。法治早已成为国家治理中无法绕开的一环，没有一个国家敢公然标榜摒弃法治。

那么"言必称法治"的话语究竟表达什么意思？现代意义的"法治"概念缘起于西方社会，从其发展历史脉络上看，"法治"滥觞于古希腊，异化于中世纪，复兴于资产阶级革命时期，兴盛于近现代资本主义时期。古希腊七贤之一的毕达库斯最早提出了"人治不如法治"[①]的观点，后西哲先祖柏拉图也在《法律篇》中表达了"哲学王统治最佳，法治次之"[②]的思想，但这并不意味着柏拉图不重视法治，其在后期亦提出了法治的理论，实现了从人治到法治的转变。柏拉图的学生亚里士多德在《政治学》中指出："法治应当包括两重意

---

① [古希腊] 亚里士多德：《政治学》，吴寿彭译，商务印书馆，1965年，第142页。
② [古希腊] 亚里士多德：《政治学》，吴寿彭译，商务印书馆，1965年，第142页。

义：已成立的法律获得普遍的服从，而大家普遍服从的法律本身应是制定良好的法律。"①　基于该论断，法治应当被理解为一种"良法善治"，而良法是免除感情影响的神祇和理智的体现，具有促进民众臻于正义和德善的治理作用。即便亚里士多德的法治论断的社会基础是君主专制与贵族统治而非民主政治，但其对法治的著名论断至今仍是法治系统阐释之典范，"良法善治"的思想内核历久弥新，以至有学者认为后代法治研究无外乎围绕亚里士多德法治公式的展开。

　　然而，发源于古希腊的"法治"文明并未在漫长的中世纪得到赓续，反而在教会与世俗政权的对抗较量中被异化。中世纪的西方世界，基督教占据支配地位，世俗社会笼罩于教会的黑暗统治之下，宗教教义渗透在世俗社会的方方面面，而法律被视作一种"调节器"，调适着教会与世俗政权的对峙，两种权力通过对法治的共同承认方得以和平共存②——于教会而言，正义是基督教信仰的核心价值追求，而法律自始便充满了正义之意蕴，则法治也不过是传递基督教信仰的一种外部表达；于世俗政权而言，统治者需要借助法律来维系自身统治，法律成为对教会行为的合法限制。是以，没有人质疑教权之下宗教教义所必然具备的法律属性，也没有人否认教权与王权均应受到涵盖高级法与实在法在内的法律之约束。即便教会与世俗共同承认法治，但法治的内涵却明显有别于古希腊时期。从这一时期的整体氛围上讲，民众对社会的探讨无一不披上基督教神学之外衣。相应地，"法治"亦被打上宗教神学色彩，该时期最著名的自然法法学家托马斯·阿奎那对法律的二分理论即是最好例证。被教皇封为"圣徒"的阿奎那，所提出的自然法理论代表了神学自然法的巅峰，其既认可世俗统治，又为教会争取普适教权，并区分了世俗生活（王权与教权共同统治）和信仰生活（教权垄断），厘清了教权与王权的适用领地。在阿奎那看来，法律可以被分为两个部分：第一部分包括永恒法、自然法和人法，三者均对应世俗生活，且三者效力逐级降低。其中，永恒法被视作上帝的指令，具有最高的效力；自然法作为人和上帝之联结，是人依据自身理性参与、发现的上帝之指令进而得以分享的神之智慧，效力次之；人法是由世俗统治者所制定或承认的实在法。第二部分是神法，对应宗教生活，且为教会所垄断，是一切法律的源泉。此外，法律的第一部分和第二部分之间表现为从属关系，中世纪时期的

---

　　①　[古希腊]亚里士多德：《政治学》，吴寿彭译，商务印书馆，1965年，第199页。
　　②　以上观点参见张晓永：《西方法治传统初探——试论西方中世纪之前的法治理论及其思想渊源》，《河北法学》，2001年第1期，第119~121页。

"法治"带有较为浓厚的神学色彩，自然法是上帝的意志，神谕具有普遍的约束力。

而后随着人文主义的复兴与自然科学的勃兴，人被逐步置于宇宙的中心地位，自然科学的基本方法也被运用于理解人类秩序，民众对基督教盲目而普遍的信仰逐渐瓦解，相应地，以特定宗教观念为基石的自然法观念也随之崩溃。一个秩序之崩溃自然伴随另一秩序之重构，法学祛魅使得法治复兴，围绕"法治"的探讨重回公众视野，各大法学先驱致力于为法治寻找新支点。而这一时期的探索被大致分为三个阶段：一是在早期资本主义阶段，以格劳秀斯、霍布斯、斯宾诺等人为代表的法治观点，强调君主权力的至高无上，认为只有在统一中央集权之下人民的生命和自由方得以保障。如霍布斯在《利维坦》中所说：人类为了繁衍生存，在和平、自保和己所不欲，勿施于人等自然法箴规的指引下，订立契约，建立国家，把自身自然权利托付给统治者，如若反对统治，只能回到"一切人反对一切人"[①]这一混沌的战争状态。二是在英国资产阶级革命时期，以洛克、孟德斯鸠等人为代表的法治理论，主张分权制衡以保障个人权利不受统治者侵犯、君主权力受到外在约束，如洛克在《政府论》中指出，人们以订立契约的方式将属于自身的部分权利交给专门立法机关，而立法机关应以公众福利为限，未经同意不得随意侵犯个人权利，君主亦并不独立于社会契约之外[②]。三是在法国大革命时期，以卢梭等人为代表的法治论调，直接呈现出彻底的反封建、反神权之态，指出主权在民、法是公意。如卢梭在《社会契约论》中所谈及人们为了避免战争等，通过订立契约把一切托付至社会，任何人从社会获得的自由与他在自然状态所获一致，没有人拥有超越契约之上的权利，也即没有人能够有特权，没有人能够凌驾于法律之上。法不是个人意志，也不是公众意志的总和，而是一种公共意志[③]。正是这些法学先驱对"法治"的有益探索，初步勾勒了一个可能的与现代观念相契合的法治框架，形成现代观念下思考"法治"的重要资源以镜鉴。

资本主义浪潮进一步席卷世界，借由自由、平等、民主等口号，资产阶级倡导构建的"理性王国"从理想转变为现实，原有的法治基础不再适配资产阶

---

① ［英］以上观点参见霍布斯：《利维坦》，黎思复、黎廷弼译，商务印书馆，1985年，第133~136页。

② ［英］以上观点参见洛克：《政府论》（下），瞿菊农、叶启芳译，商务印书馆，1964年，第88~90页。

③ ［法］以上观点参见让·雅克·卢梭：《社会契约论》，何兆武译，天津人民出版社，2014年，第46~50页。

级维护统治而非建立政权的新使命，导致古典自然法学的式微。原有的自然权利和社会契约等法治基础被指责为毫无根据的杜撰，"法治"需要在新土壤中汲取养分，而新内涵的扩充形成空前繁盛的"法治"景象。古典自然法之没落正好对应法律实证主义之兴起，古典自然法赖以存在的知识基础没落而国家主权的兴盛为实在法地位的提高提供了有力支撑，自然法"去神秘化"发展的最终结果便是世俗化的法律实证主义。这一时期，形成了以奥斯丁、凯尔森、哈特等为代表的分析实证法学派，建构起法律实证主义的三种模式：奥斯丁的分析法学[①]、凯尔森的规范法学[②]和哈特的法律规则理论[③]。而分析法律实证主义能够作为统治者的"法治武器"盖因：①在法律"应然"与法律"实然"之间仅关注实然法，且不评判法律之好恶；②主张法是主权者的命令，诚如奥斯丁"'命令—义务—惩罚'三位一体"命令理论所指：主权者发布命令，命令呈现为要求或限制民众为或不为之义务；义务被违反，则招致惩罚（法律不利后果）[④]，而三者之间的运作模式是命令之所以具有约束力是因为命令产生义务，命令之所以能以义务约束行为是因为违反会受到惩罚。正是在新背景之下形成的新法治思想的影响下，主权与法律之间建构起密不可分、利益一致的同构关系，这种关系的存在使得主权者依"法"治理成为必须。但由于分析法律实证主义秉持法律与道德分离的基本立场，法律被膨胀的国家权力所滥用，恶法对付良善公民，无端致使第二次世界大战时生命被漠视、人权被践踏。而后富勒、德沃金等学者围绕法律与道德之间的关系与哈特展开论战，确立了描述法律与道德关系间的著名论断——法律是最低限度的道德。

　　以西方法治思想之流变观之，"法治"无疑是对"人治"的一场革新，正如历史的验证——"法治或许并非人类社会的最优秩序安排，但却是人类文明发展至今最合适的社会治理选项"[⑤]。而法治的意涵在西方社会无数的政治试验中归纳总结，大致呈现以下特征：①法治的价值意蕴涵盖自由、平等、民主等要素，当为良法善治；②法治的形式要求是依法治理、法律至上，统治者在内的一切国民皆受到法律约束，法律具有最高权威；③法治的实质内涵是限制权力、保障权利。故虽"法治"思潮缘起于西方，但"法治"作为全人类的智

---

①　[英]约翰·奥斯丁：《法理学的范围》，刘星译，中国法制出版社，2002年，第2页。

②　[奥地利]凯尔森：《法与国家的一般理论》，沈宗灵译，商务印书馆，2013年，第246页。

③　[英]哈特：《法律的概念》，张文显、郑成良、杜景义等译，中国大百科全书出版社，1996年，第83页。

④　以上观点参见[英]约翰·奥斯丁：《法理学的范围》，刘星译，中国法制出版社，2002年，第18~20页。

⑤　邢国忠：《社会主义法治理念教育研究》，中国社会科学出版社，2011年，第2页。

慧结晶，能够为我国法治建设提供宝贵镜鉴，亦能为法治建设中的关键环节——法治教育夯实理论基础。

（二）澄清：法治教育的相关范畴

1. "法制"到"法治"：转型之下的理念革新

当下学界普遍承认"法制"与"法治"存在共性，但两者之间又存在区别，是两个内涵相通、外延不完全重叠的法学基本范畴，故两者之间并不能画等号①。从二者区别上看，"法制"意指法的制度，与一国经济制度、政治制度等上层建筑归属于同一范畴，是国家治理过程中遵循法律规范而形成的一种制度体系，具有"依法而治"的价值倾向；"法治"意指法的统治，涵盖了法律本身及其运行过程以及法律运行中折射出的平等、自由、正义等价值内涵，是国家追求实现良法善治的一种现实运动过程，具有"法统一切"的理念导向。从二者联系上看，法制为法治理想的实现提供了现实依托，法治愿景最终要呈现于法制运作之中，抛开法制讲法治，则法治将失去制度根基而沦为无源之水、无本之木；而法治则向法制构建提出了发展目标，一国法制之好恶最终将受到法治的检验，只讲法制不讲法治，则法制将缺失宏远目标而致使一叶障目、不见泰山。统而言之，"法治并不排斥法制，但法的统治（Rule of Law）与依法而治（Rule by Law）具有理念价值上的区别"②。

澄清了"法制"与"法治"在内涵、价值内蕴等方面的差异，便可以清晰地看到"法制"与"法治"在一国治理中的不同效用，从而能在历史经验与实践探索中坚定由"制"到"治"的政治自信。

从历史上看，我国有源远流长的"法制"历史。早在我国先秦时期，管子便在《管子·任法》中提出："夫生法者君也，守法者臣也，法于法者民也。君臣、上下、贵贱皆从法，此之谓大治。"③质言之，"举国上下皆依法行事则天下大治"的治理思路从我国古代便开始发展。而后，在长达两千多年的封建统治中，"法制"也成为国家治理中的重要手段，"礼"与"法"共同构筑了中国特有的传统法制文明，诚如我国古代法制理论典范《唐律疏议》中所载"德

---

① 以上观点参见朱庞正：《"法制"与"法治"——一种法律文化学探讨》，《南京师大学报（社会科学版）》，1995年第4期，第33～35页。
② 郭道晖：《治国方略的根本转变》，载于刘海年主编：《依法治国建设社会主义法治国家》，中国法制出版社，1996年，第113页。
③ 黎祥凤撰、梁运华整理：《新编诸子集成》之《管子校注》，中华书局，2004年，第906页。

礼为政教之本，刑罚为政教之用"①。但我国古代法制文明与现代法制文明在本质上有所区别，较之于现代法制文明所要求的法律面前人人平等，我国古代法制文明有浓厚的特权色彩。究其根本，盖因该文明建立在君主封建制度基础之上，君主需要法制来治理国家，但又不希望法制限制自身君权的扩张。正是在这样矛盾却又现实的情况下，古代法制成为约束君主以外的一切人的"强力武器"，也因此打下了"人治"的烙印，法制成为"人治之下的法制"，而历史结局也印证了这样的"法制"难以实现国家之善治。

胡锦涛指出，"实践出真知"②。从实践探索上看，我国以"法治"置换"法制"符合实践发展逻辑，"法治"是"法制"发展到一定程度的必然飞跃。其一，法治以宪法战略高度进行定位。在2018年的宪法修订中，其中一项是将"健全社会主义法制"修改为"健全社会主义法治"，这标志着"法制"到"法治"的转变得到了法律确认，表明了"法治"不仅以一种治理理念的方式存在，更是以一种规范、一项制度、一个目标的定位高度写入宪法。自此，国家各个领域的治理都应围绕"法治"展开。其二，法的教育领域从法制教育过渡到法治教育。事实上，在第六届人民代表大会常务委员会首次提出"法制教育"之前，我国历来有重视法制教育的传统，且拥有诸多法制教育经验，譬如在抗日战争时期，我党在民主根据地创造了"马锡五审判方式"，并围绕减租减息、男女平等、婚姻自由等对广大根据地人民进行教育。从20世纪80年代起，党中央接连制定"五年普法规划"，开展长期性、全民性的普法活动。但随着普法活动的深入，学界开始审视法制教育过程中所出现的"治民""顺民"等狭窄化法治教育内涵之倾向，进而提出以"法治教育"替代"法制教育"，让法治教育朝着培育包含法治知识、法治能力、法治思维、法治信仰的法治品格方向发展，而党的十八大也正式将法治教育纳入国民教育体系。

统而言之，法制与法治的区分客观上致使法制教育与法治教育在内涵与外延上有所区别，法治教育是法制教育在培育理念、方式上的革新。

2."德育""政育"与"法育"：融合之下的目标同构

德育，意指道德教育，以道德教化之方式达到立德树人之效果。我国有深厚的道德教育的历史土壤，道德教育是我国古代统治者教化百姓的主要方式。

---

① 刘俊文：《唐律疏议笺解》（上），中华书局，1996年，第3页。
② 胡锦涛：《胡锦涛文选》（第一卷），人民出版社，2016年，第141页。

"古之王者，莫不以教化为大务"①，故道德教育亦是非常重要的治理方略；"立太学以教于国，设庠序以化于邑"②，道德教育的场所主要是学校；"渐民以仁，摩民以义，节民以礼"③，道德教育的内容是教导民众孝悌忠信、礼义廉耻；"故其刑罚甚轻，而禁不犯者，教化行而习俗美也"④，道德教育使得社会鲜有作奸犯科之徒，风气淳朴。从上述论述中可以窥见，德育在浸润人心、塑造人格等方面具有重要作用。

当今我国采取依法治国与以德治国相结合的治国方略，同样意味着道德教育有着和法治教育一般广阔的发展前景，诚如学者刘雪松所言："法律体现了人类社会的实然规范世界，而道德则揭示了人类社会的应然规范世界。法律与道德的整合几乎涵盖了人类社会的全部内容。"⑤ 是以，弘扬和借鉴倡礼循法、德法相济的古代中国治国传统，既要注重发挥法律之规范作用，又要发挥道德之教化作用，以法治保证人的下限，以道德释放人的上限，实现法治和德治相辅相成、相得益彰，从而不断推动中国特色社会主义法治建设的发展。

政育，意指思想政治教育，是指特定的阶级、政党或者社会群体根据民众思想的形成发展规律，利用统治所需要的思想观念与政治规范，对其成员施加有目的、有计划、有组织的影响，使之具备相应的思想政治道德⑥。在西方社会，政治教育呈现出不同的流派：一是共和主义下的政治教育侧重于民众道德感的培养，譬如，最早实践共和主义政治教育的古希腊城邦，被亚里士多德视作道德（善）的共同体，而德性是其政治教育所希望培养的最核心的品质；二是自由主义下的政治教育强调民众权利观的启蒙，譬如，洛克、马歇尔等人都将个人权利视作政治教育中的首要任务；三是社群主义下的政治教育注重民众群体认同感的教育。

而鉴于我国民主法治进程起步较晚，实际上存在以政治教育替代法治教育的历史时期。清末以来，西方列强的坚船利炮瓦解了中国几千年来赖以生存的自然经济制度，打开了中国尘封已久的大门，中国一步一步地沦为半殖民地半封建社会。但国人救亡图存的探索却从未停止，从地主派的"师夷长技以制夷"到洋务派的"中学为体、西学为用"再到维新派的"君主立宪"，国人逐

---

① 班固：《汉书》，中华书局，1964年，第1032页。

② 班固：《汉书》，中华书局，1964年，第2503页。

③ 班固：《汉书》，中华书局，1964年，第2504页。

④ 班固：《汉书》，中华书局，1964年，第2504页。

⑤ 刘雪松：《公民文化与法治秩序》，中国社会科学出版社，2007年，第225页。

⑥ 以上观点参见张耀灿、郑永廷：《现代思想政治教育学》，人民出版社，2006年，第50页。

渐意识到技术、制度的变革无法挽救中国，变法图强失败的根源在于国民性仍旧陈腐。鉴于此，"鼓民力、开民智、新民德"的维新主张应运而生，力图塑造新型国民。在新中国成立后，宪法、婚姻法的颁布引发了民众法律学习的热潮，但很快进入"文化大革命"时期，"以阶级斗争为纲"的政治教育完全渗透至社会各个领域。而伴随着改革开放的深入发展，国家有意识地区分了道德教育、法治（普法）教育以及政治教育，三者各司其职，但总目标是引导民众向善以实现社会的"善治"。换言之，"德育""政育"与"法育"均是国家实现社会治理的手段，三者并无高下之分，共同承担着实现"良善之治"的重任。

（三）主体：大学生法治品格与法治教育的适配

大学生法治教育的主要目的是培养大学生的法治品格。在整个教育过程中，注重法治教育与法治品格之间的适配是重要的，是值得关注的。

大学生的法治教育主要在三个维度来展开，即个人层面、社会层面、国家层面。于个人层面，首先是让青年大学生了解与生活相关的法律规范，如民法中的合同、侵权、婚姻家庭、继承等；如刑法中规定的犯罪行为等，尤其是涉及互联网的信息犯罪、网络诈骗等新型犯罪。要了解以上法律规范的理由有三：其一，这些法律规范与人们平时生活息息相关，结合案件事实，相较于其他部门法，民法、刑法稍微易懂，在一定程度上能激发大学生学习法律的兴趣。其二，学习相关法律知识，会潜移默化对大学生产生影响，从而影响其行为。大学生如若了解相关互联网上的新型犯罪，首先在遇到时会反思自己的做法，控制自己的行为，避免因不自知而误入歧途；其次因了解相关犯罪模式，在遇到相关情形时会提高警惕，可在一定程度上避免成为被害人。其三，在学习的过程中不断地加强对自己权利义务的认知。在自身合法权益受到侵害时，能够依据法律主张权利；在涉及义务时，促使自身认真履行。因此，在个人层面，积极开展法治教育能够提高当代大学生的法治素养，更好助力大学生规范自身的行为习惯、维护自身的合法权益、依法履行义务等。就社会层面而言，人不是孤立的，是生存在社会生活中的，自身无时无刻不在与他人发生着各种各样的社会关系。大学生在我国的未来建设以及发展之中起着先锋和主力军的作用，加强大学生法治教育无疑是推进我国建设法治社会进而更好建设法治国家的关键、有力的一步。故对大学生的法治教育，还要让其关注到整个社会的时事，培养集体意识与社会责任感。大学生身边会接触到其他不同年龄段的人，在他们具有一定的法律知识后，鼓励他们向身边的人普法，在遇到纠纷的解决时靠法，从而不断地促进法治宣传，产生社会层面的影响。就国家层面而言，法治是民主社会的基石，大学生需要了解和信仰法治，才能更好地参与社会和政治事务，为国家的民主发展和进步做出贡献。如果大学生缺乏法治教育，则无法从宏观上看到社会主义法治的建设，造成只见树木、不见森林的局面。且进行国家层面的法治教育，能让当代大学生了解世界各国的法治状况，站稳立场，分析各种话语，不被不当言论迷惑，从而增强其制度自信。

因此，大学生法治教育的必要性体现在个人、社会和国家三个层面。只有通过深入的法治教育，才能让大学生真正了解法律的重要性，真正掌握法治知识，增强法治意识，不断提高法治素养和法治观念，在内心形成对法治的信仰，塑造法治品格，从而更好地适应和融入现代社会。

（四）内蕴：大学生法治教育的核心要旨与基本元素

大学生法治教育是指各高校对大学生群体进行"法治"的系统性教育，即围绕"法治"的不同面向开展的教育活动，具体涵盖传授法治知识、强化法治意识、培育法治思维、生成法治信仰、提升法治能力这五个法治教育基本元素。

1. 传授法治知识

法谚有言：不知法者不免责。其意即不知道法律并不构成承担相应法律责任之豁免，故知晓法律则能更好地遵守法律。法治教育最基础的任务便是传授法治知识。法治知识包括对实然法律（如法律条文、法律运行等）的认知和应然法律（如法律价值、法律精神等）的认知。对于促进大学生学习法治知识的渠道，主要以课程教学为引导，其他方式为补充。对于课程教学方面，通过生动的讲解强调法律的重要性，且让大学生对法治有一个整体、宏观上的认知；但在课程中，由于法学浩瀚无边，且学生的专业不同，教师不可能在课程上讲授全部知识，故应当将课程中所讲授的知识作为引导，激发大学生对法律的学习兴趣，促进其主动学习。课外学习的方式多样，其可以从学校、家庭、社会、媒体网络等场所获知"纸面上"的法治知识，如观看央视播出的《今日说法》等，不断地丰富自身对法学理论的认知；也可以在自身参与法治实践的过程中获知"实践中"的法治知识，如去法院旁听庭审等。大学生在观摩司法实践后，首先能够更加生动地了解到国家司法机关的部门职能、日常工作、主要服务群体；其次能看到司法机关如何适用法律处理纠纷；最后能够明白法律在日常生活中如何保障人民权益，以及如何惩治犯罪、维护社会的公平正义。因此，理论学习和法律实践的开展能够培养大学生的法治意识、提升大学生的法治素养。

2. 强化法治意识

现在学界普遍承认的法治意识是指以宪法法律至上、权利义务统一、规则意识为核心的民众关于法律现象的心理、观点和思想的总称。具体而言，首先，法治意识是一种宪法法律至上的意识。宪法是一国具有最高效力的根本大法，载有一国国家制度和体系的根本性规定，是一切法律理论与实践的"总引擎"。因而，大学生法治教育理应围绕国家制度、国家机构、公民权利义务等宪法核心内容展开，让大学生充分认识到宪法既是明确一国国家构成的"组织法案"，也是保障一国公民的"权利法案"；充分发挥国家宪法日的宣传作用，不断加深大学生对宪法这一根本国家大法的认知。其次，法治意识是权利意识。权利是法的内核，自 20 世纪 80 年代以来，权利话语日渐兴起并日益兴盛，"权利本位论"最初为张文显、张光博、郑成良等学者所主张。张文显教授指出，权利本位观的具象化表达是"法以权利为本位，权利规定居于主导，并领先于义务"①。作为当下法学界乃至全社会的主导性话语，"权利"在法律、道德伦理、政治领域被广泛使用，故而权利意识教育十分重要。而针对大学生这一群体而言，权利意识教育应当涵盖权利边界意识、权利义务相统一意识、主动行使权利意识以及权利救济意识。同时，法治意识还是一种规则意识。规则意识不单等同于遵纪守法意识，规则意识拥有更为丰富的内涵。规则包含三部分，即假定条件、行为模式以及法律后果，其有着具体的权利义务以及具体法律规定，逻辑缜密，规范性强。大学生树立规则意识的重要之处在于不仅将自己的行为置于规则之下，更将自己行为的后果置于规则之下。

3. 培育法治思维

现有理论研究认为，法治思维是与人治思想相对峙的一种治国理念，其核心概念能够在权力限制、权利保障、规则遵守三个维度生成。在权力限制维度，法治思维的精髓体现为"把权力关进制度的笼子"的控制权力思维，对于公权力机关而言，法治思维意味着权力必须依照法定方式、法定程序行使，法无授权即禁止。在权利保障维度，法治思维是一种"依法办事"的程序思维、

---

① 张文显：《从义务本位到权利本位是法的发展规律》，《社会科学战线》，1990 年第 3 期，第 133 页。

"法无禁止即自由"的权利思维、"承担法定义务"的守法思维的综合体。在规则遵守维度，法治思维强调一种规则意识，法治精神以法律规则的形式呈现，依照法律办事实际上就是依照法律规则办事，规则不仅是公权力机关行使公权力的法律依据，也是公民行使权利或主张法律利益的法律依据，能够作为一种行为规范指引全社会行为。综上所述，培育大学生的法治思维，实际上是从法治思维的三个维度——权力限制、权利保障、规则遵守进行法治教育。

4. 生成法治信仰

伯尔曼曾言："法律必须被信仰，否则将形同虚设。"[①] 正如伯尔曼所言，没有法律信仰，那么法律即使被制定出来，也无法对人进行规范。故在法治教育中，要注重提升大学生对法律的信仰。法律信仰是大学生在知法学法守法用法的过程中，通过自身对于法律的认知、理解和领悟，从而在内心形成对法律的理性认同。西方社会早在古希腊时期便有法治信仰的影子，苏格拉底之死即为最好例证。苏格拉底是为自身法律信仰而殉道的，当时的他被指控"不敬神和腐蚀青年"，经过雅典民众大会的审判，被判处死刑。在死刑执行之前，苏格拉底的学生买通看守苏格拉底的狱卒，并劝说其逃跑，但是苏格拉底坚持认为民众大会的决议必须得到执行，自己也不能例外。在苏格拉底心中，他不惜以生命为代价，捍卫法治的尊严，捍卫法治的实施。此外，著名的程序正义案"辛普森杀妻案"同样体现了法律信仰的意义所在。该案件的法官说道："全世界都看到了辛普森的罪行，但法律没有看到。"换言之，即便普罗大众都认为辛普森应该受到法律的制裁，但按照法律程序的要求，辛普森不构成犯罪因而得以免于刑事制裁，这就是牺牲实体正义也要捍卫法律程序正义。两个故事共同告诫民众：法治一经确定，是需要贯彻实施的，是需要被信赖的，根据法律产生的后果能够被预料。而在大学生法治教育过程中，正是要生成这样的法治信仰，让法治真正为民众所信任、所维护，真正做到"法律既不是铭刻在大理石上也不是铭刻在铜表上，而是铭刻在公民们的内心里"[②]。法治信仰的形成不是一蹴而就的，需要大学生阅读相关法学经典著作，关注身边法律的实施，在理论与实践中不断地加强对规则的遵守、对法治的确信，从而在内心形成对法治的信仰。

---

① ［美］哈罗德·伯尔曼：《法律与宗教》，梁治平译，中国政法大学出版社，2003 年，第 37 页。
② ［法］让·雅克·卢梭：《社会契约论》，何兆武译，商务出版社，2013 年，第 139 页。

5. 提升法治能力

法治能力是指民众运用法律参与法治生活、捍卫自身权利、监督权力运行的一种能力素养。法治能力具体包括：一是从事法律行为的能力。法律行为是人们具体和现实的法律活动，其活动内容存在于社会活动领域，法律行为模式所包含的价值内容和行为要求都是通过人们的合法行为实现的，因此，能够从事合法的法律行为是法治能力的基础所在。二是承担法律责任的能力。法律责任的承担是维护社会公正的重要手段，也是维护社会秩序正常运行的手段。大学生必须要意识到违反法律规定或协议约定的行为，可能会承担相应的法律责任。三是维护自身权利的能力。这是一个走向权利的时代，权利意识的觉醒从客观上使得权利得到更充分使用。但权利被不加区分地使用反而加剧了人际的龃龉，权利既成为"王牌"，也成为"桎梏"，大学生应当善用法律去保护、实现、救济权利，但在行使自身权利、维护自身利益时，要遵守诚信原则和权利不得滥用原则。四是参与法律监督的能力。现行宪法赋予了民众监督权，具体是指公民对国家机关及其工作人员有批评、建议的权利，以及对他们违法失职行为有申诉、控告和检举的权利。以上权利的赋予对公民监督公权力的行使提供了有效途径。

二、理论根基：大学生法治教育之理论基础、源泉与底色

（一）理论基础：马克思主义法治思想

马克思主义法治思想是以马克思主义基本原理为指导，以法治建设为核心内容的理论体系。在马克思主义法治思想看来，法治作为一种国家治理方式，是通过法律规范和法律制度保障公民权利、维护社会秩序和促进社会进步，其核心是体现人民意志，这一思想以维护大多数人的利益为根本宗旨，坚持无产阶级和人民大众的立场。马克思、恩格斯在《共产党宣言》中对资产阶级法律虚伪性的批判，揭示了资产阶级法律是资产阶级意志的体现，是为少数群体谋利益的。

马克思主义法治思想以辩证唯物主义和历史唯物主义作为其世界观与方法论，主要从联系观、发展观、社会存在决定社会意识的角度出发，第一次科学地阐释了法的本体论，从而揭示了法的本质属性，具体阐释如下：①马克思主义法治思想揭示了法与统治阶级的内在关系。资产阶级启蒙思想家卢梭指出，

法不过是意志的记录。德国哲学家黑格尔也承认法是意志的表现。但前人均未将法与统治阶级联系起来，只有马克思主义法治思想深刻阐明：法是统治阶级的意志，统治阶级根据其立场以及利益主张和价值标准来调整社会关系，正如马克思、恩格斯在《德意志意识形态》中所指出："占统治地位的个人除了必须以国家的形式组织自己的力量外，他们还必须给予他们自己的由这些特定关系所决定的意志以国家意志即法律的一般表现形式。"① ②揭示了法与国家的必然联系。马克思、恩格斯认为，法是"被奉为法律"的统治阶级的意志体现，"奉为法律"是指必须经过立法机关将统治阶级的意志上升为国家意志，从而才能在一国主权范围内产生普遍的约束力，否则其意志难以取得合法性。"一切共同的规章都是以国家为中介的，都获得了政治形式。"② ③揭示了法与社会生产方式之间的关系。资产阶级的"意志说""命令说""规则说"等只是从不同角度揭示了法在某一方面的特征，未能全面解释法的本质，加之资产阶级法学家往往在"理性""精神世界"等抽象表达之中寻找法的本源，故而一直未能全面揭示法的本质，而马克思主义法治思想则说明法的本质为统治阶级的意志，同时揭示了统治阶级意志归根结底是由所处的社会物质生活条件所决定的。

关于大学生法治教育理论中的马克思主义部分，可以从以下几个方面展开：其一，法律是一种被统治阶级制定并用来维护自己利益的工具。在法治教育中，高校应该引导学生了解阶级斗争和历史唯物主义的基本原理，认识到法律是社会关系的产物，法治建设必须符合社会发展的规律。其二，马克思主义认为，法律是一种意识形态，反映了统治阶级的利益和意志。在法治教育中，高校应该引导学生认识到法律的阶级性质和法律意识形态的作用，提高对法律的批判性和理性认识。其三，法律文化是社会文明的重要组成部分，人民法律意识是法治建设的重要基础。在法治教育中，高校应该引导学生了解法律文化的内涵和作用，培养良好的人民法律意识，提高公民的法治意识和法治素养。其四，马克思主义认为，法治是国家治理的重要手段之一，也是保障人民权利的重要方式。在法治教育中，高校应该引导学生了解法治与国家治理的关系，了解政府和法律的作用和职责，培养公民的政治意识和参与意识。

统而言之，马克思主义法治理论是具有理论深度和实践意义的理论体系，

---

① 中共中央马克思恩格斯列宁斯大林著作编译局：《马克思恩格斯全集》（第三卷），人民出版社，1960年，第378页。

② 中共中央马克思恩格斯列宁斯大林著作编译局：《马克思恩格斯选集》（第一卷），人民出版社，1995年，第132页。

它强调法律和法治在阶级社会中的重要性和作用，提出了法律和法治建设的基本原则和要求，为社会建设和发展提供了重要的思想指导。

（二）理论源泉：中国化马克思主义法治思想

重视法治建设是中国共产党自建党以来一以贯之的优良传统。在长达百年的法治实践历程中，不仅有"马克思主义法律思想中国化的里程碑，也有中国法治建设经验马克思主义化的生动事例"①。沿历史脉络与实践历程展开，新民主主义革命时期，毛泽东在总结自身对新民主主义宪政、人民民主政权等的认知的过程中，逐步形成了较为成熟的法制理念，譬如，高度重视革命根据地的法制建设，制定了《陕甘宁边区实施纲领》等法律文本，主张废除国民党政权下的伪法统，建立人民民主专政的国家。新中国成立初期，便制定通过了《中国人民政治协商会议共同纲领》《中华人民共和国婚姻法》等，法制宣传运动席卷全社会；而后第一届人民代表大会通过并颁布了我国第一部社会主义类型的宪法——"五四宪法"，确立了人民民主专政的国体、人民代表大会制度的政体、民主集中制的根本组织原则等国家结构。改革开放初期，邓小平提出了建设和法制两手抓，开展普遍性法制教育等关涉"法制"的重要命题。20世纪末21世纪初，江泽民提出了实现依法治国、建设社会主义法治国家以及尊重和保障人权等一系列法治主张。21世纪以来，胡锦涛阐释了党的领导、人民当家作主与依法治国的有机统一，回答了怎样落实依法治国基本方略这一重大问题。党的十八大以来，以习近平同志为核心的党中央在总结原有法治理论基础上，丰富和发展了中国特色社会主义法治理论，并形成了习近平法治思想。

作为马克思主义法治理论中国化的最新成果，习近平法治思想为引领法治中国建设实现高质量发展树立了思想旗帜。习近平总书记指出，"法治"的语义释义是"用法律的准绳去衡量、规范、引导社会生活"②，"法治"的语义内涵具有法律之治、良法善治、和谐秩序和文明表征四层意蕴。作为一种理论先导，中国化马克思主义法治思想的功能作用可体现在以下三方面：一是该理论着眼于党法关系而对党规与国法展开详尽论述，为党内法规体系的构建提供理论依托；二是该理论关注到"立法—执法—司法—守法—监督"这一法治实施

---

① 付子堂：《马克思主义法律思想中国化的三条经验》，载于人民日报理论部：《社会主义法治理念学习读本》，人民日报出版社，2009年，第13页。

② 中共中央文献研究室：《习近平关于全面依法治国论述摘编》，中央文献出版社，2015年，第9页。

全过程，为法治保障体系的完善提供理论支持；三是该理论坚持人民立场，始终坚持为人民服务。

中国化马克思主义法治思想是在全面总结和吸收马克思主义法治理论的基础上，结合中国特色、中国实践、中国实际、中国国情而形成的一种全新的法治思想，具有鲜明的中国特色和时代特点，是中国法治建设和发展的重要理论创新。在大学生法治教育中，中国化马克思主义法治思想具有以下几个方面的作用与意义。其一，强化大学生的法治意识与法治精神，提升其法治素养。中国化马克思主义法治思想是中国特色社会主义法治的重要思想基础，其中所蕴含的法治意识和法治精神具有强烈的现实意义和教育价值。通过学习中国化马克思主义法治思想，大学生可以更好地认识到法治建设和法治发展的重要性和紧迫性，增强法治意识和法治精神，从而更加自觉地维护社会稳定、促进社会进步和保障人民权利。其二，加强大学生对于法治知识的了解，培养其法治维权意识。中国化的马克思主义法治思想是中国法治建设和发展的重要理论基础，其中涉及的法治知识、法律制度和法律技能对大学生学习法律和法治具有重要的指导意义。通过学习中国化的马克思主义法治思想，大学生能够基本理解和掌握新时代中国特色社会主义法治建设的基本原则、基本精神和实施道路，提高大学生法治素养和法律技能，增强其自我保护能力以及法律风险意识，更好地预防和解决生活中可能遇到的法律问题。其三，推动大学生思想政治教育的深入开展。中国化马克思主义法治思想是中国特色社会主义思想体系的重要组成部分，具有强烈的思想性、政治性和教育性。大学生可以借此深入了解中国特色社会主义法治社会、法治国家的蓝图，加深对中国特色社会主义的认识和理解，进一步巩固和发展中国特色社会主义法治思想，为推进中国特色社会主义事业贡献一份青春力量。中国化马克思主义法治思想在大学生法治教育中具有重要的指导和推动作用，可以帮助大学生更好地认识和掌握法治知识和方法，提高法治素养和综合素质，为推进中国特色社会主义法治建设和发展添砖加瓦。

统而言之，中国化马克思主义法治思想具有厚重的历史底蕴与丰富的实践内涵，在彰显执政者的政治智慧、保障民众的合法权益、引领社会的法治教育等方面起到行动指南之效用。习近平总书记在《论坚持全面依法治国》中指出："中国特色社会主义法治理论是中国特色社会主义法治体系的理论指导和学理支撑，是全面依法治国的行动指南。"①

---

① 习近平：《论坚持全面依法治国》，中央文献出版社，2020 年，第 92 页。

（三）理论底色：中华优秀传统法律文化

任何一种思想，并非在真空中生长和演变，而总是处于历史演变之中。我国法治事业正处在改革转型期，全面推进依法治国、建设社会主义法治国家是历史使命。如何对中国传统礼法文化进行批判性继承、创新性发展，使之与社会主义方向相适应，服务于现代化建设，是需要解答的时代课题。如习近平总书记所言："要注意研究我国古代法制传统和成败得失，挖掘和传承中华法律文化精华，汲取营养、择善而用。"[①] 中华优秀传统法律文化集中彰显了中华民族的法治品格，作为我国珍贵的法治本土资源，在建设法治国家时，应充分挖掘其蕴含的法治价值，与现代法治精神相结合，从而使其在新时代全面依法治国实践中焕发出新的生命力。

譬如，"天下无讼，协和万民"的法律观与现今的调解制度、多元化纠纷解决机制有着一脉相承的内在逻辑。中国人历来重视"以和为贵"。这种价值追求投射到法律中便形成了重视调解以便"息讼"的法治传统。《论语》中有"听讼，吾犹人也，必也使无讼乎"[②]，将矛盾风险化解在基层和萌芽状态。形成"无讼"心理的原因主要是以下三方面：一是古代社会形成了交往上的"差序格局"，其活动圈层与熟人息息相关，不撕破脸面、不打官司有主观上的动机；二是古代社会的运作方式天然地蕴含调解色彩，如宗族的祠堂组织、村社的保甲制度等，在这些组织中往往有令人尊敬、具有话语权的长者，故具有强大的调解功能；三是人口众多，幅员辽阔，诉讼资源有限。而今，随着社会法治文明程度的提升，民众权利意识普遍觉醒，权利景象蔚为大观，当权利被侵犯而无法使用时，权利人便要求进行权利救济，而诉讼便是救济权利的主要方式之一。虽然诉讼作为解决纠纷、救济权利的方式之一，但案多人少的现实境况依然制约着诉讼的规模，且我国传统文化本身就有无讼的法治基础。鉴于此，为解决纠纷，结合我国目前的司法状况以及传统优秀法治文化，涵盖和解、调解、仲裁等多种纠纷解决方式的多元化纠纷解决机制应运而生。

此外，赋予中华法系文化要素以新的时代意义，形成一套能够与当今社会有机互动的道德规范体系，可以成为法治建设中的独特文化资源。其一，儒家将道德伦理植入法律内核，比如矜老恤幼、慎待死刑政策中便蕴含了儒家"老吾老以及人之老，幼吾幼以及人之幼""人死不能复生"等伦理观念。恤刑思

---

① 习近平：《加快建设社会主义法治国家》，《求是》，2015年第1期，第5页。
② 刘宝楠：《论语正义》，中华书局，1990年，第503页。

想中所体现的"仁爱""赦宥""矜老恤幼"等表现出了对人的关怀、社会伦理的考量；而"乞鞫""审查制度"等则表现出对人的价值、命运的维护，蕴含了民众朴素的法感情，符合民众对于实质正义的要求。恤刑思想中所蕴含的"慎杀、少杀"思想，在今天表现为减少死刑罪名、减少执行死刑等，与"以人命至重，恐不得其情，则刑罚滥及，而死者不可复生也，故必欲详审"① 的思想是一致的。由此可以看出，古代恤刑思想蕴含了大量人文精神的精髓。其二，我国古代一直讲求天理、国法、人情的统一。如今，司法实践中亦体现了对天理、国法、人情的重视。《关于深入推进社会主义核心价值观融入裁判文书释法说理的指导意见》明确要求各级人民法院在审理、裁判案件时，应当综合考量以上三因素，结合案情实际，努力实现情理法的融会贯通，从而提升当事人及人民群众对司法裁判的认同感②。其三，我国古代法制文明中的部分法制制度与现今部分法律制度内涵相通，如古代的"京师三覆奏、诸州五覆奏"的覆奏制度，现今体现为死刑案件需要向最高人民法院复核；对于老弱病残妇的恤刑，现今体现为刑法条文中关于刑事责任年龄、刑事责任能力、妇女特殊保护、限制死刑的规定；法令变更时，恒从轻法，现今体现为从旧兼从轻的法律溯及力原则。

"惟能融旧，故吻合于国性民情。惟能铸新，故适应现代之需要。"③ 为了使我国法治文明与中华民族品格相互匹配、相得益彰，在实现法治化的过程中，必须要有法治得以实施的广泛的社会基础与社会土壤，传统法治文化中的优秀的法治精神为此提供了宝贵的资源，故有必要弥合现代法治文明与传统法治文化之间的冲突，形成社会成员更易理解和接受的中国特色社会主义法治体系的普遍共识。通过以上措施的开展，在丰富我国法治实践时，也同时为人类法治文明贡献了中国方案、中国智慧。

---

① 盛季：《帝王圣论》，河北教育出版社，1996 年，第 730 页。
② 中华人民共和国最高人民法院：《关于深入推进社会主义核心价值观融入裁判文书释法说理的指导意见》，https://www.court.gov.cn/zixun-xiangqing-287201.html，2021 年。
③ 萧公权：《中国政治思想史》，商务印书馆，2011 年，第 881 页。

第二章　大学生思想政治教育概述

当前，我国经济社会发展进入了新的历史阶段，党的二十大报告为当前和今后一个时期我国经济和社会的发展指明了方向、构建了蓝图，习近平总书记在党的二十大报告中强调："教育是国之大计、党之大计。培养什么人、怎样培养人、为谁培养人是教育的根本问题。育人的根本在于立德。全面贯彻党的教育方针，落实立德树人根本任务，培养德智体美劳全面发展的社会主义建设者和接班人。"① 大学生作为参与社会主义建设事业的预备军，是我们党和国家重点关注和培养的对象，加强对大学生的教育，不仅仅在于加强其专业素养、职业技能的教育，思想政治教育也应受到足够的重视。大学生思想政治教育是落实立德树人的根本任务、培养时代新人的重要组成部分。面对百年未有之大变局，大学生思想政治教育也面临着一定的风险和挑战。

概念是理论研究的基石，在对大学生法治教育与大学生思想政治教育的融合展开研究前，首先需要对大学生思想政治教育的相关概念予以界定，以便后续研究的展开。

一、大学生思想政治教育的概念界定

（一）思想政治教育内涵

思想政治教育是人类社会普遍存在的现象。关于思想政治教育的概念，学界一直存在着诸多不同的看法与观点。对于思想政治教育的概念的界定不同，随之体现在思想政治教育背后的教育理念、教育目的等也会有所不同，因此，厘清思想政治教育的概念，对于把握思想政治教育的目的、方式、内容等具有

① 习近平：《高举中国特色社会主义伟大旗帜　为全面建设社会主义现代化国家而团结奋斗——在中国共产党第二十次全国代表大会上的报告》，人民出版社，2022年，第34页。

重要的价值。

华中师范大学张耀灿教授认为,"思想政治教育是社会或社会群体用一定的思想观念、政治观点、道德规范,对其成员施加有目的、有计划、有组织的影响,使他们形成符合一定社会或一定阶级所需要的思想品德的社会实践活动"①。福建师范大学苏振芳教授认为,思想政治教育是指"一定阶级或政治集团,为实现一定的政治目标,有目的地对人们施加意识形态的影响,以期转变人们的思想,进行指导人们行动的社会行为"②。广西开放大学邓艳葵教授认为,"思想政治教育是教育者与受教育者根据社会和自身发展的需要,以正确的思想、政治、道德理论为指导,在适应与促进社会发展的过程中,不断提高思想、政治、道德素质和促进全面发展的过程"③。武汉大学马克思主义学院倪愫襄教授提出,"按照概念的普遍性和特殊性相统一、事实判断和价值判断相统一、个体需要和社会需求相统一的要求,思想政治教育应该是教育者对受教育者有目的地施加正确的思想观念的影响并培养其优秀的思想品质和理想人格,从而促进人的自由全面发展的活动和实践。具体而言应该是教育主体用思想的科学理论、政治的先进观念、道德的优秀品质,即科学的世界观、价值观、人生观,按照教育对象的特点和规律进行的教育活动,培养教育对象具有良好的思想观念、政治素养和道德品质,其目的就是为了促进人的自由全面发展"④。中山大学郑永廷教授认为,"思想政治教育是一种有目的性、具有超越性的实践活动。这种实践活动随着社会的发展和人们的主体性的增强,其作用越来越重要。思想政治教育在社会生活中,是一种多属性、多因素的特殊活动"⑤。吉林大学陈秉公教授将思想政治教育定义为"一定阶级或政治集团,为了实现其政治目标和任务而进行的,以政治思想教育为核心和重点的思想、道德和心理综合教育实践"⑥。华东师范大学邱伟光教授认为,"思想政治教育是培养、塑造一定社会新人思想道德素质的教育实践活动,受社会经济政治文化的制约和影响,包括思想教育、政治教育、道德教育"⑦。

除上述学者的观点外,还有许多学者都对思想政治教育的概念提出了不同

① 张耀灿:《思想政治教育学原理》,高等教育出版社,2001年,第4页。
② 苏振芳:《思想政治教育学原理》,厦门大学出版社,2000年,第5页。
③ 邓艳葵:《关于"思想政治教育是一种精神生产力"命题的研究——基于马克思主义人与社会发展理论的探讨》,《学术论坛》,2014年第3期,第175页。
④ 倪愫襄:《思想政治教育概念的元分析》,《思想理论教育》,2012年第23期,第40页。
⑤ 郑永廷:《论思想政治教育的本质及其发展》,《教学与研究》,2001年第3期,第52页。
⑥ 陈秉公:《思想政治教育学》,吉林大学出版社,1992年,第2页。
⑦ 邱伟光:《思想政治教育学概论》,天津人民出版社,1988年,第1页。

的看法和见解。尽管当前国内学界对于思想政治教育的概念存在诸多争议，但是综合上述学者的观点，我们也可以抽象概括出他们的观点之中的一些共同要素。首先，学界目前已经基本认可思想政治教育应归纳于社会实践活动，即思想政治教育应当是人类社会发展到达了一定阶段的产物，而不是随着人类社会的出现而出现的，思想政治教育活动的进行需要依靠教育者的主观能动性的发挥；其次，思想政治教育包含着特定的内容，比如思想、政治、道德等；最后，思想政治教育旨在实现一定的目的，即对于受教育者的教育，意欲达到一定的教育效果，比如将其塑造为时代新人、使其能够适应社会的发展需要等。

（二）思想政治教育与其他相关概念辨析

在对思想政治教育开展研究的过程中，我们不难发现，许多与思想政治教育相类似的词汇时常出现在相关文献中，比如"思想政治工作""思想教育""政治教育""德育"等，这些词汇在日常用语中看似与思想政治教育并无差别。但是，在学术研究中，思想政治教育与这些词汇存在较大差别，在开展后续研究前，也需要厘清这些与思想政治教育相类似的词汇的概念和内涵。

1. "思想政治教育"不同于"思想政治工作"

思想政治工作，在日常中常易与思想政治教育混用，厘清二者之间的关系，首先需要对思想政治工作予以剖析。

思想政治工作可以分为"思想工作"与"政治工作"两个部分。思想工作是指一定的阶级、政党或社会集团帮助人们树立与社会发展相一致的思想，改变偏离社会发展要求的思想所进行的活动。思想工作中的思想，即思想工作的内容，涵盖了政治、经济、文化等各个领域。政治工作是指一定阶级、政党或社会集团为实现自己的政治目标所进行的动员和组织工作，比如统战工作、组织工作、纪检工作等[1]。安徽省社会科学院邸乘光教授认为，"思想政治工作就是以思想方面的'政治工作'或政治方面的'思想工作'为核心内容的思想工作"[2]。思想政治教育与思想政治工作两个概念具有密切的联系。一方面，思想政治教育是思想政治工作的基本内容，两者在教育（工作）目的上具有高度一致性。另一方面，两个概念的应用领域与概念外延具有一定的差异。思想

---

① 以上观点参见杨晓丽：《相关概念梳理与辨析"思想政治教育"》，《中学政治教学参考》，2013年第15期，第50～52页。

② 邸乘光：《简析思想政治工作科学的学科特点》，《南方论刊》，2016年第8期，第96页。

政治教育概念主要应用在教育领域，是一项具有教育意义的实践活动；思想政治工作的外延更宽广，它除了有思想政治教育的含义，还包括许多组织工作、政治工作、实践工作。

2. "思想政治教育"不同于"思想教育""政治教育""德育"

思想政治教育，从字面上看，看似是思想教育、政治教育的合集，其实不然。思想政治教育除了思想教育和政治教育的内容，还包括法治教育等内容。因此，思想政治教育与思想教育、政治教育之间，可以被认为是包含与被包含的关系，不能将思想教育、政治教育直接视为思想政治教育，也不能将思想政治教育简单视为思想教育与政治教育的合集。此外，思想教育与政治教育也并非完全并列的关系。比如，对中小学生开展爱国主义教育，既属于思想教育的一部分，也属于政治教育的一部分，因此，可以说思想教育和政治教育在一定条件下存在交叉关系。

德育，即道德教育。就思想政治教育的内涵而言，其包含对受教育对象开展道德教育的内容，因此，道德教育所涵盖的范围显然是小于思想政治教育的。不过，也不能因为思想政治教育包含着部分道德教育的内容，就完全将道德教育视为思想政治教育的一部分，道德具有较强的主观性、模糊性、时代性，随着经济社会的发展，一些传统的道德观念是否适合纳入思想政治教育之中，也应当予以斟酌。

（三）大学生思想政治教育的内涵及特征

根据教育部发布的 2022 年我国教育事业发展统计公报的统计结果，我国现共有各类高等学校 3013 所，现有各种形式的高等教育在学规模 4655 万人①。我国在校大学生数量的空前巨大，对大学生思想政治教育工作带来的挑战也随之而来。在对大学生思想政治教育相关的内容开展论述前，厘清大学生思想政治教育的内涵及特征尤为重要。

1. 大学生思想政治教育的内涵

从前文对思想政治教育的概念和内涵的剖析来看，大学生思想政治教育即在思想政治教育本身的概念和内涵的基础之上，将接受思想政治教育的主体置

---

① 教育部：《2022 年全国教育事业发展统计公报》，http://www.moe.gov.cn/jyb_sjzl/sjzl_fztjgb/202307/t20230705_1067278.html，2023 年。

换为大学生。不过，这样的论断过于简单和绝对，大学作为青年人成长的一个重要阶段，其正处于接受教育和奔赴工作岗位的过渡时期，对其进行的思想政治教育应具有一定的特殊性，同时，在校大学生基本上已成年，其世界观、人生观、价值观已经基本成型。因此，如何提高其接受思想政治教育的主动性和获得感，也是亟须解决的问题。

与针对中小学生开展的思想政治教育相比，大学生思想政治教育还存在诸多不同之处。首先，在校大学生基本上已年满十八周岁，满足向党组织提交入党申请书的年龄条件，因此，在对大学生开展思想政治教育的过程中，关于党的理论知识、党性修养、理想信念等的教育应与中小学阶段相比有所增加。此外，与中小学阶段相比，大学生在民事、刑事方面的责任能力也有所提高，并趋于完全状态。因此，高校思想政治教育中对于法治的教育的比重也应当随之上升。其次，大学生正处在求学与就业的过渡时期，因就业处于迷茫、焦虑阶段的大学生不在少数。因而在对大学生开展思想政治教育的过程中，对于个人职业生涯规划、职业道德、心理辅导等内容也应当有所体现。最后，在大学中进入婚恋状态的大学生占据一定比例，家庭道德教育、婚姻道德教育等也是大学生思想政治教育的重要内容。

除上述内容外，大学生思想政治教育与中小学思想政治教育还有诸多不同之处，不难看出，大学生思想政治教育存在其本身的特征和独有的内容，如何开展好大学生思想政治教育，是高等院校与教育系统及社会各界都重点关注的话题，对大学生思想政治教育的道路探索，还需要各界的长期努力。

2. 大学生思想政治教育的特征

特征是一事物区别于另一事物的特点，用于揭示该事物的本质要求。开展好大学生思想政治教育，首先就需要对大学生思想政治教育的基本特征进行把握。正如前文所言，大学阶段既是青年人成长的一个重要阶段，又是他们从在校求学到奔赴工作岗位的过渡阶段，因此，大学生思想政治教育与中小学思想政治教育相比存在诸多差异，有一些独有的特征。

首先，大学生思想政治教育具有显著的互动性。大学课堂与中小学课堂相比，学生的主体性得到了强化，学生在课堂教学的过程中和老师的互动有所增加。此外，随着互联网技术的发展以及大学生上网时间的增加，大学生思想政治教育受时间和空间的限制越来越小，教师可以与大学生通过网络实时交流、沟通，双方互动性进一步增强。

其次，大学生思想政治教育富有鲜明的时代性。社会是不断发展变化的，大学生思想政治教育也要紧跟社会和时代的发展要求，因而具有鲜明的时代性。大学生思想政治教育的内容并不是一成不变的，而是随着时代的发展变化而变化。比如，党的十八大后，社会主义核心价值观教育融入大学生思想政治教育之中；党的十九大以来，习近平新时代中国特色社会主义思想也开始逐步融入大学生思想政治教育之中；党的二十大之后，中国式现代化的深刻内涵也融入大学生思想政治教育之中等。

再次，大学生思想政治教育具有高度的综合性。这一特征是由大学生思想政治教育的本质决定的。大学生思想政治教育的综合性体现在教育目标、教学内容和方法等方面。在教育目标方面，大学生思想政治教育，应以贯彻党的教育方针和落实立德树人根本任务为目的，"思想政治教育必须紧紧围绕培养德智体美劳全面发展的社会主义建设者和接班人来进行"[①]。在教学内容方面，思想政治教育学科涉及多样化的知识资源，形成了一个以马克思主义理论为理论基础，借鉴哲学、政治学、社会学、教育学、心理学等相关学科知识，又不断融入最新理论成果的教学内容系统。在教学方法方面，思想政治教育逐渐形成了以说理教学法、启发式教学法、探究式教学法、实践教学法、互动教学法等为主体的课堂教学方法体系。对大学生开展思想政治教育需要牢牢把握德育为先、"五育并举"、全面发展的要求，全方位、宽领域、多层次开展好大学生思想政治教育工作。

最后，大学生思想政治教育内含客观的复杂性。正如前文所言，从大学生思想政治教育内容层面来看，大学生思想政治教育与中小学思想政治教育相比，有许多独有的内容，比如职业道德教育、婚姻家庭教育等；从大学生思想政治教育的时间和空间来看，大学生思想政治教育的空间更加广阔，时间更加灵活，不再局限于课堂教学。因此，大学生思想政治教育与中小学思想政治教育相比有着显著的复杂性。

（四）大学生思想政治教育的理论依据

大学生思想政治教育，本质上是关于人的成长与发展的教学实践活动，大学生思想政治教育的开展"离不开人的自由而全面发展这一向度"[②]。马克思主义理论及马克思主义中国化理论对大学生思想政治教育的开展具有重要的理

---

① 曲建武：《辅导员应把握好思想政治教育的基本特征》，《思想政治教育研究》，2022年第6期，第87页。

② 王瑞敏、张胜旺：《基于马克思主义人学视角的新时代高校思想政治教育探析》，《中北大学学报（社会科学版）》，2023年第1期，第77页。

论支撑。

1. 马克思主义理论对大学生思想政治教育的理论支持

马克思主义理论关于人的理论回答了大学生思想政治教育的必要性与可行性问题。马克思主义理论认为，人的本质是一切社会关系的总和，人的存在意味着人具备社会性、实践性和发展性。人的社会性意味着人处在社会关系之中，不能独立于与他人的交往而存在；人的实践性意味着人需要参与实践活动，并能够在社会实践中产生变化，人是动态的、变化的，因此，对人进行思想政治教育具备了可能性；人的发展性，意即人是在自身的社会活动以及受周围环境的影响下发展起来的，同时，人的发展的最终目的是要实现全人类的解放，因此，思想政治教育具有了必要性①。

马克思主义立场、观点和方法对大学生思想政治教育开展具有重要的指导作用。首先是实事求是的观点。实事求是的观点是马克思主义的精髓和灵魂，大学生思想政治教育的开展必须坚持实事求是，客观面对大学生的思想和思想矛盾，不刻意掩饰，也不刻意美化；立足实际，综合考虑各种情况，有针对性地开展教育，对教育对象作全面了解，把握客观情况，具体问题具体分析。其次是理论联系实际的观点。马克思主义理论要求人们在工作和生活中要将理论联系实际，一切从实际出发。在大学生思想政治教育过程中，要坚持理论联系实际的观点，既要重视理论对于实践的重要指导意义，又要借助实践，来更好地开展理论的教育与学习。最后是指导思想一元化的观点，即大学生思想政治教育工作的开展，要一以贯之坚持以马克思主义为指导，抵制指导思想的多元化，重视对马克思主义的研究、学习与教育②。

2. 马克思主义中国化理论对大学生思想政治教育的理论支持

习近平总书记指出："马克思主义是不断发展的开放的理论，始终站在时代前沿。"③ "100年来，中国共产党把马克思主义基本原理同中国具体实际相结合、同中华优秀传统文化相结合，不断开辟马克思主义新境界，创立了毛泽东思想、邓小平理论，形成了'三个代表'重要思想、科学发展观，创立

---

① 以上观点参见郭佩文：《马克思主义关于人的理论对我国思想政治教育的指导意义》，《佳木斯大学社会科学学报》，2012年第1期，第44～45页。

② 以上观点参见白显良：《论在思想政治教育中坚持马克思主义观点》，《思想理论教育》，2012年第11期，第35～41页。

③ 习近平：《在纪念马克思诞辰200周年大会上的讲话》，人民出版社，2018年，第9页。

了习近平新时代中国特色社会主义思想，为党和人民事业发展提供了科学理论指引。"① 其中，蕴含着大量的大学生思想政治教育的理论内容，对大学生思想政治教育具有重要的理论支持。

毛泽东同志作为中国共产党、中国人民解放军和中华人民共和国的缔造者和领导人，马克思主义中国化的伟大开拓者，其关于大学生思想政治教育的思想，仍然具有十分重要的时代价值。首先是毛泽东思想在内容上丰富了大学生思想政治教育。毛泽东思想中对马克思主义理想信念、"为人民服务"的集体主义精神、"敢教日月换新天"② 的爱国主义精神、实事求是的优良品德和优良作风，艰苦奋斗、勤俭节约、谦虚谨慎、不骄不躁的革命传统等，都是当代大学生思想政治教育的重要内容。其次是在大学生思想政治教育的方法层面，毛泽东认为"没有调查，就没有发言权"③。重视调查是大学生思想政治教育的重要方法之一，教师既要用调查来了解学生的学习情况，学生也要用调查的方法，在实践中学会分析问题。另外，毛泽东特别重视个性与共性之间的关系，对大学生开展思想政治教育，应运用好区别指导的方法，对学生做到因材施教。此外，毛泽东还十分重视教育同生产劳动相结合，"主张通过教育来提高生产劳动的知识和技术"④，使教育同生产劳动紧密联系起来，大学生思想政治教育也应用好教育与劳动相结合的教育方法。

邓小平理论中对大学生思想政治教育的理论支持主要体现为发展与改革两个方面。邓小平认为，"发展才是硬道理"⑤，发展是解决当代中国所有问题的关键，同样也是解决大学生思想政治教育问题的关键。1989 年，邓小平在回顾改革开放前十年的经验教训时便指出："我们最近十年的发展是很好的。我们最大的失误是在教育方面，思想政治工作薄弱了，教育发展不够。"⑥ "学校要把学生的思想工作做到家。"⑦ "要加强各级学校的政治教育、形势教育、思想教育，包括人生观教育、道德教育。"⑧ 邓小平同志的重要论述说明大学生

① 辛鸣：《深化马克思主义中国化理论研究》，《人民日报》，2021 年 9 月 6 日第 10 版。
② 中共中央文献研究室：《毛泽东年谱（一九四九——九七六）》（第四卷），中央文献出版社，2013 年，第 81 页。
③ 中共中央文献研究室：《毛泽东文集》（第二卷），人民出版社，1993 年，第 382 页。
④ 朱征军：《毛泽东思想对当代大学生思想政治教育的启示》，《学理论》，2015 年第 19 期，第 177 页。
⑤ 邓小平：《邓小平文选》（第三卷），人民出版社，1993 年，第 377 页。
⑥ 邓小平：《邓小平文选》（第三卷），人民出版社，1993 年，第 290 页。
⑦ 邓小平：《邓小平文选》（第二卷），人民出版社，1994 年，第 56 页。
⑧ 邓小平：《邓小平文选》（第二卷），人民出版社，1994 年，第 369 页。

思想政治教育的发展应适应改革开放的发展，需要用发展的观念看待大学生思想政治教育工作，提高对大学生思想政治教育的重视程度。"改革是中国的第二次革命"①，坚持教育改革也是邓小平理论关于大学生思想政治教育内容的重要组成部分。1978 年，邓小平在全国科学大会开幕式上讲话时指出，"我们要全面地正确地执行党的教育方针，端正方向，真正搞好教育改革，使教育事业有一个大的发展，大的提高"②。1985 年，邓小平在会见坦桑尼亚联合共和国副总统姆维尼时说："改革是全面的改革，不仅经济、政治，还包括科技、教育等各行各业。"③ 此外，邓小平同志还明确了教育改革的方向，即著名的"三个面向"——"教育要面向现代化，面向世界，面向未来"④。

作为我们党的第三代领导集体的核心、"三个代表"重要思想的主要创立者，江泽民同志则紧紧围绕"培养什么样的青年，怎样培养青年"这一关键问题，提出了一系列新观点，为大学生思想政治教育的开展提供了重要的理论支撑。在大学生思想政治教育的根本目标方面，1990 年，江泽民同志在为华南师范大学附属中学题词时强调，学校教育必须坚持正确的办学方向，培养社会主义建设者和接班人。因此，学校教育的目标被江泽民同志上升到培养建设者和接班人的层面，大学生开展思想政治教育的根本目标也在于为社会主义事业培养建设者和接班人。在大学生思想政治教育的基本目标方面，江泽民同志认为是培养"四有新人"，"四有新人"最初由邓小平同志提出，包括有理想、有道德、有文化、有纪律四个方面，江泽民同志对"四有新人"的概念进行了丰富和发展，将美育、创新精神、实践能力等内容融入了"四有新人"的要求之中⑤。在大学生思想政治教育的具体目标层面，2001 年江泽民同志在清华大学建校 90 周年大会上，提出了五点希望，希望我们的广大青年大学生能够成长为"理想远大、热爱祖国，追求真理、勇于创新，德才兼备、全面发展，视野开阔、胸怀宽广，知行统一、脚踏实地的人"⑥。可以说，这五点希望指明了大学生思想政治教育的具体目标。

科学发展观是马克思主义中国化理论的又一重大理论创新，胡锦涛同志关

---

① 邓小平：《邓小平文选》（第三卷），人民出版社，1993 年，第 113 页。

② 邓小平：《邓小平文选》（第二卷），人民出版社，1994 年，第 95 页。

③ 邓小平：《邓小平文选》（第三卷），人民出版社，1993 年，第 117 页。

④ 邓小平：《邓小平文选》（第三卷），人民出版社，1993 年，第 35 页。

⑤ 以上观点参见肖力思：《江泽民关于大学生思想政治教育重要论述的核心要义和当代价值探究》，《昭通学院学报》，2022 年第 6 期，第 20~28 页。

⑥ 江泽民：《在庆祝清华大学建校九十周年大会上的讲话》，《清华大学教育研究》，2001 年第 2 期，第 3 页。

于大学生思想政治教育的重要论述是科学发展观的重要组成部分。首先，在国家层面继续提升了对大学生思想政治教育的重视程度，胡锦涛同志明确指出了"培养什么人、如何培养人，是我国社会主义教育事业发展中必须解决好的根本问题"①。此外，胡锦涛同志也曾多次强调，高校作为培养国家人才的重要基地，必须十分重视中国特色社会主义建设者和接班人的培养，要把它作为一个根本任务来抓，高校必须坚定不移地坚持党的教育方针，坚持学校教育、育人为本，德智体美、德育为先的新观念，将大学生思想政治教育的重要意义上升到了新的高度。其次是就大学生思想政治教育的目标而言，胡锦涛同志紧密结合大学生思想政治教育的实际，提出了"四个新一代"的大学生思想政治教育目标，希望广大青年成为"理想远大、信念坚定的新一代，品德高尚、意志顽强的新一代，视野开阔、知识丰富的新一代，开拓进取、艰苦创业的新一代"②。这一新目标使大学生思想政治教育更加契合科学发展观的要求，更加符合时代的发展需要。最后是在内容层面，科学发展观进一步丰富了大学生思想政治教育的内容。科学发展观中包含了马克思主义中国化最新理论的研究，此外，胡锦涛同志还在党的十七届六中全会提出了"社会主义核心价值体系是兴国之魂"③，对大学生思想政治教育中增加社会主义核心价值体系的有关内容提供了重要的理论支持。

习近平新时代中国特色社会主义思想的创立实现了马克思主义中国化新的飞跃，是马克思主义中国化的又一重大理论成果。习近平新时代中国特色社会主义思想中关于大学生思想政治教育的重要论述也是对大学生开展思想政治教育的重要理论支撑之一。习近平新时代中国特色社会主义思想对大学生思想政治教育的理论支撑主要体现在内容与方法两个层面。在内容层面上，习近平新时代中国特色社会主义思想蕴含着丰富的大学生思想政治教育的内容，为大学生加强思想道德修养、健全完善人格指明了方向。首先是大学生的世界观、人生观、价值观教育。2014年，习近平总书记在同北京大学师生座谈会上强调："要树立正确的世界观、人生观、价值观，掌握了这把总钥匙，再来看看社会万象、人生历程，一切是非、正误、主次，一切真假、善恶、美丑，自然就洞

① 胡锦涛：《进一步加强和改进大学生思想政治教育工作 大力培养造就社会主义事业建设者和接班人》，《人民日报》，2005年1月19日第1版。
② 胡锦涛：《致中国青年群英会的信》，《人民日报》，2007年5月5日第1版。
③ 胡锦涛：《胡锦涛文选》（第三卷），人民出版社，2016年，第638页。

若观火、清澈明了，自然就能作出正确判断、作出正确选择。"① 大学生正处于人生成长的重要阶段，形成正确的世界观、人生观、价值观，对于他们合理规划前进道路、树立正确人生态度具有重要价值。其次是大学生社会主义核心价值观教育。"青年的价值取向决定了未来整个社会的价值取向。"② 大学生的价值取向和未来社会的价值取向息息相关，加强大学生的社会主义核心价值观教育，使其内化于心、外化于行，对事物能够做出正确的价值判断，同时勇于实践，在实践中砥砺前行。再次是大学生道德与法治教育。2018 年，习近平总书记在同北京大学师生座谈会上强调："人无德不立，育人的根本在于立德。"③ 德育，是大学生思想政治教育的重要一环，开展大学生思想政治教育，必须始终把德育放在重要位置，提升大学生的道德标准，从而为全社会道德水平的提升创造条件。习近平总书记在党的二十大报告中指出："弘扬社会主义法治精神，传承中华优秀传统法律文化，引导全体人民做社会主义法治的忠实崇尚者、自觉遵守者、坚定捍卫者。"④ 法治教育同样是大学生思想政治教育的重要组成部分，加强大学生法治教育，使其成为尊法学法守法用法的时代新人，学会用法律来约束自己的行为，在发生纠纷时，用法律手段来维护自身的合法权益。最后是大学生理想信念教育。理想信念教育同样是大学生思想政治教育的重要组成部分，这里的理想信念，既包括家国情怀，也包括对党的忠诚、对马克思主义指导思想的坚定信仰。2017 年，习近平总书记在中国政法大学考察时强调："青年一代的理想信念、精神状态、综合素质，是一个国家发展活力的重要体现，也是一个国家核心竞争力的重要因素。"⑤ 抓好大学生的理想信念教育，使其始终坚定不移听党话、跟党走，自觉抵制错误思潮，自觉维护党的领导，将个人理想融入党和国家事业发展的大潮之中，为民族复兴伟业贡献力量。在大学生思想政治教育的方法层面，首先是高度重视实践教育。习近平总书记高度重视实践的重要作用，2018 年，在同北京大学师生座

---

① 习近平：《青年要自觉践行社会主义核心价值观——在北京大学师生座谈会上的讲话》，人民出版社，2014 年，第 11 页。
② 习近平：《青年要自觉践行社会主义核心价值观——在北京大学师生座谈会上的讲话》，人民出版社，2014 年，第 9 页。
③ 习近平：《在北京大学师生座谈会上的讲话》，人民出版社，2018 年，第 7 页。
④ 习近平：《高举中国特色社会主义伟大旗帜　为全面建设社会主义现代化国家而团结奋斗——在中国共产党第二十次全国代表大会上的报告》，人民出版社，2022 年，第 42 页。
⑤ 中共中央文献研究室：《习近平关于青少年和共青团工作论述摘编》，中央文献出版社，2017 年，第 9 页。

谈会上，习近平总书记强调要力行"知行合一，做实干家"①。在纪念五四运动 100 周年大会上，习近平总书记强调："新时代中国青年要勇于砥砺奋斗。奋斗是青春最亮丽的底色。"② 中华民族伟大复兴的中国梦，绝不是敲锣打鼓、轻轻松松就能实现的，需要一代又一代接力奋斗，青年大学生作为将来社会主义现代化建设事业的主力军，其实践能力的培养尤为重要，在加强大学生思想政治教育的过程中，亟须贯彻实践教育的方法，在理论学习的基础上深入基层、深入一线，加深对理论联系实践的认知。其次是重视先进典型的作用发挥。党的十八大以来，习近平总书记在多个场合，多次强调榜样作用的发挥。2015 年，习近平总书记在庆祝"五一"国际劳动节暨表彰全国劳动模范和先进工作者大会上指出："劳动模范和先进工作者是坚持中国道路、弘扬中国精神、凝聚中国力量的楷模，他们以高度的主人翁责任感、卓越的劳动创造、忘我的拼搏奉献，为全国各族人民树立了学习的榜样。"③ 2020 年，在全国抗击新冠肺炎疫情表彰大会上，习近平总书记强调，"在抗疫斗争中，广大共产党员不忘初心、牢记使命，充分发挥先锋模范作用"④。通过对先进典型的表彰和歌颂，激励青年学子向榜样看齐，学习他们身上舍己为人、艰苦奋斗、忠于祖国和人民的精神，从而推动整个社会向前进步。

二、大学生思想政治教育的基本内容、目标与形式

如前文所述，由于大学生处在特殊的人生阶段，对大学生开展思想政治教育与中小学生相比存在诸多不同之处，大学生思想政治教育在基本内容、基本目标、基本形式等方面不同于中小学思想政治教育。

（一）大学生思想政治教育的基本内容

习近平总书记在党的二十大报告中明确指出："教育是国之大计、党之大计。培养什么人、怎样培养人、为谁培养人是教育的根本问题。育人的根本在于立德。全面贯彻党的教育方针，落实立德树人根本任务，培养德智体美劳全

---

① 习近平：《在北京大学师生座谈会上的讲话》，人民出版社，2018 年，第 13 页。
② 习近平：《在纪念五四运动 100 周年大会上的讲话》，人民出版社，2019 年，第 9 页。
③ 习近平：《在庆祝"五一"国际劳动节暨表彰全国劳动模范和先进工作者大会上的讲话》，人民出版社，2015 年，第 4 页。
④ 习近平：《在全国抗击新冠肺炎疫情表彰大会上的讲话》，人民出版社，2020 年，第 17 页。

面发展的社会主义建设者和接班人。"① 在新时代，对大学生开展思想政治教育，其基本内容也应围绕立德树人根本任务来展开。

1. 党的指导思想与形势政策教育

"党政军民学，东西南北中，党是领导一切的。"② 大学生思想政治教育，摆在首位的，就是对大学生进行党的指导思想教育，我们党以马克思列宁主义、毛泽东思想、邓小平理论、"三个代表"重要思想、科学发展观和习近平新时代中国特色社会主义思想为指导，引导、教育大学生学习党的指导思想，有利于大学生坚定共产主义理想信念，坚定马克思主义立场、观点、方法，把马克思主义立场、观点、方法运用到日常学习、工作和生活中，用党的指导思想来武装头脑、指导实践、推动工作，自觉以实际行动向党组织靠拢，自觉树牢"四个意识"、坚定"四个自信"、做到"两个维护"，在今后的人生道路上始终站在党和人民的立场上。

对大学生进行形势与政策的教育，有利于帮助他们了解当前的国内外形势以及我们党和国家的相关政策，帮助他们更好地理解党和国家一系列政策、措施出台的背景、意义，更加主动地支持党和政府工作的开展。

2. 法治教育

习近平总书记在党的二十大报告中指出："弘扬社会主义法治精神，传承中华优秀传统法律文化，引导全体人民做社会主义法治的忠实崇尚者、自觉遵守者、坚定捍卫者。"③ 从个人层面而言，大学生接受法治教育，能够在日常学习、生活、工作等方面更加自觉地以法律来约束自己的行为，在遇到问题时能用法律手段维护自身的合法权益。从社会层面来看，大学生的法治意识、法治素养的提高在很大程度上影响着未来整个社会对法治的信仰和尊崇，对于促进社会的和谐有序、保障国家的长治久安具有重要的作用。从法治教育的具体内容上来看，应当以宪法教育为核心，以此来加强大学生的宪法意识和公民意识，同时以民法典、刑法、诉讼法等较为常用的法律法规教育为主干内容，来

---

① 习近平：《高举中国特色社会主义伟大旗帜　为全面建设社会主义现代化国家而团结奋斗——在中国共产党第二十次全国代表大会上的报告》，人民出版社，2022年，第34页。

② 习近平：《决胜全面建成小康社会　夺取新时代中国特色社会主义伟大胜利——在中国共产党第十九次全国代表大会上的报告》，人民出版社，2017年，第20页。

③ 习近平：《高举中国特色社会主义伟大旗帜　为全面建设社会主义现代化国家而团结奋斗——在中国共产党第二十次全国代表大会上的报告》，人民出版社，2022年，第42页。

帮助大学生更好做到尊法学法守法用法。

3. 职业道德教育

如前文所述，大学生正处于在校求学和奔赴工作岗位的重要过渡时期，绝大多数在校大学生缺乏工作经验，没有工作经历，或仅有一些短期的实习经历，因此，大学生在校期间，应结合所学的专业以及其意向的工作岗位，进行相应的职业道德教育。比如，对于医学专业的学生，应当对其进行尊重生命、尊重患者隐私等医德教育；对于师范专业的学生，应对其进行相应的师德师风教育；对于法学专业的学生，应对其进行法律职业伦理的教育。

4. 婚姻、家庭道德教育

2016 年 12 月 12 日，习近平总书记在会见第一届全国文明家庭代表时强调："广大家庭都要重言传、重身教，教知识、育品德，身体力行、耳濡目染，帮助孩子扣好人生的第一粒扣子，迈好人生的第一个台阶。要在家庭中培育和践行社会主义核心价值观，引导家庭成员特别是下一代热爱党、热爱祖国、热爱人民、热爱中华民族。要积极传播中华民族传统美德，传递尊老爱幼、男女平等、夫妻和睦、勤俭持家、邻里团结的观念，倡导忠诚、责任、亲情、学习、公益的理念，推动人们在为家庭谋幸福、为他人送温暖、为社会作贡献的过程中提高精神境界、培育文明风尚。"[1] 在任何时期，家庭都是社会的基本单位，每个家庭的幸福稳定对于社会的和谐、稳定具有重要的基础性作用。将婚姻、家庭道德教育作为大学生思想政治教育的重要组成部分，有利于帮助大学生树立正确的家庭观、婚恋观。

5. 心理健康教育

心理健康教育一直是人们长期关注的热点话题。大学生因学业压力、就业压力、初次远离父母或留守经历、感情挫折、与同学家庭条件差距等容易产生一些心理问题，对他们的日常学习、生活造成严重困扰，个别大学生面对无法处理的心理问题时，甚至会采取一些极端行为，比如结束自己生命、走上犯罪道路等。因此，需要将心理健康教育纳入大学生思想政治教育之中，帮助大学生学会对身边事物及自身都有正确的认识、学会与师友沟通交流及时排解自己的情绪。

---

① 习近平：《在会见第一届全国文明家庭代表时的讲话》，人民出版社，2016 年，第 5 页。

以上是大学生思想政治教育的重要组成部分。当然，大学生思想政治教育的内容并不局限于此，比如环境保护意识的教育、学术道德的教育、民族团结的教育、国防教育等都属于大学生思想政治教育的一部分。

（二）大学生思想政治教育的基本目标

对大学生进行思想政治教育的基本目标，也就是对大学生开展思想政治教育所意欲达到的效果。接下来，通过前文对大学生思想政治教育主要内容的分类，来分别梳理其所欲实现的教育目标。

1. 党的指导思想与形势政策教育的目标

加强大学生党的指导思想、党的理论知识的有关教育，其目的在于，能够有效地帮助大学生树立坚定的理想信念，对我们党的各项路线、方针、政策有较为深入的了解，同时对我们党领导人民全面建设社会主义现代化强国事业有更清楚的认知，更加主动地把个人理想融入党和国家事业发展大潮之中，在实现民族复兴的征程上，实现个人理想。对形势政策的教育，旨在希望大学生能对我国经济社会发展有更加深刻的认识，对当前国内外形势有更清醒的判断，能够帮助大学生自觉抵制背离党的路线、方针、政策的错误倾向，更加自觉拥护党的领导。

2. 法治教育的目标

开展大学生法治教育，于大学生个人层面而言，目的在于帮助大学生养成遇事找法的良好习惯，自觉用法律约束自身行为，在日常生活中更加遵守学校的各项规章制度，同时通过法治教育中的宪法教育，能够帮助大学生提升对我国基本政治制度的认识，更好行使公民权利、履行公民义务；于社会层面而言，加强大学生的法治教育，目的在于能够减少社会中的冲突以及其他不稳定因素，促进社会的和谐和稳定；于国家层面而言，加强大学生的法治教育，目的在于为党和国家事业的发展提供德法兼备的人才，推动我国全面建设社会主义法治国家。

3. 职业道德教育的目标

开展职业道德教育，其目的在于帮助大学生对于自身即将从事的职业能够有更加清晰的了解，树立正确的职业道德，在毕业后较快适应工作岗位，完成身份转变，同时避免由不了解职业道德而可能导致的一些职业风险、冲突等，在工作岗位上严格遵守工作纪律，与同事、客户等保持良好关系，对大学生个人事业的发展也有重要帮助。

4. 婚姻、家庭道德教育的目标

开展婚姻道德教育，在于帮助大学生学会正确对待婚恋关系，树立正确的婚姻观、择偶观，在婚后能够以婚姻道德约束自己的行为，促进婚姻关系和谐稳定。开展家庭道德教育，帮助大学生将尊老爱幼、男女平等、夫妻和睦等家庭道德内化于心、外化于行，促进家庭的和谐稳定，从而推动社会的和谐有序。

5. 心理健康教育的目标

心理健康教育的目标在于帮助大学生学会正确对待自己的心理健康问题，以乐观的态度面对生活中的挫折和困难，形成乐观开朗的人格，培养广泛的兴趣爱好，在遇到困难时能及时与亲人、朋友、老师沟通交流，排解心理上的烦忧。

6. 其他教育内容的目标

除上述目标外，大学生思想政治教育的其他内容也有着其特定的教育目标，比如环境保护意识的教育，在于帮助大学生树立环保意识；学术道德的教育，在于教育大学生自觉规范自身的学术行为、抵制学术不端；国防教育的目的在于帮助大学生树立强烈的国防意识和家国情怀，同可能存在的危害国防安全的行为坚决斗争；民族团结的教育，在于帮助大学生树立民族平等观念和民族团结意识等。

总的来说，开展大学生思想政治教育的目标，根本在于贯彻我们党的教育方针、落实好立德树人根本任务，为我国社会主义现代化强国建设事业培养出德才兼备的人才，为我们党和国家事业的发展培养合格建设者和可靠接班人。

（三）大学生思想政治教育的基本形式

内容需要形式来体现，好的大学生思想政治教育开展形式，能够有效地促成大学生思想政治教育目标的实现。在对大学生思想政治教育的基本内容和基本目标剖析后，需要对大学生思想政治教育的几种主要形式予以分析。

1. 课堂教学

课堂是高等学校开展思想政治教育的主要渠道，目前，高等学校为非思想政治教育专业学生开展的思想政治教育课程主要包括习近平新时代中国特色社会主义思想概论、思想道德修养与法律基础、马克思主义基本原理概论、毛泽东思想与中国特色社会主义理论体系概论、中国近现代史纲要、形势与政策、军事理论等，这些课程为促成大学生思想政治教育目标的实现发挥了重要作用，是开展大学生思想政治教育活动的主阵地。当前，我国高校思想政治理论课程也在不断创新和完善，为巩固课堂这一大学生思想政治教育主渠道作用的发挥，起着越来越重要的作用。

2. 社会实践

邓小平同志指出，"实践是检验真理的唯一标准"①。早在 1987 年，《中共中央关于改进和加强高等学校思想政治工作的决定》就已经指出："只有理论与实际相结合、脑力劳动与体力劳动相结合、知识分子与人民群众相结合，才是青年知识分子成长的唯一正确道路。"② 单一的课堂教学常常容易显得枯燥，参加社会实践活动能够帮助大学生在实践中加深对理论知识的认识，提升其综合实践能力。比如，对大学生开展法治教育，除课堂教学外，还可以组织大学生前往法院参观、旁听庭审，从而加深大学生对于法律的认知和敬畏；开展学雷锋精神教育，除课堂教学外，可组织大学生开展志愿服务活动，让大学生在实践中感受到助人为乐、服务人民所带来的成就感与获得感等。

3. 新媒体平台

近几年，随着互联网技术的快速发展，各种新媒体平台层出不穷，互联网已经逐渐成为在校大学生日常生活的新空间，新媒体平台的出现也为大学生思想政治教育的形式创新提供了新的契机。比如，可以利用"学习通""知到"等学习平台，上传思想政治教育课视频，大学生可以结合自身实际，在课后自行选择时间观看，提升大学生学习的主动性。同时，教师也可以通过新媒体平台及时向大学生分享时事热点，帮助大学生更好地了解时政话题，提升大学生对党和国家的时政的关注度。

---

① 邓小平：《邓小平文选》（第三卷），人民出版社，1993 年，第 28 页。
② 中共中央文献研究室：《十二大以来重要文献选编》（下），人民出版社，1988 年，第 1414 页。

4. 党团活动

针对大学生党员开展党组织生活、大学生团员开展团组织生活，以及开展大学生党员进寝室、大学生党员进班级等活动，及时向大学生宣讲我们党的理论知识、最新政策等内容，鼓励大学生向党员看齐、向党组织靠拢。此外，在各种红色节日开展文娱活动，比如七一歌会、国庆晚会、青年节表彰大会等，教育大学生向优秀看齐、向榜样看齐，学习红色文化、增强民族自信。

除上述形式外，还有许多开展大学生思想政治教育的形式，比如辅导员谈心谈话、班会活动、参观爱国主义教育基地等。

三、大学生思想政治教育的时代价值

习近平总书记曾强调："青少年阶段是人生的'拔节孕穗期'，这一时期心智逐渐健全，思维进入最活跃状态，最需要精心引导和栽培。'蒙以养正，圣功也。'就是说青少年教育最重要的是教给他们正确的思想，引导他们走正路。思政课是落实立德树人根本任务的关键课程，思政课作用不可替代，思政课教师队伍责任重大。"① 大学生正处于人生成长的重要阶段，开展好大学生思想政治教育，无论是对国家、社会，还是大学生个人而言，都有十分重要的意义。

（一）开展好大学生思想政治教育是贯彻习近平新时代中国特色社会主义思想和党的二十大精神的必然要求

党的十九大将习近平新时代中国特色社会主义思想确立为党必须长期坚持的指导思想并写入党章，在新时代，坚持和发展中国特色社会主义，必须坚持习近平新时代中国特色社会主义思想指导地位不动摇。"青年是国家的未来"②，"中华民族伟大复兴的中国梦终将在一代代青年的接力奋斗中变为现实"③。当前，大学生思想政治教育充分融入和体现了习近平新时代中国特色社会主义思想，加强大学生思想政治教育，对于帮助大学生学习和理解习近平新时代中国特色社会主义思想、树立坚定的理想信念具有重要作用。

---

① 习近平：《思政课是落实立德树人根本任务的关键课程》，人民出版社，2020年，第2页。
② 习近平：《在纪念五四运动100周年大会上的讲话》，人民出版社，2019年，第18页。
③ 习近平：《在北京大学师生座谈会上的讲话》，人民出版社，2018年，第14页。

习近平总书记在党的二十大报告中强调："教育是国之大计、党之大计。培养什么人、怎样培养人、为谁培养人是教育的根本问题。育人的根本在于立德。全面贯彻党的教育方针，落实立德树人根本任务，培养德智体美劳全面发展的社会主义建设者和接班人。"① 对大学生开展思想政治教育，能够使大学生增强对我们党和国家的热爱之情，始终站稳人民立场，自觉树立听党话、跟党走的人生追求，以实际行动积极投身于新时代中国特色社会主义伟大事业的建设之中。

（二）开展好大学生思想政治教育是贯彻党的教育方针、落实立德树人根本任务的必然要求

2019 年 3 月 18 日，习近平总书记在主持召开学校思想政治理论课教师座谈会时说："思想政治理论课是落实立德树人根本任务的关键课程。"② 全面贯彻党的教育方针、落实立德树人根本任务是新时代教育事业健康发展的重要保证，新时代大学生思想政治教育，以培养德智体美劳全面发展的社会主义建设者和接班人为根本目的，以马克思主义为根本指导思想，以党的领导为根本保证，契合我们党的教育方针和立德树人的根本任务，为党和国家事业的长远发展，提供德才兼备的高素质人才。

（三）开展好大学生思想政治教育是在大学生群体中培育和践行社会主义核心价值观的必然要求

胡锦涛同志在党的十八大报告中指出："倡导富强、民主、文明、和谐，倡导自由、平等、公正、法治，倡导爱国、敬业、诚信、友善，积极培育和践行社会主义核心价值观。"③ 核心价值观，是一个民族、一个国家，最持久、最深层的力量，社会主义核心价值观是当代中国精神的集中体现，凝结着全体人民共同的价值追求。习近平总书记也曾在多个场合多次强调培育青少年一代核心价值观的重要性。社会主义核心价值观蕴含着国家、社会、公民三个层面的目标，对大学生开展思想政治教育，是推动大学生自觉学习和践行社会主义核心价值观，将社会主义核心价值观内化于心、外化于行，从而实现社会主义核心价值观三个层面目标的必然要求。在国家层面，国家的发展和进步离不开

①　习近平：《高举中国特色社会主义伟大旗帜　为全面建设社会主义现代化国家而团结奋斗——在中国共产党第二十次全国代表大会上的报告》，人民出版社，2022 年，第 34 页。
②　习近平：《习近平谈治国理政》（第三卷），外文出版社，2020 年，第 329 页。
③　胡锦涛：《胡锦涛文选》（第三卷），人民出版社，2016 年，第 638 页。

人才，开展大学生思想政治教育，勉励大学生将个人理想融入民族复兴征程，促进社会主义核心价值观国家层面目标的实现；在社会层面，大学生思想政治教育中的法治教育、德育等内容，对于大学生树立法治意识、平等意识等具有重要作用，能促进大学生为社会的和谐有序做出贡献；在个人层面，加强大学生思想政治教育，勉励大学生学会在奉献中实现人生价值，进而促进自身全面提升。

（四）开展好大学生思想政治教育是回应社会思潮，强化大学生群体价值引领的现实需要

"中国共产党能够团结带领中国人民创造历史伟业，离不开对多样化社会思潮的有效引领。"① 面对不同社会思潮的交融激荡，当代大学生群体的价值观念受到严重冲击，当代社会思潮在传播其价值理念的过程中对当代大学生群体的思想观念极易产生消极影响，甚至会对部分学生的价值观造成破坏和腐蚀。近些年，个别大学生因价值观崩塌而造成的影响恶劣的事件时有发生，强化对大学生群体的价值引领成为高校思想政治教育亟须解决的问题。在全国高校思想政治工作会议中，习近平总书记指出："高校思想政治工作关系高校培养什么样的人、如何培养人以及为谁培养人这个根本问题。"② 面临社会思潮的影响，高校必须"做到坚持不懈传播马克思主义科学理论、坚持不懈培育和弘扬社会主义核心价值观、坚持不懈促进高校和谐稳定、坚持不懈培育优良校风和学风"③，实现对当代大学生群体的价值引领目标。

① 刘迪翔：《新时代中国共产党引领社会思潮的关键举措、重要意义和基本经验》，《思想理论教育导刊》，2023 年第 3 期，第 128 页。
② 习近平：《习近平谈治国理政》（第二卷），外文出版社，2017 年，第 376 页。
③ 谢菡菡、钟启春：《新时代高校思想政治教育的价值引领》，《大学》，2021 年第 48 期，第 119 页。

第三章 大学生法治教育的回顾与借鉴

一、新中国高校法治教育的历史发展过程

观察我国高校法治教育的发展历程，是让我们探讨如何更好地发展高校法治教育的重要依据。自新中国成立以来，我国高校一直在开展法治教育，但由于我国法治建设起步较晚，发展过程曲折，我国高校法治教育的探索并不顺利。党的十一届三中全会以后，我国开始重视法治建设，倡导法治方式，法律逐渐在国家的一切活动中发挥着重要作用，高校系统的法治教育才正式开展。总体说来，我国高校法治教育的发展经历了起步与曲折、恢复与兴起、探索与发展、转化与延伸、改革与创新五个阶段。我国高校法治教育在不同发展阶段的不同特点，充分体现了我国高校法治教育对实施依法治国国家战略、培育和践行社会主义核心价值观、加强思想政治建设的重要作用，也体现出了对于加强大学生思想政治教育、促进大学生全面发展的重要作用。

（一）高校法治教育的起步与曲折（1949—1976）

在新中国成立之初，因为当时的政权司法建设的需要，法制教育从无到有。1949年8月，中共中央成立了中国政法大学，以培训干部为主要目的。此后，新中国的高校法治教育大体上也按照政法干部法律教育、普通高等院校法学教育这两种方法创建并且完善发展的。1952年政法院系改组后，中国的法学教育体系逐步形成，主要以北京政法学院、西南政法学院、华东政法学院、中南政法学院四大高校为核心。到1954年仅六所高校设置法律专业，"形成四院六所的布局"①，初步形成新中国高校法治教育的基本结构。

1957年反右斗争扩大化，导致新中国成立以来民主法制建设的良好势头

---

① 吴志攀：《中国法制建设研究》，中国人民大学出版社，2009年，第249页。

受到影响。1958—1960 年，全国掀起教育大革命的高涨，政法学院有些被合并，也有些被撤销。在"文化大革命"期间，以阶级斗争为纲的指导思想对高校的法治教育发展产生了不良影响。从 1966 年停止招收法律专业学生开始，到 1971 年《高等学校调整方案》颁布，在此期间，经教育工作会议讨论，国家决定撤销全国 106 年大专院校，涉及的法律相关院系及专业只有北京大学和吉林大学的法学系未被撤销。其后果是必要的法律知识和法律观念在大学教育中没有得到传播，新发展起来的大学法治教育出现了从有到无的瞬间空缺。

（二）高校法治教育的恢复与兴起（1977—1986）

改革开放后，1978 年党的十一届三中全会做出"加强社会主义法制"的决定，为高校法治教育的恢复和发展带来了契机。

党的十一届三中全会以后，国家愈发看重国家治理和社会治理中法律所起到的重要作用，为宪法和各种法制建设提供了更加完善的法律体系，对法律法规进行了修改和完善，加强了经济、政治、文化和社会生活各领域的立法，逐步制定和完善了相关法律制度，并很快开展了一系列立法活动，形成了以《中华人民共和国宪法》为立法代表的法律体系。在这过程中，国家开始重视法治教育，认识到提高人们的法治意识对实施法律的重要性、对守法和执法的重要作用。一些大学开始在政治学课程中加入法律教育进行探索。伴随着一些高校法学系的恢复，部分部委和地方高校也设立了法学系或专业，并且除西藏外，其他省、自治区、直辖市都至少有一个法学系。自此，高校开始探索系统化的法治教育之路。

为将法治教育推向全体大学生，法治教育开始被高校纳入政治思想的范畴。到 20 世纪 80 年代初，除继续保留马克思主义理论课程之外，教育部又提出了开设共产主义思想品德课这门新课的意见。学生的法治教育主要依托于 1984 年教育部颁布的《关于在高等学校开设共产主义思想美德课的规定》，部分高校逐步将自由与秩序、道德与规范等法律内容纳入思想素质教育教学。可以说，这时法治教育才刚刚开始以一种原始的方式进入高校的主课堂。

1985 年，中共中央、国务院印发了《关于向全体公民基本普及法律常识的五年规划》的通知，这是国家发布的第一个全民性普法教育的文件，这一文件将向全体公民普及法律常识作为一项国家和社会生活中的大事来部署，并提出了争取用 5 年左右的时间向全体公民开展法律常识的普及性教育，并对教育的对象、内容、方法和步骤做出明确的部署和安排。这是中国历史上第一个系统性的普法教育文件，体现了国家对全民普法教育的高度重视。当时的国家教委发布了《关于在高等学校开设法律基础课的通知》，明确了在思想政治教育课程中开设法治教育的教育内容、课时安排、教材选用等要求，并且指明了高校大学生开展法治教育的三种渠道。全国各高校相继开设了相关的法律基础课程，随着该文件的颁布，法治教育正式进入高校课堂，发挥了其他教育不可替代的作用。

（三）高校法治教育的探索与发展（1987—2003）

随着改革开放的不断推进和我国民主法制进程的不断加快，我国法治建设得到了一定的发展。这一阶段已经不再是简单的"法制建设"，还包括"法治建设"的萌芽和初步发展。高校法治教育在社会主义法治建设中不断取得新的发展。

1987年，国家教委印发《关于高等学校思想政治教育课程建设的意见》，提出了高校在开设马克思主义理论课的基础上开设思想政治品德课的建议，并作为高校思想政治教育课程的组成部分。法律基础课程作为高校非法律专业大学生必修课，体现了高校法治教育课程的正规化，为高校法治教育的后续发展做了一定的铺垫。

《中国普通高等学校德育大纲》等文件在1995年11月被国家教委颁布，从多角度推进大学生的思想政治教育和德育工作，高校法制教育作为主要内容之一也在国家的重视和强调中得到进一步发展。1996年启动的"三五"普法教育活动号召法制教育与法制实践相结合，高校法制教育随着也更加注重理论与实践的结合。

依法治国的基本方略在1997年10月的中国共产党第十五次全国代表大会被明确提出，中国的法制建设进入新阶段，大学生"法制"教育转变为"法治"教育。1998年，中宣部、教育部印发《关于普通高等教育"两课"课程设置与实施的意见》，法律基础课在该方案中正式纳入思想品德课，标志着高校法治教育"由注重法律知识传授转向重视学生法治观念培养和法律意识的提高"[①]，成为与立德树人相辅相成、并行的法治教育。

《关于加强依法治校工作的若干意见》在2003年被教育部发布，明确高校要将法律基础作为必修课内容加以推进。有条件的高校除了开设公共必修课和相关选修课，还逐步增加了法律辅修专业和第二学位，高校法治教育规模扩

---

① 高建利、郑赛宇：《新中国成立70年高校法治教育发展回顾及展望》，《长春理工大学学报（社会科学版）》，2021年第3期，第48页。

大、教育水平逐步提高。

（四）高校法治教育的转化与延伸（2004—2013）

随着依法治国战略的提出和我国法治化进程的不断加快，大学生的法律素质随之也成了我国法治化进程中的关注点之一。高校法治教育伴随着全民性普法教育的发展逐步由普及法律常识转变到提高大学生法律素质上来。

2004 年《关于进一步加强和改进大学生思想政治教育的意见》的出台标志着我国高校法治教育开始主动进入思想政治教育这一全新领域。为此，法治实践课程成为第二课堂教学的必要组成部分，各高校积极开展课堂教学之外的法治教育①。根据 2005 年《中共中央宣传部、教育部关于进一步加强和改进高等学校思想政治理论课的意见》及实施方案，思想道德修养与法律基础教材编写完成作为大学必修课程，加入马克思主义理论研究与建设工程，此外，在 2006 年秋季，这两门课程合并为一门，并正式实施。

2009 年 9 月，中共中央组织部、宣传部、政法委、教育部联合印发文件，明确提出要积极推进社会主义法治教育，将社会主义法治教育作为各级各类高等教育思想品德和法学教育的教材，对各级教学提出明确要求。培养一大批教学经验和科研成果丰富的教师，真正实现使社会主义法治理念深入人心、贯穿教育全过程的目标。在大学生正式步入社会之前，通过推广社会主义法治理念"三进"，完善大学生法律素质教育，使其成为大学生向社会人转变的"敲门砖"。

（五）高校法治教育的改革与创新（2014 年至今）

2014 年 10 月，党的十八届四中全会首次讨论法治主题，并明确要求全社会增强法治意识，深入开展法治宣传教育，将法治教育纳入国民教育体系和精神文明建设内容。这是中央文件首次提出并使用"法治教育"一词，将法治教育纳入国民教育体系，体现了国家对法治教育的高度重视。

教育部在 2016 年全面推进依法教育的背景下，研究制定了《依法教育实施纲要（2016—2020 年)》，其中明确提出"全面加强学生法治教育，充分发挥依法育人作用"②。这为我们在高校实施法治教育提供了保障和指导。2016

---

① 以上观点参见马钰：《新中国 70 年高校法治教育的回顾和展望》，《当代教育科学》，2020 年第 3 期，第 92～96 页。

② 教育部：《依法治教实施纲要（2016—2020 年)》，http://www.moe.gov.cn/srcsite/A02/s5913/s5933/201605/t20160510_242813.html，2016 年。

年 7 月，教育部和司法部联合发布了《青少年法治教育大纲》，这是中国第一个系统化、结构化的法治教育规划，对高校法治教育的目标、教学内容、相关要求和实施方法等进行了明确指导，这对科学、系统地开展高校法治教育具有重要意义。

2020 年，教育部首次专门发表关于中国高校法治教育工作的文章，阐述了要把法治作为高校治理的基本方式和基本理念，全面推进依法办学、依法执教、依法治校。《教育部关于进一步加强高等学校法治工作的意见》提出了新时期高校法治教育工作的重点内容，高校积极组织学习《国家教育事业发展"十四五"规划纲要》和《中国教育现代化 2035》的重要精神和内容，并以新视野、新格局在校内外开展了各种以宪法教育为核心的高校法治教育活动。

二、新中国高校法治教育内容沿革和特点

全面依法治国是深化国家治理改革的必然之举。党在过去十年严格梳理了领导全面依法治国的历史进程，更加突出了全面依法治国的重要地位和作用。全面依法治国既需要党和政府在国家层面的领导，也需要人民群众的积极参与。法治建设与我们每一个人息息相关，而法治建设的基础是人民群众的法治意识。加强人民群众的法治教育、增强人民群众的法治意识是十分重要的。

高校学生作为国家未来建设的重要力量，承担着历史的责任和时代的使命。大学生的素养影响着未来社会的发展速度和方向。从新中国高校法治教育的历史发展中可以看到，改革开放以来，随着时代的不断进步和发展、国家法治建设进程的不断演进、大学生法治诉求的不断提高，大学生法治教育的内容也在不断变化发展。这种变化与发展呈现出以下一系列特点：大学生法治教育内容由"法制"性内容向"法治"性内容转化、法治教育内容时代化。

（一）"法制"性内容向"法治"性内容的转化

党的十八届四中全会首次提出"法治教育"，一改以往在中共中央正式文件中明确提出的"法制教育"说法，表明中国的法治宣传教育经过 30 多年的实践和探索，实现了从"法制教育"到"法治教育"的转变。这标志着我国社会主义法治教育进入了一个崭新的阶段。

无论是在教学过程中，还是在理论研究中，"法制"与"法治"、"法制教育"与"法治教育"的概念常常被混淆。事实上，两者在价值概念和具体含义上有很大的区别。法制指的是法律和制度，也被称为法律制度，被认为是静态

的。法治本质上是法律运行的状态、方式、程度和过程，被认为是动态的。联合国第七任秘书长科菲·安南在其《冲突中和冲突后社会的法治和过渡司法报告》中将法治描述为一种治理原则，在这种原则中，所有个人、机构和实体，包括公共和私营部门以及国家，都是公开的，都是平等适用的，都是独立裁决的，都要根据国际人权规范和标准承担法律责任。现代"法治"概念高度概括了最高权威、稳定、公正、公开、普遍信任和法律平等的原则和基本要求，以及对公共权力的限制和对人权的保护。只要有法律和制度，就一定有法律制度，所以"法律制度"一般不需要有这些内在的含义。若将"法制"视为二维概念，则"法治"则是三维、立体的概念。它充分体现了全面依法治国所需的从静态的"制度"到动态的"治理"的转变，中国民主法治建设的不断推进使得"法治"成了必然的结果。

与法治一样，法律意识的提升也是法制教育的重要目标。其核心价值在于维护社会秩序，而其基本理念则在于维护统治阶级的长治久安。法治教育是历史背景的综合反映，与普法宣传相似，主要侧重于普及法律知识，加深人民群众对法律的认识，培养青少年、大学生和广大民众遵守法律法规的意识。治理国家的工具在法律，良好的法规是善治的基础。

同样，在理解了"法治教育"的概念之后，也可以逐步理解"法治"的概念。发展民主、保障人权是"法治"的核心价值理念，决定了"法治教育"的目标和方向。我国"法治教育"是在长期"法制教育"实践的理论和成果的基础上发展起来的。两者之间有一定的关系，不是相对的，而是继承和发展的。在"法制教育"的基础上，"法治教育"更注重公民权利的保护和社会秩序的维护。同时，"法治教育"强调权利和自由是在法律法规的规范和良好的社会秩序下实现的，没有法律法规和社会秩序，公民的权利和自由就不可能真正实现。

新时代我们党推进"依法治国"战略进程的一个重要方面，就是"法制教育"向"法治教育"的转变。1978年，中国共产党十一届三中全会明确作出了"健全社会主义法制"的决定并提出"有法可依，有法必依，执法必严，违法必究"①的法制工作十六字方针。1997年，中国共产党第十五次全国代表大会确立了"依法治国，建设社会主义法治国家"的治国理政基本方略。2012年，中国共产党第十八次全国代表大会提出"加快建设社会主义法治国家"和

---

① 中共中央党史和文献研究院：《全面建成小康社会重要文献选编》（上），人民出版社、新华出版社，2022年，第193页。

"科学立法、严格执法、公正司法、全民守法"① 的法治工作新十六字方针。2014 年，党的十八届四中全会提出 "全面推进依法治国，总目标是建设中国特色社会主义法治体系，建设社会主义法治国家"②。2017 年，中国共产党第十九次全国代表大会把 "坚持全面依法治国" 上升为新时代坚持和发展中国特色社会主义的基本方略。2022 年，中国共产党第二十次全国代表大会提出："在法治轨道上全面建设社会主义现代化国家。"③ 从 "法制教育" 到 "法治教育" 的转变，标志着中国法学教育经过 30 多年的实践研究，完成了从基本法律知识的普及教育到更好地思考法治、培养法律知识认知的转变，是中国法学教育理念和教育目标发生重大变化的生动体现。

（二）大学生法治教育内容的时代化

可以说改革开放四十余年来，一部大学生法治教育内容沿革史就是大学生法治教育内容不断时代化的历史。大学生法治教育的内容根据时代的发展特点和大学生的实际需要不断调整和更新，主要是适时更新马克思主义中国化的最新理论成果，适时淘汰落后的、旧的内容，根据大学生的身心特点和实际需要增加新的内容。改革开放初期，为了减少 "法盲" 的数量，大学生法治教育的内容多为 "十法一条例"，主要是在大学生中普及法律常识。随着 "一五" 和 "二五" 普法的完成，普法工作取得了一定的成效，大学生已经具备了一定的法律基础知识和法律常识，因此大学生法治教育的内容转向注重法治意识和法治能力，以提高大学生的综合法治素养。为适应中国加入世界贸易组织，及时向教育对象传授相关法律知识，高校在自行编写的 "法律基础" 课程教材中增加了跨国法律制度的内容，并引入了国际法、国际私法等。2006 年开设道德与法律基础课程后，对课程教材内容进行了与时俱进的优化，充分体现了党的理论创新和党的重大会议精神，使内容更加充实。为与时俱进，充分体现党的理论和党的重大会议精神的创新，增强内容的时代性，教材分别于 2007 年、2008 年、2009 年、2010 年、2013 年、2015 年、2018 年进行了七次修订。

---

① 中共中央党史和文献研究院：《全面建成小康社会重要文献选编》（下），人民出版社、新华出版社，2022 年，第 987 页。

② 中共中央党史和文献研究院：《全面建成小康社会重要文献选编》（下），人民出版社、新华出版社，2022 年，第 805 页。

③ 习近平：《高举中国特色社会主义伟大旗帜　为全面建设社会主义现代化国家而团结奋斗——在中国共产党第二十次全国代表大会上的报告》，人民出版社，2022 年，第 40 页。

三、高校法治教育的经验和启示

（一）我国高校法治教育基本经验及其启示

1. 以国家政策理念为指导，与法治建设保持同步

改革开放以来，我国高校法治教育的进步和各项成就离不开国家的支持，大学生的法治素养教育与国家和社会的法治建设同步进行。在国家高度重视法治建设的背景下，规范性文件和建议的出台对高校法治教育工作具有重要的推动作用。中国的法治建设在改革开放初期就面临着制度重构的问题。因此，让大学生了解民主、了解法治、了解纪律、了解法律是促进大学生法治素养培养的主要任务。逐步消除"人治"影响的目的是恢复社会秩序。此后，中国的法治建设蓬勃发展，基本法律制度逐步完善，促进改革开放和深化市场经济的法律体系得到建立和加强。因此，通过专业法律基础课程普及法律知识已成为培养大学生法治素养的一项重要任务。特别是为了适应市场经济的发展，普及法律文化已经成为培养大学生的必要手段。此后，中国的法治建设得到了进一步的推进。我们不仅构建和完善了健全的法律体系，采取了加强立法的方式，而且发挥了法律法规在规范政府行为和保障公民权利方面的作用，更好地提高了政府依法行政和公民依法保障权利的意识。当前，"通过'思想道德修养与法律基础'课程教育，提高大学生基本法治素质"[1]，已成为一项重要工作。在法治建设的大环境下，各高校陆续推出了对大学生进行法治教育的具体措施和建议，这一趋势自改革开放以来一直在发展。一是明确提出提高法治质量是全面的，不再局限于单一法律文本的传播。法治和纪律教育的重要性已经得到国家的认可：教育是改善国家整体法治环境的关键。这一概念界定了法治教育的受众。二是全面、务实的法治教育要与市场经济体制和精神文明充分结合。不能孤立地对待法治，最终目的是突出法治与道德规范相结合在公民教育中的作用，更加强调宪法和法律的重要性[2]。

---

① 杨忠明、刘颖：《改革开放以来大学生法治素养培育的发展回顾与展望》，《思想教育研究》，2018年第11期，第27页。
② 以上观点参见邓映婕：《改革开放以来我国高校法治教育的历史嬗变与展望》，《江西青年职业学院学报》，2015年第5期，第59~61页。

2. 法治教育坚持党的领导，注重内容的政治性

大学生法治教育是党的意识形态工作在高校的具体表现，必须要服务于无产阶级政权革命斗争和社会建设，维护政党政权和国家政治稳定发展。回顾改革开放以来大学生法治教育内容的发展历程，我们可以清晰地看到，法治教育内容的每一次调整变化都坚持中国共产党的领导，都以马克思主义为指导。大学生法治教育通过向大学生传授一定的法治知识帮助其形成有利于阶级统治的法治观。改革开放后，民主与法制建设提上日程。从 1986 年《关于在高等学校开设法律基础课的通知》中关于法制教育内容的规定可以看出这一时期的法制教育内容已经摒弃了阶级斗争的法制观教育，转向以法律基础知识和社会主义民主与法制为重点，在各高校自主编订的教材中增加了"社会主义法的本质和特征""社会主义法的制定与实施""社会主义民主和法制"等内容；随着依法治国方略的提出，由"法制"走向"法治"，大学生法治教育内容由"文本式"走向"人本式"，开始关注受教育者的法治素养的全面提升。

大学生法治教育内容的设置受主导意识形态的制约。马克思曾对意识形态在政治治理中的作用作过精彩的论述。他指出，统治阶级的意识形态是每个时代的主导意识形态，而主导意识形态实际上是当时社会物质生产关系在意识形态中的反映。[①] 因此，法治作为主权的一个重要组成部分，是由当时特定的社会主导意识形态决定的。大学生法治教育内容作为法治教育的核心要素，其设置必定要受到社会主导意识性形态的制约。我国大学生法治教育内容总是随着当前意识形态斗争的最新形势发生变化。改革开放以来，西方敌对势力将大学生作为煽动蛊惑的重点对象，试图通过宣扬西方所谓的"人权""法治"来否定社会主义法治建设的合法性，以使大学生对社会主义法治建设事业产生偏见和质疑。针对这种情况，从 1987 年开始，法律基础课在高校独立开设，教育部和司法部联合编订《法律基础教学大纲》，规范课程教材的编辑撰写。为进一步贯彻落实党的十八大和十八届三中全会、四中全会、五中全会精神，教育部等部门联合制定了《青少年法治教育大纲》，对义务教育的法治内容进行了严格安排和规定，在思想道德修养与法律基础教材中及时增加了相关的内容，使大学生认识到我国的法治是保障人民权利的法治，而不是西方国家口中的法

---

① 以上观点参见中共中央马克思恩格斯列宁斯大林著作编译局：《马克思恩格斯全集》（第三卷），人民出版社，1960 年，第 52～53 页。

治①。在多方的不断努力下，大学生法治教育内容始终紧跟时代、与时俱进，不断强化社会主义意识形态在教育内容中的渗透，使大学生能够在世界范围内多元的意识形态背景下坚定社会主义法治信仰。

（二）国外大学生法治教育经验及其启示

在国外，几乎没有相关文献、文件等对"法治教育"进行相关阐述，也没有相关术语，但法治教育实际上却普遍存在于国外公民教育和法律教育的实践中，各国也都重视在实现法治的过程中对大学生进行公民精神教育、人权理念教育。在国外，尤其是美国、新加坡、日本等国，在高校法治教育的探索中，拥有着大量的理论研究、实践经验，具有自身特色，这些相关经验和成果为我国法治教育提供了很好的借鉴，为我国大学生法治教育提供了广阔的思路。

1. 美国高校法治教育相关经验

虽然美国没有"法治教育"这一术语，但事实上，美国对青少年和大学生的法治教育是高度重视的，美国大学生法治教育的基本理念一直坚持"培养美国公民，以社会为导向，实现价值认同"。美国大学生"法治教育"的目标与全社会公民教育的目标是一致的，即按照社会的要求培养守法的美国公民。20世纪60年代，"法律学习运动"的发起者伊西多斯坦认为，应该用法律教育来改善公民教育，让年轻人了解法律并学会如何使用法律，让他们学会一种理解社会的方式，使他们能够参与法律制定和塑造，成为具有美国法律精神的公民，捍卫资本主义的利益，并具有美国价值观，拥有一颗善良的心和积极的生活态度。

美国教育以价值观教育为主，从青少年时期便开始注重价值观的塑造，这对美国的法治教育与法治培养有很大的正向引导作用。培养塑造美国大学生法律价值观，使其在生活与未来实践中，能够正确处理个人与社会、个人与政府、个人与国家之间的关系，帮助美国大学生群体在适应社会发展和个人发展需求的同时，充分融入价值理念，增强了教育的实效性。美国大学生法治教育还承载着传承文化的历史使命，大学生通过对美国民主宪政制度的学习，实现对美国法治文化的传承。在美国，除去日常课堂知识教育外，各高校十分注重课外实践活动的开展，以此来提升加强大学生法律品格方面的教育作用。美国

---

① 教育部、司法部、全国普法办：《青少年法治教育大纲》，http://www.moe.gov.cn/srcsite/A02/s5913/s5933/201607/t20160718_272115.html，2016年。

高校会不定期地开展与学校环境或社会热点相契合的法治实践活动，比如社会热点讨论会、学术研讨会、相关节日庆典活动、大学生法律俱乐部、大学生相关社团活动、法律性社会实践活动、宗教活动等，这些活动不仅起到了开阔大学生视野的作用，同时还积极传播了美国的法律价值观。另外，美国法治教育还看重各个方面的资源整合，尤其是学校、社会、家庭方面的资源，同时以"走进课堂"的现实训练，结合社会案例进行分析与讨论，从而教会大学生进行法律分析判断。美国高校还会邀请律师、法官、警察等社会法律工作者，开设讲座，进行专题授课，丰富了法治教育课程。

2. 新加坡高校法治教育相关经验

新加坡以严厉的惩罚制度和严格的执法而闻名。在新加坡的法治建设过程中，法治水平和法学教育发挥了重要作用。精神文明建设与法治建设的紧密结合，成为新加坡法治教育的重要特色。政府认为，精神文明建设与法治建设相辅相成。精神文明建设主要体现在道德自律上，而来自外部力量的法制建设则是法治建设的体现。精神文明的进步需要法律制度作为支柱，法律制度的发展需要强大的精神动力作为软支撑。新加坡的法律体系相对健全，日常社会生活中的许多行为细节都受到法律的约束。法就是法，是社会的法则，是人的法则。法律的规律性可以被人的理性认识，然后以共同意志的形式制定和形成。人在遵守法律的前提下是自由的。新加坡公民普遍承认法律，这种承认对相关的法律教育工作具有决定性的影响。同时，良好的法治教育是促进社会法治建设的关键因素。

新加坡大学的"法治教育"更注重教育学生形成规则意识，培养能遵守国家法律法规的青年学生。新加坡的法治教育既注重法律条文和价值观教育，也注重家长、社区和政府的合作，这为高校的法治教育提供了更丰富的教育资源。新加坡的法治教育方法多种多样，值得借鉴。一种与中国课堂讲授方式相同，一种是理论与实践相结合，一种是大学法学教育中使用的奖惩方式。在中国，更多的是在法学院和高校的法律相关课程出现理论与实践的结合，而其他院校和专业的学生接触和参与法律实践的机会很少，这是我们在开展法治教育上的不足与可以学习借鉴他国经验的地方。

总的来说，通过比较，新加坡大学的法治教育和中国大学的法治教育是可以互补的。我们应该借鉴新加坡高校法律教育的许多经验和方法，结合我国高校的实际情况加以运用，从而加强和改进我国高校的法治教育，帮助大学生掌握合适的法律知识，增强法律观念和法律意识，为我国培养优秀的青年人才。

3. 日本高校法治教育相关经验

我国的法治教育与日本的不同之处在于，它是自上而下的，有统一的总体目标和内容。相比之下，日本从学生主体出发，聚焦学生的具体需求，根据每个专业的不同需求，以每个大学生的职业生涯规划为主要导向，针对不同的职业生涯规划开展不同的法治教育课程，以更好地促进大学生适应社会的发展。目前我国高校除去法学专业学生的法治教育课程外，也开始逐步针对不同专业开展专业导向的法治教育课程，如医学专业的大学生会开设卫生法学课程，会计专业的大学生会开设会计法学、证券法、税法等相关课程。但开展的课程和教学方式还不够全面和深入，还可以继续学习他国经验，制定个性化法治教育课程，将各个专业的大学生法治教育理论与实践融合起来。另外，日本的专科大学、专科学校会和一些高中签订授课协议，招收该高中的学生，并选派高校教师前往高中教授法治课程，学生可从中选择自己感兴趣的课程学习。

日本的"法治教育"更注重对大学生进行责任意识的培育，强调在发展学生个性的同时，注重处理好个性与自由的关系，在享受自由与权利的同时应履行相应的责任和义务，做一个有责任的合格的日本公民。"授课中，老师会列举大量青少年在学校生活中可能会遭遇的各种各样的问题，并结合各种事例让学生思考和体验解决问题的方法，从而让他们不断积累解决问题的经验。"[①]由此可见，日本高校主要注重针对性教学和个性化法治教育需求，注重培养大学生发现问题、解决问题的能力，将大学生身边的各种问题折射到社会问题中，首先致力于解决小问题，再将大学生的目光投向社会的各种法治问题中。

4. 国外大学生法治教育对我国的启示

我国高校法治教育工作应该大力弘扬社会主义核心价值观，不仅需要与法治建设的基本要求有所关联，而且也需要与社会的实际情况相结合、与人类社会的社会性特征的基本要求保持一致，有利于促进我国大学生更好地适应社会环境，较快地完成自身社会化的转变。同时，发达国家对渗透教育的广泛运用，强调多学科、多途径、多群体的整合，构建一体化的教育网络，值得我们借鉴。要完成教育资源的整合，提高大学生法治教育的针对性和有效性。

---

① 杜东、王珊珊：《国外青少年法治教育的启示》，《中国共青团》，2015年第3期，第62页。

四、新中国高校法治教育的未来展望

党的二十大报告在篇章体例上明显发生了变化:"坚持全面依法治国"部分作为报告的第七部分被分离出来,着重论述了习近平法治思想的这一核心要义。报告对全面依法治国的地位、作用、方向、目标、总体部署以及重点工作等方面进行了清晰的阐述,是新时代"坚持全面依法治国,推进法治中国建设"的行动纲领。此处是对该报告内容的高度总结和精确提取。法学教育和理论研究,是为法治中国培养高素质法治人才、提供科学理论支撑的重要工作。在全面推进依法治国的进程中,其地位和作用不可替代。因此本报告不仅具有重要的意义,也为高校法治教育工作提供了方向。

2023年2月,中共中央办公厅、国务院办公厅印发了《关于加强新时代法学教育和法学理论研究的意见》,并要求各单位严格落实。这是党和国家专门围绕法学教育和法学理论研究发布的重要文件,明确了我国法治教育和法学理论研究的中长期发展目标,从坚持正确政治方向、改革完善法学院校体系、加速完善法学教育体系、创新发展法学理论研究体系等方面做出了详细严密的安排,为今后一个时期建设中国特色、世界一流法学院校,培养一批具有国际影响力的法学专家学者、持续培养大批德才兼备的高素质法治人才指明了方向,对形成内容科学、结构合理、系统完备、协同高效的法学教育体系和法学理论研究体系具有重要意义[1]。

总结中国高校法治教育发展的历史,我们可以看到,虽然高校法治教育在不同的历史时期呈现出不同的形式和特点,但在任何时期,高校法治教育都有一些被严格遵循并不断丰富和发展的理性经验。总结梳理中国高校法治教育发展的合理路径,认真审视中国高校法治教育发展的基本经验,结合党的二十大报告和《关于加强新时代法学教育和法学理论研究的意见》等相关精神,可以为我们根据社会发展的新要求和中国法治建设的新需要,继续深入开展高校法治教育提供有益的指导。

(一)改革完善高校法治教育体系

过去,高校法治教育的对象仅限于大学生自身,其他方面的参与较少,因

---

① 中共中央办公厅、国务院办公厅:《关于加强新时代法学教育和法学理论研究的意见》,https://www.gov.cn/gongbao/content/2023/content_5745286.htm,2023年。

此，法治教育是孤立的，难以融入大学校园，而现在我们需要改革和完善高校法治教育体系，培养适应社会、服务国家、具有良好法治素养的大学生。我们可以从优化大学校园结构入手，首先可以优化高校法学院的布局和专业课程的设置。同时，可以完善法学课程质量评估标准，完善评估指标、体系。在高校现有的法治教育课程下，制订计划并按计划完成各高校法治教育工作，然后通过限期整改、撤除等方式，优化高校法治教育工作布局。同时，可以开展国内不同地区高校法治教育工作交流分享平台，让各地区高校展示其法治教育工作风貌、亮点，扬长避短，并且可以在全国范围内创建高校法治教育工作资源分配调度机制，尤其是积极支持西部地区高校法治教育工作的开展，在师资、经费、开展规模等方面加大倾斜力度，还可以开展全国法治教育工作资源地区一对一支援工作，实现法治教育资源合理配置等问题。

在改革高校法治教育体系的同时，还需要完善高校法治教育管理体制，在遵循中央全面依法治国委员会办公室对法治教育工作的宏观指导外，还需要加强国家教育主管部门和各地区的教育部门以及行政部门对高校法治教育工作的指导。若想要将高校法治教育工作理念融入大学生的思想中，需要将法治教育工作渗透大学生教育课程、学生活动、课余生活中的点点滴滴。首先可以做的是将法治教育工作的内容融入高校校园文化、办学理念等，用高校文化影响力去感染大学生，潜移默化地植入大学生的一言一行中，让大学生在涉及校园文化的各个领域感受到法治文化，自觉践行，以良性循环、良性传播等方式进行法治教育扩散。其次，将法治教育工作的对象外延化、扩大化，不仅仅是将大学生定义为高校法治教育工作的对象，还可以将大学辅导员、任课教师、行政工作人员等列为高校法治教育工作开展的对象，这样不仅可以提升高校教育工作者的法治水平，还可以在吸收优质的法治教育成果后形成良性循环，让这部分高校工作人群在授课或和学生沟通交流时，对大学生进行无意识的法治熏陶和感染。同时，还可以借鉴国外经验，由高校牵头，家庭社会、政府单位、互联网等协助，尽可能全面化、多样化地营造健康、有益、有序的法治治理环境。由此，我国高校大学生的思想、学习、生活、娱乐等都可以受到社会、政府、国家法治氛围、思维、理念的正向引导和引领作用。

（二）丰富法治教育形式

高校法治教育工作不仅要站稳课内教学的主阵地，还要有效地延伸到课堂外。在开展大学生法治教育的过程中，高校要结合各方面优势，重视发挥课内教育的主体作用和课外教育的重要作用，丰富法治教育形式，用切合新时代大学生的教育方法来引导大学生成为守法、用法的时代新人。

其一，为了促进法治素养的培养，高校可以将德育、政治教育等课程与法治教育相结合，坚决依靠法治推动学校管理和服务，加强大学生法治观念的巩固。此外，法治不仅是一种手段，更是核心价值观的重要体现。大学生法治素养的培养，需要综合考虑将传授法律文化知识、培养法律实践能力和政治道德教育相结合。同时，法治意识的内化也是维护执政意识和法治信仰的重要道德体现，因此，未来大学生的法治素养不仅需要加强政治道德教育，更要与之相结合①。

其二，完善高校法治课程体系，构建自主设置与引导设置相结合的学科专业建设新机制。立足我国实际，推进法理学、宪法学、行政法学、刑法学、民商法学、诉讼法学等基础学科建设，使之更好融入全面依法治国实践。同时也要适应法治建设新要求，加强立法学、文化法学、教育法学、国家安全法学、区际法学等学科建设，加快发展社会治理法学、科技法学、数字法学、气候法学、海洋法学等新兴学科。始终坚持依法治国、依规治党的有机统一，加强纪检监察学、党内法规学学科建设。推进法学和经济学、社会学、政治学、心理学、统计学、管理学、人类学、网络工程以及自然科学等学科交叉融合发展，培养高质量复合型法治人才。通过结合中国国际"互联网＋"大学生创新创业大赛、"挑战杯"全国大学生课外学术科技作品竞赛等竞赛的方式来促进高校多学科交叉人才培养，借此模式扩大法治教育工作的展开。

其三，重视发挥课内教育的主体作用。高校辅导员需要与专业课任课教师增强协同，促进高校辅导员在开展大学生法治教育工作中的必要作用。高校要为辅导员提供发展空间，落实制度保障以支持法治教育研究，制定注重对辅导员和专业课教师共同研究的奖励措施，激励学校内部力量相互配合。高校还可以设立辅导员法治教育工作创新性平台，为高校辅导员更好地开展法治教育工作创造条件，使其有可发展的空间。高校还可以建立校园法治文化阵地，以"润物无声"的校园文化濡染校园法治氛围，设立辅导员法治教育研究室，实现普法教育、权利义务教育、法治问题咨询等功能。辅导员在开展日常法治教育管理工作的同时还需关注每位大学生的法治教育状况，与大学生交流法治教育课堂教学的效果与成果。此外，高校还需要利用好法治教育课堂内外合力，增强开展大学生法治教育的实效。

---

① 以上观点参见杨忠明、刘颖：《改革开放以来大学生法治素养培育的发展回顾与展望》，《思想教育研究》，2018年第11期，第24～28页。

第四章　大学生法治教育与思想政治教育融合研究的价值基础和现实条件

一、大学生法治教育的学科属性

（一）概述

在新时代发展的背景下，我国社会主义现代化建设不断发展，内涵于社会主义现代化建设中的社会主义法治建设也随之向前向上发展。大学生法治教育是社会主义法治建设的重要环节，与社会主义法治建设的发展相适应。与最初的法制教育相比，法治教育更加注重培育法治观念和民主权利、注重维护社会秩序的双重教育价值取向①。根据依法治国的基本方略，全国各高校不断探索研究，以实现法治教育的阶段性目标，成为社会主义法治人才培养的助力器。但由于学科发展处于前期起步阶段，在教育实践过程中容易对学科属性认知不清，导致教育内容没有针对性及深入性，学生无法将所学知识运用于生活实践中，偏离大学生法治教育总体目标。故我们需要对大学生法治教育的学科属性进行探讨，从而切实在外部发挥出法治教育培养思想、维护秩序的双重价值，同时在内部推动社会主义法治建设进一步发展。

大学生法治教育学科以党的十八届四中全会提出的"把法治教育纳入国民教育体系"②、《青少年法治教育大纲》中的"将法治教育全面纳入国民教育体系"③、"八五普法"规划中的"实行公民终身法治教育制度"和"加强青少年

---

① 以上观点参见王树荫、房玉春：《试论从"法制教育"到"法治教育"的转变》，《甘肃社会科学》，2017 年第 2 期，第 49～52 页。
② 《中共中央关于全面推进依法治国若干重大问题的决定》，人民出版社，2014 年，第 26 页。
③ 教育部、司法部、全国普法办：《青少年法治教育大纲》，http://www.moe.gov.cn/srcsite/A02/s5913/s5933/201607/t20160718_272115.html，2016 年。

法治教育"①、党的二十大强调的"深入开展法治宣传教育，增强全民法治观念"② 等方针政策为政治基础，在其思想指导下不断向深向广发展，同时社会各界积极开展青年大学生法治教育工作，逐渐体现出法治教育的思想性、政治性、社会性。

在此基础上，为体现法治教育学科的专业性及针对性，发挥学科思想培养、价值引领、专业学习、实践运用的优势，结合高等教育学科分类及发展现状，笔者认为应将大学生法治教育归属于思想政治教育的范畴。

（二）大学生法治教育属于思想政治教育的原因

法治教育与思想政治教育是新时代发展背景下提升公民素质必不可少的实践教育活动，二者有着密切的联系。总的来说大学生法治教育内涵于思想政治教育，相较于思想政治教育处于更微观的地位，此为基于学科性质、理论价值、建设目的等必要因素综合考量的结果，以下将进行具体阐述。

在学科性质上，思想政治教育是马克思主义思想体系的理论教育，是培养全民族社会主义价值取向的教育。思想政治教育研究马克思主义、毛泽东思想、中国特色社会主义理论体系等基本理论，用社会主义思想观念、道德规范等教育公民，使公民拥有符合社会主义核心价值观要求的思想品德，属于社会主义意识形态教育。大学生法治教育在一定程度上具有德育性质，是培养社会主义法治观念的教育。大学生法治教育研究我国社会主义法治理论、法律知识，以社会主义核心价值观中的"法治"为思想引领和教育追求，培养新时代大学生的法治观念和法治意识，属于社会主义意识形态中法治思想观念的教育。社会主义思想政治教育的学科性质的内涵和外延均包含着法治教育的学科性质，故大学生法治教育的学科性质属于思想政治教育。

在理论价值上，思想政治教育是以社会主义意识形态为导向，是以马克思主义、毛泽东思想、中国特色社会主义理论体系为指导，以社会现实为价值取向，结合中国特色社会主义社会建设的实际需要，以实现"育人"的价值，形成思想政治理论教育价值特色。大学生法治教育是在树立社会主义法治信仰指导下的理论学习与依法治国基本方略的统一。法治教育以马克思主义、毛泽东思想、中国特色社会主义理论体系中的法治理念和社会主义法治信仰为指导进

---

① 中共中央宣传部、司法部：《中央宣传部　司法部关于开展法治宣传教育的第八个五年规划（2021—2025 年）》，https://www.gov.cn/gongbao/content/2021/content_5621190.htm，2021 年。

② 习近平：《高举中国特色社会主义伟大旗帜　为全面建设社会主义现代化国家而团结奋斗——在中国共产党第二十次全国代表大会上的报告》，人民出版社，2022 年，第 42 页。

行法律理论输出，结合中国社会主义法治建设需要，以实现使青年学生"学法"的价值。大学生法治教育的价值是思想政治教育价值细化的体现，于相对更微观的角度体现着思想政治教育的宏观价值，思想政治教育为大学生法治教育提供着价值引领。故大学生法治教育的价值属于思想政治教育。

在建设目的上，思想政治教育以涵养社会主义核心价值观，促进"立根塑魂、正本清源"的思想政治道德建设为目的。思想政治教育以育人为起点，促进公民形成正确的世界观、人生观、价值观，同时以量变促成质变，最终达成构建"富强民主文明和谐"的社会主义国家的目标。高校对大学生进行法治教育，旨在培养和发展学生的法治精神，树立学生的社会主义法治信仰。大学生法治教育以学法为起点，促进青年大学生树立正确的法律观念，也以量变促成质变，最终达成构建"自由平等公正法治"的社会主义社会的目标。社会主义法治信仰归属于社会主义核心价值观，法治建设是思想政治道德建设的制度体现。由此观之，思想政治教育的学科目的涵盖法治教育的学科目的，为法治教育提供目的导向。

（三）大学生法治教育属于思想政治教育的意义

大学生法治教育归属于思想政治教育，有利于法治理念与思想政治教育相融合，发挥思想政治教育的学科优势，整合教育资源，促进法治教育全面化、综合化发展；同时，有助于运用法治促进思想政治教育创新，为思想政治教育提供广泛的实践基础，推动思想政治教育发挥作用，提高准确性和有效性。后文将对该内容作详细阐述，此处不再赘述。

二、大学生法治教育与思想政治教育融合的价值基础

（一）大学生法治教育与思想政治教育相辅相成

马克思主义哲学的基本原则是：世界是一个普遍联系的统一体。在促进公民的全面发展的过程中，我国的思想政治教育与法治教育有着密不可分的联系，思想政治教育是法治教育的基础，法治教育在思想政治教育中占有举足轻重的位置，同时也是思想政治教育的保障，二者相互作用、缺一不可，共同助力公民思想道德素质与法治素养等方面的全面提高。

1. 思想政治教育是法治教育的基础

思想政治教育是法治教育的思想基础，其将马克思列宁主义、毛泽东思想、中国特色社会主义理论体系等思想作为指导思想，将宣传这些思想作为自己的职责。在这些思想的科学指导下，尤其是对中国特色社会主义理论体系的研究，是法治教育研究的基石，保证了法治教育的社会主义导向。如习近平总书记提出的"坚持以人民为中心"[①]，就确定了法治教育的根本立足点和发展方向。

思想政治教育是法治教育的基本价值取向。思想政治教育涵养社会主义核心价值理念，以社会主义核心价值观为指导，在理论层面为法治教育提供根本的价值基础。同时思想政治教育致力于在实践中助力公民树立正确的世界观、人生观和价值观，法治教育在寻求自身发展的过程中贯彻和落实此价值追求，在实践层面自我督促坚持正确的价值导向，为国家，为人民，为促进我国法治建设，为各项社会主义事业的健康、有序发展而服务。

思想政治教育为法治教育提供基础的道德支撑。思想政治教育以促进社会思想政治道德建设为目的，在理论研究和社会实践的过程中形成社会主义道德风尚。社会主义法治依托社会主义道德，以道德风尚为法治教育的支撑和追求。所谓遵纪守法是对一个人的最低要求，道德高尚则是对一个人在遵纪守法的基础上的更高要求。思想政治教育为法治教育提供的道德支撑能体现法治的正义性和合理性，提高人们维护社会主义法治的自觉性和积极性。

2. 法治教育是思想政治教育的保障

法治教育是思想政治教育的应有之义。法治教育为思想政治教育提供外在行为规范指引。法治教育的过程是通过对人们进行法律规范、法律程序、法律体系等方面的教导，从而提高人们的法律认知和法律理念的过程。在这一过程中，社会主义法通过法律规范的方式，把思想政治教育，尤其是思想道德教育，纳入法律体系中，肯定了一些原则和要求的法治属性，在进行法治教育的同时，也进行了思想政治教育。法治建设是社会主义精神文明建设的重要内容。社会主义法治建设保障公民对法律知识的学习、对法律精神的理解，是社会主义精神文明建设中极为重要的一部分。法治教育深入思想政治教育的关

---

① 中共中央党史和文献研究院：《全面建成小康社会重要文献选编》（下），人民出版社、新华出版社，2022年，第1241页。

键，在于要把社会主义法治理念发展成熟为公民价值观，使全体公民都自觉地把法治作为自己行为处事的方向，做社会主义法治理念的承载者和捍卫者，积极对自身行为加以监督，遵守法律，坚持法治的基本原则和精神。而对大学生的法治教育亦是对社会法治教育的预先教育，这是思想政治教育发展的保障和基础。

法治教育是高校德育工作中的一项重要内容，是高校德育工作的重点。

一是法治教育的内容具有了德育的内涵。思想政治教育是社会主义精神文明建设的基础。在思想政治教育中，不仅包括世界观、人生观、价值观以及社会主义、爱国主义和集体主义的教育，还包括社会公德、职业道德和家庭美德的教育。在法治教育中，倡导人民群众学习和运用法律，遵纪守法和遵守社会公德，把法律精神融入社会主义精神文明建设中，承载着作为社会主义精神文明的思想政治教育需要培养的道德教育精神。

二是法治教育发展促进思想政治教育更新。法治教育作为思想政治教育重要的形式之一，对思想政治教育具有能动的反作用，在社会主义法治建设发展的进程中，法治教育随之发展进步，为思想政治教育提供实践例子和现实基础，进而推动以法治教育为基础的思想政治教育的创新性发展。

三是法治教育增强思想政治教育的实用性色彩。法治教育作为思想政治教育的一种重要手段，较之范围更广的思想政治教育更具针对性，且由于法治教育的学科性质与人民群众的社会生活关联性强，在法治建设和法治教育的过程中会产生数量较大、种类较丰富的案例，是思想政治教育的实践基础，是推动思想政治教育理论发展的基础，使思想政治教育更具实用性。

3. 法治教育与思想政治教育在各方面保持一致

教育目的在根本上保持一致。法治教育和思想政治教育的教育对象囊括教育工作者在教育活动中认识、培养和转化的对象，包括全社会全体成员，但在其中占主要地位的教育对象是青年人。青少年发展的重要特征决定了高校对其进行法治教育时在思维、伦理和法律知识方面进行特殊训练的必要性，新时代青年大学生代表着国家的未来，青年大学生的法治教育也有助于思想政治教育与法治教育学科的发展和完整性的加强。不管是法治教育，还是思想政治教育，终极目的都是培养出理论素质高、实践能力强的社会主义社会的建设者和接班人，这两个教育目标都有明确的社会主义方向，在贯彻党和政治服务基本路线方面有着深厚的历史底蕴，反映了中国改革开放以来深刻的社会变革，同时又反映出社会主义的知识文化和社会主义创造力的重大影响。这样的目标不仅是可衡量的，而且是可行的，同时又是可以实现的。

教育内容在组成上保持一致。教育活动由多个要素和部分组成，将法治教育与思想政治教育看作是其中的两个相对最重要的部分，是在具体的社会教育实践活动中长期受社会性质、社会思想影响发展形成的，能体现教育内容发展的社会历史性。与此同时，它们也是教育理论中的两个重要组成部分，对教育实践都有一定的指导作用，并在教育实践中获得了有效的结合发展。在人类社会发展的进程中，法治教育的最初内容指的是统治阶级为了维护自身的统治，对其他阶级的发展进行限制，而由统治阶级制定的表现他们意识形态的法律规则进行的行为规范。法治教育的最初作用是更好地为未来的思想政治教育提供服务，更好地维护统治阶级的利益。我国的法治教育的宗旨之一，就是保障公民权利、促进中国特色社会主义思想政治目标的达成，支持维护人民群众权益，发展中国特色社会主义。

教育方式在性质上保持一致。只有发展建设符合社会生活实际的法治教育与思想政治教育，使其使用的方式有针对性，能对现实的多数社会问题产生作用，才能真正实现教育的目的，有的放矢，对症下药，对不同类型的社会问题采取不同的解决方法，达到解决问题的最高效率。同时教育方法不仅需要有针对性，还需要能对社会一些共性问题加以统一解决，让教育在面对特定问题的基础上还能面对社会的共同问题，综合协调各个方法，提高教育的现实功效。随着现代社会的快节奏生活发展，因循守旧的教育方式已经不能满足社会现代化发展的需要，法治教育与思想政治教育均需在坚持实事求是的思想路线的基础上，吸收并利用现代科学的研究成果，在高校思想政治工作中不断地进行创新，力求提高高校思想政治工作的实效。在具体的方法上，无论是法治教育还是思想政治教育，都可以运用理论教育的方法，而对不同形式的理论知识的培训，就是对这两种方式的系统认识和理解。高校还可以使用实践教育的方法，将认知理解和理性认识建立在生动具体的社会实践的基础上，通过从事更易于理解和实践的法理学、思想学和政治学活动，使人们更好地理解和深化两者的真谛。

（二）大学生法治教育和思想政治教育其他内容的关系

1. 总体上并列，共同组成思想政治教育

《中华人民共和国教育法》第一章第六条规定："国家在受教育者中进行爱国主义、集体主义、中国特色社会主义的教育，进行理想、道德、纪律、法治、国防和民族团结的教育。"①

从学科性质上看，大学生法治教育是培养社会主义法治观念的教育。大学生法治教育研究我国社会主义法治理论、法律知识，以社会主义核心价值观中的"法治"为思想引领和教育追求，培养新时代大学生的法治观念和法治意识，属于社会主义意识形态中法治思想观念的教育。思想政治教育中的其他教育内容，如爱国主义教育、民族团结教育等，也以社会主义核心价值观为思想追求，属于社会主义意识形态教育，他们共同贯彻着社会主义思想政治教育的学科性质的内涵，与大学生法治教育有机结合组成思想政治教育这一学科门类。

从教育地位上看，大学生法治教育属于与社会主义思想、社会主义法治相关的政治教育部分，其根本目的是培养和加强学生的法治思想、法治精神和社会主义法治信念；思想政治教育中的其他教育是社会主义思想政治教育中除法治教育外的其他部分，以培养公民思想道德和正确的世界观、人生观、价值观，贯彻落实社会主义核心价值观为基本目标。把大学生法治教育和思想政治教育的精华内容有机结合，为社会主义思想政治教育带来光明的前途，也为曲折发展的思想政治教育课程指明了一定的方向，在思想政治研究领域具有并列平行的地位。

2. 个体上相互渗透，连接成思想政治教育网络（以爱国主义教育和社会主义教育为例）

（1）与爱国主义教育的关系

习近平总书记指出："爱国主义是我们民族精神的核心，是中华民族团结奋斗、自强不息的精神纽带。"② 全面推动法治教育与爱国主义教育渗透融合，有利于提升爱国主义教育的质量与实效，也有利于落实好、维系好、发展好法治教育的精神脉络和价值追求，同时二者均为思想政治教育的重要组成部分，将共同助力思想政治教育全面建设。

法治教育为爱国主义提供理性保障。我国的法律是国家意志的体现，是作为统治阶级的无产阶级共同意志的体现，法律具有天然的爱国主义性质和基因，为爱国主义教育的发展和实践提供实施保障。同时，法治教育对群众进行

---

① 《中华人民共和国教育法》，http://www. moe. gov. cn/jvb ＿ SJZl/sjzl－zcfg/zcfg ＿ JYfl/20210730＿54783. html. ，2021 年

② 习近平：《在纪念五四运动 100 周年大会上的讲话》，人民出版社，2019 年，第 3 页。

法治理论思想上的教育，具有浓厚的理性，有利于引导群众理性表达爱国情绪、规范爱国行为，为依法治国方略的贯彻落实提供理性的群众基础。另外，将法治教育精神融入爱国主义教育能够提高群众的思想境界和学法用法的能力，有效应对外来挑战和风险，巩固爱国主义意识形态的安全，维护人民生活安定、社会秩序稳定，促进国家治理能力向现代化发展。

爱国主义为法治教育提供价值引领。爱国主义是我国民族精神的核心，是根植于中华民族几千年历史文化的道德观和天下观，是社会主义核心价值观的重要组成部分，在与大学生法治教育的渗透融合中表现出引领和指导的作用。大学生法治教育是现代社会政治经济发展催生的产物，是对青年学生法治理念、法治素养等的教育，贯彻着社会主义核心价值观，特别是其中的"法治"要求，在此过程中，必须坚定坚守的便是"一个国家"。对青年学生的法治教育必须在爱国的教育指导下进行，才能使学生将所学的法律知识用对地方、用对方向，才能保证公民在社会主义国家的背景下遵纪守法。

（2）与社会主义教育的关系

习近平总书记在党的二十大报告中指出："全面贯彻党的教育方针，落实立德树人根本任务，培养德智体美劳全面发展的社会主义建设者和接班人。"①发展大学生法治教育是对党科教兴国战略的贯彻和落实，作为社会主义接班人全面发展的一个部分，其与社会主义教育融合发展有利于树立社会主义新时代青年的"兴国"理想，回答好"培养什么人、怎样培养人、为谁培养人"的问题，也有利于为构建社会主义法治社会奠定坚实的人才基础；同时二者均为思想政治教育的重要组成部分，共同构建着思想政治教育网络。

法治教育是社会主义教育的必然要求。社会主义教育相对于法治教育来说是内涵更深刻、外延更广的概念，体现着我们党和国家对教育理论和实践的长期理解和探索，展现了中国特色社会主义教育的独特中国经验。必须坚持中国共产党对教育的领导，才能发展具有中国特色的社会主义，注重教育法治建设，依法治教、依法治校。我国如今的社会主义教育体系为扎实开展法治教育奠定了坚实的基础，助力教育法治化水平提高，法治教育成为社会主义教育全面发展的必然要求。

社会主义教育是法治教育的重要指导。社会主义教育坚持不断加强我国教育治理体系顶层设计和局部阶段性改革开放相互协同，尊重教育首创精神和改

---

① 习近平：《高举中国特色社会主义伟大旗帜　为全面建设社会主义现代化国家而团结奋斗——在中国共产党第二十次全国代表大会上的报告》，人民出版社，2022年，第34页。

革探索，确保教育体系各主体间的良性互动，为法治教育提供良好的发展环境。同时中国特色社会主义教育以办好人民满意的教育为出发点，为青少年法治教育的建设和发展提供目标导向的指导，助力法治教育以人民为中心，切实做好对人民实际生活有益的法律知识教育、法律思想观念教育。

三、大学生法治教育与思想政治教育融合的现实需要

（一）法治理念渗透高校思想政治教育工作的必要性

马克思哲学中有关意识和物质的原理指出：意识对物质有能动的反作用。正确的认识可以引导人们更好地进行自己的实践，推动客观世界的发展。法治理念渗透思想政治教育工作，推动高校师生形成正确的法治观念和思想政治观念，指导高校师生顺利开展法治社会实践等活动，同时使该法治思想渗透成为社会主义法治观念形成的前置要素之一。在此基础上，社会主义核心价值观和社会主义法治观念成为先进的正确的社会意识，促进社会的发展，特别是对高校思想政治教育工作能够做出正确的指导。

1. 高校校园法治文化建设的理论依托

高校为适应高等教育发展的需要，对大学生进行法治教育，提高大学生的法治素养，是全国各大高校的重要任务。在对大学生法治素养培养进行研究时，其追求方向、深度和广度都在持续地发生变化，从概念到问题，从理论到实践，从单一维度到多维度，从深层次、多方面对相关研究进行丰富和拓展，从而可以全方位地促进校园法治文化和法治氛围的建设。

社会主义法治理念要与高校思想政治教育相适应，是课程开设的理论基础。如今，全国各大高校基本都在法治理念的指导下开设了能在一定程度上提升大学生法治意识和法治素养的课程，如习近平法治思想概论等，但课程开设效果仍有待进一步提高。高校开展有针对性、实效性的法治教育课程，需要依托社会主义法治理念，在深入高校思想政治教育工作的基础上，必须依法教育青年学生，全面提高大学生及全体教职员工的法治意识及素养。

高校提高法治理念学习深度和广度将要求法治理念全面渗透思想政治教育工作，这一要求是集中学习的理论依托。随着社会政治经济的发展，我国建设社会主义法治国家的目标不断趋近实现，这就要求全国各高校在进行思想政治教育时要注重对社会主义法治理念的教育。高校在贯彻该要求时多以集中学

习、深入交流为主要形式，对法治理念的深入研究有较高的要求，故需要在法治理念与思想政治教育工作全面结合后，才能在思想政治教育的基础上不断开展符合高校实际的深入研究活动，最终实现法治理念在高校的纵深发展。

高校对深入学习法治理念的活动开展内容和形式的需要要求法治理念全面渗透思想政治教育工作，为活动的开展提供理论指导。对于较为枯燥的法治理论学习，各高校一些学生或多或少都会提不起兴趣，无法全身心投入。这就要求高校在建设校园法治文化时运用创新模式将理论学习融入思想政治教育活动，融情于法，让青年学生在参与思想政治教育活动的过程中感受到学习法治知识的乐趣，自觉接受法治教育，共同建设校园法治文化。

高校学生社会实践教育的发展要求法治理念全面渗透思想政治教育工作中，为青年学生实践能力的提高提供理论基础。

2. 高校全面结合"法育"与"德育"的需要

在我国大学教育中，将法治教育和道德教育有机结合，开展综合性、全面性的思想政治教育，能够有效促进社会主义道德风尚建设和社会主义法治建设顺利进行，为社会主义建设培养出更多高质量的高校人才。高校的法治教育与道德教育是互为补充的，其最终目的就是"通过刚性约束和柔性规范来体现和反映学生的根本利益和诉求"[①]，因此两者之间存在着内在的统一性。这就要求高校要将法治理念渗透进思想政治实际工作，让广大学生能把法治知识与道德素养结合起来，以更客观的眼光来看待这个世界。在面临各种各样诱惑的时候，大学生可以更加冷静、更加理性，并且能够用科学的思维和头脑来分析问题和应对问题，最终真正解决在生活、学习等方面遇到的问题。

在全面结合法治教育与德育时，高校不可避免地会遇到一些困难，此时便更需将法治理念与思想政治教育工作融合，以寻求解决困难的方法。首先，很多高校对法治教育和德育的认知程度不够，导致教育内容不平衡，这就需要高校重视均衡教育，在不忽视德育素养教育的同时，还要强化对学生进行法治知识的普及，使学生在思想观念上得到更全面更有效的提升。同时，一些高校在法治教育与德育上的师资力量不足，导致学生无法接受较为全面的思想政治教育，这就要求高校要努力解决思想政治教育人才短缺的问题，有效扩充德法结合、融合法治教育与思想政治教育的教师队伍。由于思想政治教育的学科性

---

① 申长富：《论高校法治教育与德育的内在统一》，《江苏经贸职业技术学院学报》，2017年第1期，第70页。

质，法治教育与德育的课堂教学往往比较刻板，偏向说教，难以适应教育的发展要求。所以，为了有效发挥出思想政治教育与法治教育"1＋1＞2"的作用，高校需要结合现实需要，以解决问题为导向，充分分配好教育资源，提高教育资源利用效率，创新思想政治教育与法治教育融合的形式，更好地解决社会问题。

3. 高校整合法治宣传教育和法治信仰构建的推动力

高校法治宣传教育旨在提升学生法治意识，树立法治信仰，为构建和谐法治社会培养法治人才。法治信仰构建是高校为了提升法治宣传教育高度，旨在培育学生法治思维和法治信仰，为学生的个人发展提供信仰引领。在法治宣传教育和构建法治信仰的基础上，高校更需进一步对二者进行整合，以达到培养社会主义法治人才、为实现法治社会提供信仰和人才基础的目的。在此目的的导向下，法治教育与思想政治教育相结合，将成为帮助大学生成为法治精神践行者和法治信仰传播者的主要渠道。

4. 基层思想政治教育涵养社会主义核心价值观的需要

对学生个人而言，新时代青年大学生在高校学习中接受法治宣传教育，同时又在国民教育体系中成为社会主义法治教育的对象，他们是新时代发展的主力军，其法治意识在一定程度上能体现整个社会法治意识的发展水平。为使社会整体思想意识全面发展，高校需要积极深入进行思想政治教育，同时注重思想政治教育中的法治教育部分，助力学生贯彻"爱国、敬业、诚信、友善"的社会主义核心价值观，自觉遵纪守法，积极参与社会主义建设，为祖国的发展做出自己的贡献，实现人生价值。

对于社会主义社会而言，社会主义法治继承了法律形式意义上的功能，而且承载了社会主义社会新的价值内涵和社会目标，社会主义和谐社会的建设必须依靠法治的推进，必须依靠法治的实践。由此，新时代背景下对青年大学生的法治教育更显示出重要性。青年大学生是我国社会发展的生力军，为建设具有"自由、平等、公正、法治"的核心价值观的和谐社会，高校需要在对大学生进行思想政治教育的过程中深入进行法治教育，通过培养大学生法律思维和法治素养达到提高全社会法治素养的目的，维持社会秩序的稳定。

对于社会主义国家而言，社会主义现代化国家的建设，需要更多具有可持续发展能力的青年人才投身于社会主义建设，青年是未来国家建设的中流砥柱，自身的法治观念水平将在一定程度上决定着中国今后法治建设的完善程度，所以对国家来说，青少年的思想政治教育和法治教育显得尤为重要。社会主义熏陶下的法治理念无法在人们的脑海中自然而然地产生，必须通过对公民进行法治教育，使公民自觉地接受法治理念的熏陶。因此，我们必须高度重视大学生法治教育在增强公众法治意识并将其纳入本土思想政治教育工作中的作用，为我国建设"富强、民主、文明、和谐"的社会主义现代化国家的目标提供法治基础。

（二）法治教育推进高校思想政治教育发展的有效性

马克思主义哲学中有关发展的观点认为，所有的事物都在发展变化。发展就是事物对其本身属性的突破和飞跃，它是以新的事物取代旧的事物从而前进和上升的运动。高校教育是培养社会主义国家各项事业发展的未来人才的重要渠道，法治教育作为思想政治教育的重要部分渗透高校思想政治教育实际工作内部，以其思想精华推动高校思想政治教育工作不断前进和上升、突破和飞跃，获得创新性发展。

1. 提高高校人才培养质量的内在要求

助力学生培养法治理念和法治思维。高校将法治教育与思想政治教育全面结合，良好的法治教育能在大学生群体中推广法治理念，同时培养其法治意识和法治素养，帮助青年学生建立正确的世界观、人生观和价值观。我国目前正处在社会主义现代化国家建设的紧要关头，但因为法律制度体系还不完善，有些思想不够成熟的大学生会质疑法律的权威和公信力，缺乏法治信仰和现代法治观念。这一现状要求高校将法治理念融入学生的思想政治教育，为社会主义建设培养思想先进、信仰高尚、作风优良的现代化人才。

提升学生思想政治理论学习的全面性。在思想政治教育中深入落实法治教育，有利于高校将学生培养成为高素质的复合型人才，提升大学生的综合素质。法治素养是当代大学生综合素质中的一个重要组成部分，在当今社会，思想道德与法治素养已经深入社会生活的方方面面，建立以人为本的大学生思想道德与法治素养的培养理念是建设社会主义和谐社会的必然要求，加强思想政治教育中的法治教育是培养新时代具有全面素质的青年大学生的必然要求。

提高学生运用法律维护合法权益的能力。如何将法律知识有效转换为自己的实际应用能力，是当前高校大学生保护自己合法权益的一个重大课题。高校将思想道德教育与法治教育全面结合，使法治教育渗透到思想道德教育的方方面面，并有针对性地进行符合学生实际的教育工作，使他们了解并掌握相关的法律知识，严格依照法律行使权利、履行义务，在自身或他人合法权益受到非法侵害时，能主动寻求法律途径来解决争议和伸张正义，拿起法律的武器来维护自己的合法权益。

2. 提高思想政治教育实效的需求

(1) 丰富思想政治教育内涵

习近平总书记强调，"思政课是落实立德树人根本任务的关键课程"①，要求全国各高校在开设思想政治理论课课程和进行思想政治教育活动时探索法治理念和思想政治教育的深度融合。

在培养公民法治意识、落实依法治国方略的过程中，法治教育作为思想政治教育的一个重要部分，相对于理论性更强的思想政治教育，更贴近人们的社会生活，对指导人民进行社会活动更具针对性和有效性，能为思想政治教育提供内涵丰富、种类多样、数量庞大的实例。将法治思想融入思想政治教育的学科内涵中，能拓宽思想政治教育学科视角，使其满足社会主义社会环境的需要，不仅着眼于公民思想道德建设，更着眼于社会主义法治建设，完成思想政治教育所承担的对全社会进行价值取向和思想道德的教育的任务。思想政治教育中形成法律和思想道德至上的全社会共识，在丰富思想政治教育学科内涵的同时形成"德法并举"的多学科结合发展模式，建设"立根塑魂、正本清源"②的社会主义核心价值观，推动思想政治教育向有温度、更实用的新标准发展。

(2) 规范思想政治教育运行机制

高校法治教育既包含着思想政治教育的特点，又包含着法学的学科特点。若法治理念没有融入思想政治教育的工作中，则思想政治教育更多表现出教育性、思想性、理论性的特点，更加注重对学生思想道德的提高，却没有强制作用，其教育成效受学生个人意识影响较大，教育活动的运行机制也难以规范而完备。将法治理念融入思想政治教育后，法学的严谨性、严格性、规范性等特点逐渐在思想政治教育工作中显现出来。思想政治教育受法治理念的影响，更加注重培养学生的法治信仰和法治素养。法治理念对于教育活动的运行机制也做了较为明确的规范，使思想政治教育活动按照规范的动态系统有规律运行，

---

① 习近平：《思政课是落实立德树人根本任务的关键课程》，人民出版社，2020年，第2页。
② 杨竹、刘张飞：《论大学生法治教育的学科属性、基本内容与实施路径》，《思想理论教育导刊》，2020年第6期，第66页。

保证思想政治教育的各要素能在该系统下充分发挥自身特点调整教育活动，并与其他要素有机结合、合力协同，凝结同质力量，争取中性力量，转化其他力量，形成思想政治教育的合力，提高思想政治教育这一学科的教育效率，实现对社会发展的方向性统领。

（3）指明思想政治教育承担的社会责任

高校法治教育在贯彻党中央依法治国等方略的基础上受我国法治文化的影响，着眼于社会发展需求，在与思想政治教育的融合中为其指明应承担的社会责任，使思想政治教育更具实效性，避免其陷入"假大空"的问题中，助力其成为承担社会责任的有效学科。自古以来，知识分子便以"为天地立心，为生民立命，为往圣继绝学，为万世开太平"[①] 为己任，今天的大学生是明天社会的栋梁，他们的理想状态在某种程度上代表了未来社会应该是什么样子。作为整个社会中的大学生，他们未来有没有理想、理想是否具有可持续性，关系到高等教育能力的培养是否符合社会的需要、社会主义理想能否继承；作为一门培养学生思想道德观念的学科，思想政治教育有义务在法治理念的渗透下为党和国家的发展培育优良人才，在新的历史条件下培养新的接班人。

3. 社会主义市场经济建设的迫切需要

（1）法治教育为经济社会发展奠定良好的基础

满足社会主义市场经济发展对法治人才的需求。社会主义市场经济不仅是竞争经济，还是一个有序化、制度化的经济社会，为保持社会主义市场经济的稳定发展，保证国民经济的稳定运行，需要更多具有法律知识和其他知识的复合型人才。高校以对大学生进行法治思维、法治精神和社会主义法治信仰的培养为目的，培养知法、守法、懂法、用法以建设社会主义社会的人才，同时与学生所受的其他教育相结合，为发展社会主义经济提供人才保障。

社会主义市场经济实质上是法治经济。社会主义市场经济体制作为一种宏观调控机制，必须在一套完整的法律体系中得到体现。在现代市场经济中，市场要想变成一种高效的资源配置手段，就必须要有一个合理而完整的法律环境，社会主义市场经济需要法律对其进行调整。高校对当代大学生进行法治教育，有利于提高未来社会的法治知识水平，预先建设未来的法治市场发展环境，为社会主义市场经济由高速发展向高质量发展提供稳定、规范的法治环境，为经济社会发展提供良好的法律保障和法治基础。

---

① 中国李大钊研究会：《李大钊全集》（第五卷），人民出版社，2006年，第46页。

社会主义市场经济的本质特征是根据市场需求依法经营。法治理念对市场的作用具体表现为引导发展方向、促进经济进步、保障秩序稳定和制约非法行为，能有效弥补市场调节带来的自发性等缺陷，使市场趋于稳定，从而保持良好的社会市场秩序。此外，法治教育能够提高全民法治素养，使市场主体在经济活动中能更清楚明确地了解自身的权利和义务，同时为经济活动提供一把明确的"尺"，制约市场主体的不法活动，有效减少经济纠纷，减轻司法负担，促进社会主义市场经济稳定发展。

社会主义法治文化的建设是经济社会发展的重要构成。高校法治教育是与我国经济和社会发展紧密相关的，是促进我国经济和社会和谐发展的需要。进行社会主义法治文化的建设，一是要对宪法进行全面的宣传，在全社会形成一种崇尚宪法、贯彻宪法、维护宪法权威的氛围；二是要贯彻新发展理念，创新法治在经济社会中落实的形式，重视环境资源法加强资源节约和环境保护发展绿色经济的功能，为我国经济向高质量发展转变提供法治力量；三是要维护社会秩序稳定，为保障法律实施和保护公民利益提供稳定环境。以上建设社会主义法治文化的要点，是发展经济社会的重要构成，能有效贯彻依法治国基本方略，促进我国市场经济发展，助力中国特色社会主义市场经济发展获得新思路、新成就。

（2）法治教育为经济社会发展指明前进方向

法治教育是普及全民法律知识、提高全民族全社会法治素养、营造良好的营商环境、全面贯彻实行依法治国的重要保证，其在经济社会发展中作为上层建筑作用于社会主义市场经济，为市场经济沿社会主义法治国家方向发展提供指导。法治教育为经济社会指明方向的引导作用是由市场经济运行的规律决定的，法治教育让更多市场主体能够通过法律客观地认识市场经济的规律，保证市场经济的健康运行，从而对市场进行符合规律的引导，以促使市场经济按照应有的方向发展。

4. 发展建设法治社会的需要

预先培养知法、守法、用法公民，建设社会主义法治社会。大学生是推动未来社会和国家发展的主力军，是社会主义法治理念的重点教育对象。在思想政治教育中加大大学生法治教育力度，既有利于青年身心健康发展，又有利于为未来社会主义现代化法治社会的建设提供更多具有法律思维和法治信仰的高素质人才，为把我国建设成为富强民主文明和谐美丽的中国特色社会主义现代化国家助力，培养具有可持续性的社会主义接班人来建设法治国家。

推动理解法治理念，助力"科学立法、严格执法、公正司法、全民守法"①。法治教育不断促进法治精神深入人心，让法治精神在公民的精神家园生根发芽，为建设社会主义法治社会奠定精神基础。同时在公民对法治理念的认识更加深刻后，法治建设的推动就会更加容易被社会接受，建设效率将大大提高，有利于法治建设紧跟时代步伐，在外部解决新时期产生的新问题，在内部与时俱进提升自身法治工作能力水平。

教育工作要充分发挥社会各方面的力量，使其成为构建现代化法治社会的积极力量。大学生法治教育为社会多种力量参与法治建设和教育提供了一个良好的范本，家庭教育为法治教育提供思想基础，政府为法治建设提供政策和公共力量的支持，社会为法治教育和建设提供深入发展的条件，最终多方力量相互融合，形成一个强大的合力，共同作用于大学生法治教育的深入开展，将新时代青年的思想予以升华，并为青年提供良好的法治思维和思想道德发展环境，为提高全社会法治素养、促进社会和谐稳定和建设法治社会汇聚社会的多方力量。

5. 国家长治久安的需要

为法治注入青春力量，努力构建法治国家。法治是实现一个国家长治久安的必经之路，法治社会是建设法治国家的基石，需要在社会发展治理中加强社会主义法治教育和法治文化建设，以追求公民法治素养在社会法治实践中得以发展和提高。新时代青年大学生具有创新性、先进性、综合性等，在对他们进行思想政治教育并进一步进行法治教育后，能将其培养成为年轻有活力的社会主义法治建设者，为法治建设注入青春力量，为贯彻依法治国方略、建设社会主义法治国家提供具有可持续性的人才基础。

助力国家治理体系和治理能力现代化。法治教育为思想政治教育提供发展动能，二者相互结合形成强大的合力，有利于贯彻"坚持在法治轨道上推进国家治理体系和治理能力现代化"②的法治思想，在用思想政治教育中的法治助力培养社会主义法治人才的过程中，助力中国特色社会主义法治文明建设，同时以人才培养为导向加快国家治理的前进步伐，实现国家治理能力的高质量发展。法治教育可以为党和国家工作纳入法治化轨道创造良好的前提条件，有助

---

① 中共中央党史和文献研究院：《全面建成小康社会重要文献选编》（下），人民出版社、新华出版社，2022年，第987页。

② 习近平：《习近平谈治国理政》（第四卷），外文出版社，2022年，第292页。

于国家在通过法律手段来解决社会问题的同时，不断提高自己的治理能力，建立全面有效的治理体系，使我们的社会在发生深刻变化的同时，保持旺盛的生命力和有序的状态。

坚定法治信仰，助力国家繁荣兴盛和人民安居乐业。将法治教育纳入思想政治教育范畴，使其渗透思想政治教育，能全面保障青年大学生在学生时期就树立法治信仰，促进其在未来的社会生活中自觉运用所学的法律知识和已经形成的法律思维解决生活中的困难和矛盾。预先让法治成为大学生的信仰，让法治精神在他们的思想中种下具有勃勃生机的种子，才能在未来的社会形成一种共同维护法治和谐氛围的力量，才能助力国家繁荣兴盛、社会长治久安和人民安居乐业。

第五章 大思政视域下的大学生法治教育现状及其分析

一、大学生法治教育取得的主要成效

依法治国方略的有效落实对中国特色社会主义现代化建设具有重要作用，青年强则国家强，故国家在中国特色社会主义现代化建设与社会主义现代化法治国家的建设中要想保持发展动力，青年大学生的法治教育便显得尤为重要。新时代大学生的培养较之以往更具时代性、先进性，高校在培养新时代大学生的过程中，不仅要注重大学生自身对所学专业理论知识的掌握与运用，还要培养大学生掌握丰富的法律知识，熟练运用法律思维分析问题、解决争端，提升用法律武器维护自身合法权益的能力，使大学生在未来的社会生活与工作中，做一个知法守法、遵章守纪的新时代好公民，充分发挥大学生在法治国家建设中的重要作用。不断地加强大学生法治教育，是在依法治国的基本方略下各高校的重要奋斗目标，各高校应当秉持这一重要奋斗目标，依托时代大背景，致力于提高大学生的法治素养，更好地落实大学生法治教育，进而更好发挥大学生在全面建设社会主义现代化法治国家中的重要作用。伴随着依法治国基本治国方略的逐步落实，在建设社会主义现代化法治国家的征程上，各界、各领域对大学生法治教育的研究持续深入，促进大学生法治教育不断发展，现今大学生法治教育工作已取得初步成效。

（一）大学生法治教育研究重视度较高

近年来，我国法律制度的逐步完善促进了社会的稳定与和谐，也极大地促进了国家的稳定与文明。在依法治国的大背景下，高校作为新时代高质量综合性人才的培训中心，充分结合自身优势，通过各种措施促进具有各高校特色的法治文化建设，提升学生法治精神，推动校园法治建设。各高校以法治精神为基础，培养社会主义现代化建设和社会主义法治建设共同需要的优秀人才。加强大学生法治教育，既是高校和学生未来发展的要求，也是推动社会进步的主要途径。做好高校的法治教育，既是高等教育和国家未来成长的需要，又是推动社会进步的重要手段。根据大学生法治教育的现实意义和紧迫性，当下大学生法治教育的有关研究总体呈现出程度更深、广度更宽、研究方法更加多元化的发展趋势。

在此，笔者以中国知网所涵盖内容为例，在该网站当前与大学生法治教育有关的学术期刊、论文等累计已达到 1180 余篇，在 1180 余篇学术期刊、论文中，以大学生法治教育为主题的累计 270 余篇，整体内容总体涵盖大学生法治教育、大学生思想政治教育、依法治国教育、法治素养等角度，研究方式包括但不限于实地调研、数据调研、实证分析，内容具有广泛性与深入性，研究形式丰富多样、成果斐然。总体看来，不论是高校实践，还是学术研究，都对当下的大学生法治教育研究给予高度重视。

（二）大学生法治教育课程比较完善

党领导人民治理国家的基本方略是依法治国，党的二十大报告明确指出："全面依法治国是国家治理的一场深刻革命，关系党执政兴国，关系人民幸福安康，关系党和国家长治久安。必须更好发挥法治固根本、稳预期、利长远的保障作用，在法治轨道上全面建设社会主义现代化国家。"[①] 大学生是中国特色社会主义事业的建设者和继承者，是全面推进依法治国过程中的重要主体，大学生的素养将引领我们未来公民的法治素养，高校加强法治教育可以更好地培养大学生法治意识，使大学生形成正确的世界观、人生观和价值观，因此高校成为培养大学生法治思想和法治观念的主要阵地，对实现全面依法治国具有重大而深远的推动作用。大学中开设大学生法治教育有关课程能促进大学生通过法治教育掌握法律理论、树立法治观念、具备系统的法律知识，使其成为既具有专业技能又具有较高法治素养的综合型人才。

当前，以思想道德与法治为代表的一系列大学生法治教育课程已在各高校面向大学生开展，授课主体均为马克思主义学院专业教师或法学院专业教师，教师团队专业化程度较高。课程授课内容以社会主义法治、提升法治素养、大学生法律法规常识、大学生法治观念为主，课程内容丰富，知识体系完备。除

① 习近平：《高举中国特色社会主义伟大旗帜　为全面建设社会主义现代化国家而团结奋斗——在中国共产党第二十次全国代表大会上的报告》，人民出版社，2022 年，第 40 页。

了重视书本内容，课程还与实践紧密联系，着眼学生关切点，关注社会热点焦点，围绕推动教材体系向教学体系、价值体系转化。这类课程的考核机制与反馈机制也得到授课对象（即大学生）的广泛认可，进而促进大学生社会主义法治理念的培养，并引导大学生自觉尊法学法守法用法，逐步成长为具有良好思想道德素质和良好法治素养的新时期大学生。因此，总体而言，当下高校的大学生法治教育课程比较完善。

（三）大学生对宪法、民法、刑法等"曝光率"较高的法律认知程度高

根据笔者的调研结果，在对我国基本法律认知方面，很明显能够感受到在当今的大学生法治教育下，大学生普遍对宪法、民法、刑法这类日常"曝光率"高的法律具有较高法律认知度。究其原因，主要是这类"曝光率"高的法律往往在日常的大学生法治教育过程中出现得较为频繁，加之国家大力提倡与宣传，再结合此类法律与大学生日常生活联系更紧密，故这类法律的被认知程度较高。

大学生法治教育的目标定位是深化对法治理念、原则、重要法律概念的认识与理解，基本掌握公民常用法律知识。而更贴近大学生日常生活、普法宣讲频率更高的法律，更易使大学生了解其为何物、有何作用、如何运用，使大学生法治教育的成果更为显著。之后的大学生法治教育内容与教育模式亦可以在这种发展状态下不断进步与完善。

二、当下大学生法治教育存在的问题

（一）教育主体与教育对象

1. 教育主体自身的专业性欠缺

社会主义核心价值观教育的重要内容之一是法治教育，对高校来说，大学生法治教育是高校良好育人环境的重要组成部分。教育主体的专业性极其重要，因为这一特性在很大程度上决定着教育内容的专业性、决定着教育对象的知识掌握，如要促进大学生法治教育持续、健康地发展，就要保障教育主体的专业性。

然而，目前仍存在部分高校法学专业教师师资相对不足或有关专业能力较

强的教师数量相对较少的问题。这导致两种情况：一是目前大学生法治教育大多停滞在依托马克思主义学院专业教师在思想政治教育课程中援引出必要的法律知识，而仍欠缺专业性更强、体系化程度要求更高的大学生法治教育工作建设，大学生无法在大学生法治教育中获得精确的法治教育，这显然与法治教育预期相差较大；二是除满足法律专业的基本教学之外，没有充足的师资力量在全校开展常态化、规范化的法治教育活动，更无法根据学生身心特点开展喜闻乐见的法治教育活动，进而导致法治教育日常工作都无法开展、停滞不前，法治教育成效差。

2. 教育对象的法治意识和法治信仰不够

自步入数字化时代，科技的发展带来诸多便捷，进一步促进信息交流广泛、快速，由此也导致信息传播过程出现信息失真等情况。在互联网迅速发展的当下，作为网络主力军的大学生对社会的了解大多依赖网络信息。但是基于网络传播速度快、网民人数巨大、信息失真问题严峻、网络管理难度大等现实难题，有时大学生难以准确筛选网络信息，若缺乏必要的法律知识和法治思维，他们很容易陷入无原则同情、无底线思维、以情代法、盲从跟风等误区，甚至迷失方向，甚至误入歧途。

总体而言，部分大学生的知识结构尚不够全面，心理发育也不够成熟，缺乏法治建设的历史视野和长远眼光，做不到理性地看待法治建设中的问题和原因，反而会被网络中的不良信息误导，从而做出非理性判断，陷入法治误区。

（二）教育内容

1. 注重理论，实践技能缺失

高校开设的思想道德与法治课程作为非法律专业的基础课程，能够较为迅速地帮助大学生了解一定的法律知识，引导大学生树立遇到问题找法律解决的理念。当前大学生法治教育普遍采取传统的以教师为主体、教师讲授为主要方式的课堂教学模式，在一定程度上此类形式能够帮助大学生在短期内习得体系较为完善的法律知识，取得较为良好的法治教育成效，但是停滞于传统教育模式会使得大学生缺乏对理论知识的理解与运用能力，长此以往则导致实践技能的欠缺，实践能力的急剧下降。在现实生活中，当大学生的权益受到侵害时，有的大学生通过一些不理智的方式来解决，不但没有解决问题，反而将问题扩大化，甚至通过一定的过激行为将自己从受害人转变为加害人；有的大学生遇事是通过隐忍的方式来解决问题达到息事宁人的效果。当前大学生通过法律手段保护自己合法权益的意识还比较淡薄，造成理论学习与生活实践的脱钩。

造成大学生自主实践能力不足的原因：首先，大学生在校的生活相较于进入社会之后的生活来说比较单纯，绝大部分都是学校和家庭两点一线。在高校内，总体上大学生的素质都比较高，人际关系的处理没有那么复杂，很少有需要大学生利用法律保护自身合法权益的事情发生，所以大学生缺乏对法律的运用条件，不利于提高大学生的法治素养和法治意识。其次，大学生的心理还不够成熟，还没有构建完整的价值观，对事情的处理能力较差，不能很好地明辨是非，容易情绪化，遇事只注重眼前利益。最后，大学生在校学习理论知识后，对于法律问题的解决只停留在书本上，没有将理论运用到实践当中，造成理论与实践的脱钩。

2.“碎片化”知识居多，体系化教育明显不足

目前，高校主要开设了思想道德与法治课程，这意味着思想道德与法治课程是培育高校大学生法治意识的主要途径。我国法律体系包含着较为丰富的内容，但高校大学生的法治教育基本围绕宪法这一国家根本大法的核心思想配以与大学生日常学习生活更紧密相关的刑法、民法等有关内容进行，加之法律知识具有体系化、内容繁多等特点，当下的大学生法治教育成效更多体现在宪法、刑法、民法等“曝光率”高的法律，但对其他法律（如未成年人保护法、行政法等）的涉及却微乎其微，这使大学生不能完全掌握我国的法律体系，难以形成较为完备的基本法律知识体系。同时，整体的教学内容并不完整，总体的教学内容“重民刑，轻其他”，呈现出碎片化的形式，法治教育存在着较为严重的“偏科”现象，在一定程度上造成了大部分大学生对法律的认识还处在“刑法是惩治犯罪、保护人民的法律”“宪法是我国的根本大法，具有最高的法律效力，其他任何法律都不得与之相抵触”“民法是保护民事主体的合法权益的法律，适用于平等主体之间”的层面，法律意识浅显化、片面化，法律知识碎片化、不呈体系化。“碎片化”知识居多，体系化教育明显不足，将会影响到高校大学生法治教育的实效。

（三）教育落实

1. 大学生法治教育落实不够

大学生法治教育培养体系是高校进行法治教育的重要依据，决定着高校法治人才培养的目标、质量和规格。尽管自依法治国基本治国方略提出后，在社会主义现代化法治建设进程中，已有许多高校在积极承担时代责任，根据本校师生情况、教育条件、资源禀赋等实际情况，科学设计法治理论教育模块和法治教育实践训练模块的内容和学时，但是基于地区发展、高校重视程度及资源限制等不同，不同地区不同高校对大学生法治教育的具体落实不同，仍然存在大学生法治教育课程缺失或大学生法治教育课程仅流于形式并未实际落到实处，或高校对法治教育工作不够重视，没有聘用专门的法治教育教师，法治教育不够深入，教学制度、管理制度不够健全等情况，这显然不利于法治教育持续健康发展。

2. 教育方式僵化

当前许多高校大学生法治教育方式存在僵化现象，具体表现为法治教育方式仍旧停留于传统的教师授课或增添少量"翻转课堂"模式让学生参与授课过程，总体上仍未摆脱传统理论讲解配以案例分析的传授方式。这类模式由于缺少学生主动思考的过程，极易让学生感到枯燥乏味，学生自然就不愿意深入理解和掌握知识，最终导致法治教育课堂效率低、法治教育效果差等问题。新的时代背景下，高校应当充分利用主题教育、校园文化、学生的社团活动、社会实践活动等多种载体、多种形式，充分调动学生法治学习的主观能动性，进而开展全过程、全要素法治教育。

3. 法治教育课程定位不清

以思想道德与法治为代表的一系列课程在一定程度上促进了大学生法治教育发展，但事实上专门针对大学生法治教育的课程依然缺位。目前的大学生法治教育课程大多数仍然仅是依托于以思想道德与法治为代表的融合了基本思想道德与少量法治教育内容的系列课程中，而各高校自主设计设置的专业法治教育课程微乎其微。

总体看来，目前大部分高校非法学专业的学生只有一门思想道德与法治教育课程作为大学生法治教育的依托，但此课程的教材仅是从宏观上简单介绍我国公民的基本权利和义务、社会主义法治理念的内容、大学生应该树立法治理念和法治思维方式等内容，其中并未涉及具体的、体系化的法律知识。且各高校由于课时数量有限和设定的教学目标对法律知识考查程度要求不高等因素，学生能学到的法治内容很有限。

从现实情况看来，只有开设法律基础课程，加强教学环节和教学效果的管理，通过法律实践教学、不断调整教学模式、多样化的教学方式或教学活动等提升教学的有效性，才能在一定程度上弥补法治教育的欠缺。同时，高校应注重结合学生的专业和不同学习阶段，有针对性地开设不同的课程；应加以注意的还有将学生反馈与教学结合，根据学生的反馈结果来审视或调整高校法治教育的教学资源配置与教学目标，进而通过科学规划课程体系，不断调整、探索适合各类专业大学生的法律知识教学内容。

（四）大学生法治教育与思想政治教育融合不足

我国目前正处于社会主义现代化国家建设的重要时期，党和国家对法治人才的需求迫在眉睫，因此，培养一批忠于党、忠于国家、忠于人民和忠于法律的社会主义法治人才显得尤为重要。高校作为大学生培养的重要基地，需要充分加强大学生的思想政治教育、法治教育，构建一种全方位、全过程的思想政治教育和大学生法治教育相结合的培养机制，不仅要提供专业的法治教育，还要有意识形态的教育，构建全方位的思想政治教育机制，形成思想政治教育与法治教育紧密结合、双向互动、正向循环的培养模式。

当下，部分高校关于大学生的法治教育与思想政治教育普遍分离，总体呈现出相互割裂的现象，具体表现为两种教育主体未达到一定程度的统一（法治教育依托思想道德课程由马克思主义学院教师进行讲授，但高校辅导员通常被安排为日常思想政治教育工作的教育主体和总负责人）。这种模式虽在一定程度上利于高校统筹设立学生学习计划、学习目标，但长久来看，大学生的法治教育工作与大学生的思想政治教育工作普遍愈加分离的情况最终将导致大学生出现思想学习的"偏科"现象，既不利于学生的法治教育与思想政治教育的效果，亦不利于社会主义法治人才的培养和社会主义法治国家的发展。因此，各高校应当不断将大学生的法治教育工作积极同思想政治教育工作相融合，实现最终培养目标，通过输送优秀人才为党和国家的法治建设贡献力量。

三、大学生法治教育存在问题的成因

（一）法治化进程是长期发展的过程

坚持依法治国是中国特色社会主义国家制度和国家治理体系的显著优势。所有事物的发展都需要通过一个持续的过程来完成，在这个过程中，所有的事物基本呈现出产生、发展、完善三个阶段，因而整个阶段往往是长期的。我国目前是一个发展中国家，仍处于社会主义初级阶段，而发展中不平衡不充分的问题仍然突出，当下全党全国各族人民正处于全面建设社会主义现代化国家新征程、向第二个百年奋斗目标进军的关键时刻，未来的一段时间，全党全国各族人民亦将在这段路程上携手并进，共同发展。这个发展的过程，注定必将会是一个长期的过程，进而注定法治化进程也是一个长期的过程。而在法治化进程发展过程中，基于不同时期发展的差异性、不足性，其呈现出来的法治化发展（法治化进程）则具体表现为法治建设的不完善，作用在大学生法治教育上则表现为大学生法治教育的制度、模式尚未完善建立，教育内容存在片面性等因素，最终使大学生法治教育的教育内容"碎片化"，未形成系统的教育体系。

（二）对法治教育定位不清

当前一些高校开展的大学生法治教育存在对法治教育的定位不清的情况。高校的大学生法治教育通常采取的模式为将法律知识融入思想道德、安全教育等主题教育中；由于"对法治教育定位不准确，法治教育与品德教育、安全教育、廉政教育之间关系界定不科学，所以并未将法治教育作为专门课程独立出来"[①]，大学生法治教育课程往往被"塞进"其他可能有关的课程之中；加之高校的大学生法治教育的专业师资总体看来是相对欠缺的，而且法治教育专业教材等教学资源仍欠缺。这些因素在一定程度上均会使得大学生对法治教育与思想或道德规范的有关内容产生混淆，此类情况最直观、最直接的结果表现为大学生无法辨别所学的法治教育知识，极大地弱化了法治教育的效果。

（三）缺乏强制力保障

近几年，我国的法律体系逐渐完善，使得居民言行更加规范，社会更加稳

---

① 韩红艳：《校园加强法治教育的路径——山东省滨州市滨城区第六中学法治教育实践》，《中国民族教育》，2018年第3期，第52页。

定和谐，为国家安定文明做出了巨大的贡献。依法治国背景下，推动校园法治文化建设，培养学生的法治意识与法治思维，弘扬法治精神，既是高校和大学生未来发展的要求，更是推动社会进步的主要途径。但当下的大学生法治教育无论是课程建设还是课程实施，均缺乏有力的保障，如大学生法治教育课程建设需要拥有足够的专业人才支持、资金支持、配套资源支持，但目前缺乏有关政策来提供这些支持；又比如在大学生法治教育课程具体实施环节，因为没有强力的制度保障，出现了部分高校未开设有关课程或有关课程仅停留在表面并未实际落实到大学生课程教学计划当中，缺乏强力的制度保障使得法治教育难以更好发挥应有的作用。

（四）教育主体队伍建设不足

高校的大学生法治教育工作是需要形成"学校支持—教师配备—学生参与"这一有效体系的，但是目前高校大学生法治教育面临的一大难题便是专业困境，即师资队伍建设水平与法治育人整体要求匹配度不高。一方面，从事大学生法治教育的教师队伍不健全。目前高校总体呈现扩招学生、扩大规模的趋势，但与之配备的高校法治教育教师数量却严重不足，师资供给不能满足现实需求。另一方面，"从事法治教育的师资队伍建设水平有待提高"[①]。高校大学生法治教育的主要途径仍是传统的教师授课，教师授课的内容与形式却一直保持传统模式，没有随着时代发展与学生需求融入更多元素，法治教育的质量有待提高。

微观角度看，法治教育是思想政治教育在法治领域的延伸，因此其既与思想政治教育有一定的交叉性，又有其专业独特性，这就对教师的知识结构和教学能力提出了更高要求。但是就目前情况来看，高校"并未形成法治教育能力培养的课程体系"[②]，整体师资队伍建设还需结合学生的需求与时代的发展与时俱进，目前存在的教师主体队伍建设不足的问题，不利于法治教育的持续、高效发展，反而直接弱化了法治教育的力度和效果，影响了大学生法治教育的质量。

总体而言，目前高校具备的师资力量、结构及水平与新时代的大学生法治教育整体性要求存在差距，教育主体队伍建设有待提高。

---

① 王凯丽、陈树文：《新时代大学生法治教育探究》，《学校党建与思想教育》，2022年第19期，第58页。

② 王凯丽、陈树文：《新时代大学生法治教育探究》，《学校党建与思想教育》，2022年第19期，第59页。

（五）教育对象（大学生）主观能动性缺乏

新时代的大学生法治教育，并非单纯的法律概念的讲授或是法律观念的灌输，而是引导大学生去感悟法治知识的文化理念和传递其中的法律价值，发挥大学生在全面依法治国当中的重要作用。

但是目前的大学生法治教育只重视宪法、刑法、民法相关知识的讲授，大部分仍采取传统教育的模式开展法治教育，教育内容不够丰富、教育形式不够灵活，在一定程度上导致了大学生缺乏主观能动性，大学生法治教育的效果大大减弱。

大学生法治教育应是知识与文化精神的融合与交流。因此，内容层面往往表现为法治教育需要注重从文化背景、文化渊源、文化观念等角度介绍法治知识，让大学生深刻理解法治知识的内在文化逻辑，依托丰富的法治文化资源，"让法治文化渗透到大学生生活的方方面面，构建以结合法治文化认同为纽带的公民归属感"[①] 和责任感。

四、法治教育视角下高校思想政治教育工作存在的问题及原因

（一）法治教育与高校思想政治教育工作融合不够

由于法治教育与高校思想政治教育工作融合不够，导致高校思想政治教育工作存在许多问题。

国家需要符合社会需求和发展的综合性高素质人才，高校需要培养符合社会需求和发展的综合性高素质人才，这就要不断引领当代大学生思想意识健康发展、引领当代大学生法治教育健康发展，要实现这一目标的重要途径便是通过思想政治教育引领和加强大学生法治素养。据此，除思想政治教育外，法治素养的建设工作同样要被重视。法治素养主要包括学生在理论知识、思想观念及行为做法三个方面所体现出的理论素养、思想素养以及行为素养。培养国家所需、时代所需的综合性高素质人才，法治素养的提升不可或缺。

理论素养要求高校大学生在理论层面需要掌握有关的法律知识，特别是重

---

① 王凯丽、陈树文：《新时代大学生法治教育探究》，《学校党建与思想教育》，2022 年第 19 期，第 58 页。

要法律法规的掌握，同时更要对法律有较为深入的理解，对其如何运用也要有一定的掌握。大学生掌握了较为丰富的法律理论知识，就可形成一个较为完善的法律知识学习体系。思想素养则要求大学生具有一定高度的法治信仰与理想信念，使得大学生能充分相信法律可以帮助他们自己和社会更好地发展。行为素养是学生意识行为的一种理念，是要求学生在生活学习过程中具有较强的法治意识，自觉遵守法律，面对自己的合法权益被侵害时，大学生能明白要用法律来充分保护自己，使得其能成为大学生学法用法的重要体现。

就产生背景和教育内容来看，某种程度上法治教育内容与高校思想政治教育内容是存在重合部分的，换言之，法治教育实际上可以看作高校思想政治教育的核心组成部分。高校作为培养社会主义人才、贯彻社会主义法治理论的重要阵地，高校思想政治教育工作的有效落实显得格外重要，而在依法治国的大背景之下，大学生的思想政治教育与法治教育融合显得更具时代性、重要性。推动大学生的思想政治教育与法治教育融合更有利于实现高校立德树人的教育目标。

（二）高校思想政治教育资源整合不足

教育资源被广泛使用，但分布不均匀。高校思想政治课教学资源被广泛有效应用才能够充分发挥其作用。随着教育资源的发展和快速增长，资源应用问题越来越重要，必须保障资源的合理与有效利用。当下，思想政治课教学中可利用的资源种类很多，如教学课、影视资料、图形信息、媒体技术、网络资源等，这些资源得到广泛应用，已成为高校思想政治理论课教师常用的资源类型。这些资源的应用使教学内容更加丰富，教学形式更加灵活，教学效果更加出色，在教学中发挥着更加积极和重要的作用。此外，随着教育现代化的推进，高校不断创设全国优质思想政治理论课网络开放课程，探索融合媒体思想政治理论开放课程建设，这在一定程度上扩大了优质教育资源的应用场景和范围，促进了优质教育资源共享。

综上所述，当下高校思想政治教育所拥有的资源较为丰富，是值得依赖的。但是当下许多高校均未合理整合与利用各类资源，导致资源闲置或资源浪费，在实际的工作当中就表现为思想政治教育工作效果差、反馈少、创新不足、学生参与感不强等，长此以往，会造成教育主体缺乏教学能力与教学创造力，大幅消耗教育对象的学习热情与主观能动性，使得高校思想政治教育工作受到较大影响。

（三）思想政治教育工作立法与制度建设尚不完善

当前的教学资源建设体系中比较突出的问题是缺乏统一的标准，思想政治教育工作有关立法与制度建设尚不完善。

首先，思想政治课教学资源评价标准尚未制定。教育资源存在结构性缺陷，质量参差不齐。有些教师只是从课程内容的角度开发教学资源，有些教学资源进入教学空间却没有得到严格的考核评价。因此，青年大学生在追求丰富的学习资源过程中，缺乏识别资源材料质量的能力，他们很容易在大量碎片化的信息中迷失方向①，也不能根据自己的实际需要选择和使用高质量的资源。其次，当下的思想政治课教学资源缺乏整合或整合不规范。思想政治课教学资源应是动态生成的开放系统，要将不同维度、不同侧重点的各种教学资源形成有机联系，使其在教学过程中发挥系统作用，实现历史与现实、理论与实践、中国与世界、虚与实的结合②。但目前的问题是资源整合不足，异构系统之间缺乏互通性和共享性，各种教育资源之间常存在互相分离、毫无关联的"孤岛"现象，优质资源供给不足，资源配置不一致，加之各高校教学资源建设大多是独立进行的，相互间没有形成有效的信息沟通机制。这是当前思想政治教育资源共享渠道受阻、缺乏统一的开发和管理标准、资源重复现象严重的主要原因。

（四）高校思想政治教育工作者法治教育素养不够强

当前，每所高校都通过马克思主义理论课和思想品德课来开展思想政治教育。但总的来说，这些课程内容比较枯燥，影响了部分学生的学习兴趣和参与的积极性。加之，教学内容以理论知识为主，对于非相关专业的大学生来说内容深奥，增加了学生理解思想政治教育内容的难度。同时，开展思想政治教育教学的教师大多是中老年教师，他们虽有丰富的教学经验，对政治发展过程有深刻的理解，但他们中的不少人的教学方法是填鸭式的，抑制了学生独立思考的欲望。落后的教育模式对思想政治教育改革产生了负面影响，因此也成为思想政治教育教学过程中亟待解决的重要问题。对于高校思想政治教育课程来说，融合法治教育最困难的一点便是许多教师缺乏融合法治教育的意识，找不

---

① 以上观点参见徐蓉、张琪：《新时代高校思想政治理论课教学资源建设研究》，《马克思主义理论学科研究》，2022 年第 4 期，第 118~119 页。

② 以上观点参见徐蓉、张琪：《新时代高校思想政治理论课教学资源建设研究》，《马克思主义理论学科研究》，2022 年第 4 期，第 118~119 页。

到思想政治教育与法治教育的联系和共性，这便严重影响了学生法治素养的形成。

客观地说，部分大学生缺乏独立管理的能力，难以约束自己的行为。教师需要认识到学生的这一特点，在教学活动中发挥指导作用，提高思想政治教育和法治教育的教学效果。为了取得良好的教学效果，从事思想政治教育的教师首先需要提高自身的法治素养，详细了解法律知识，提高法律教学的有效性。高校还可以聘请校外律师或法律专家为兼职教师，对学生进行思想政治教育，增强学生对法治教育的理解。兼职教师可以在教学过程中随机插入法律案例，加强学生对法律知识的理解，鼓励学生积极思考立法背景和相关法律内容等，从而提高学生的法治思维能力。建设具有法治素养的师资队伍，可以增强法治教育在思想政治教育中的渗透作用，努力实现提高学生法治素养的目标。

（五）教育对象（大学生）甄别能力不足且存在盲目从众心理

集体环境和氛围容易给大学生带来各种类型的心理压力，加之大学生本身社会阅历不足又饱含热情，极易遭受鼓动。因此，在面对不同观点或参与社会热点问题的讨论中，为实现心理平衡，减少内部冲突，许多大学生会自觉或无意识地考虑他人意见或集体要求，通过从众的方式来做出选择。

研究大学生从众的心理和行为，可以帮助我们从不同的角度了解这个群体的心理状况，充分发挥舆论引导的积极作用，引导大学生提高自我意识，以各种形式开展群体心理教育和引导活动从而提高教学和管理的针对性和有效性，为大学生的长远发展做出贡献。新时期教育要以当代大学生的群众心理和行为表现为基础，进一步分析大学生群众心理的特点、表现、原因、影响因素、效果以及如何消除其负面影响。这将使教育工作者更好地了解大学生，为他们的学习和成长提供良好的环境，促进他们更好地发展。

附

大学生法治教育与思想政治教育融合研究问卷

同学：

您好！

我们是"大学生法治教育与思想政治教育融合研究"项目的工作人员，正在进行大学生法治教育与思想政治教育融合研究，诚邀各高校大学生进行问卷填写，本问卷结果仅作为课题研究使用，不会公开或暴露任何个人信息，感谢您能够参与我们的调查。

大学生法治教育与思想政治教育融合研究调研小组

2023 年 4 月

1. 您是否关注到高校开设的法治教育有关课程（如思想道德与法治）中的法治教育内容（　　）

A. 是

B. 否

2. 您所就读的高校开设法治教育有关课程的授课教师是（　　）

A. 辅导员

B. 专业法学教师

C. 马克思主义学院专业教师

D. 不清楚

3. 您所就读的高校开设法治教育有关课程的授课方式是（　　）

A. 理论知识学习

B. 纯实践内容学习

C. 理论知识学习与实践内容学习相结合

D. 课程仅为摆设，没有具体实施

4. 除思想道德与法治中涉及的法治教育部分外，您的日常生活中是否还有其他地方涉及法治教育内容（　　）

A. 是

B. 否

（如第 4 题选择"是"，请作答下面第 5 题；选择"否"，无需作答）

5. 您的日常生活中涉及哪些方面的法治教育内容（   ）

A. 未成年人保护

B. 大学生就业权益保障

C. 行政方面法律法规

D. 其他方面

6. 您对您所就读的高校法治教育有关课程的授课效果评价基于何种因素（   ）

A. 授课教师的专业度

B. 授课形式的多样性

C. 授课内容的实用性

D. 课堂参与感

7. 您对宪法、民法、刑法的了解程度为（   ）

A. 完全没听过

B. 听过，对其中内容有一定的了解

C. 比较熟悉，对其中内容有较清晰的理解

D. 非常熟悉，能够熟练运用其中内容

8. 您从何处了解到宪法、民法、刑法有关内容（   ）

A. 学校课程

B. 辅导员讲授

C. 新媒体（如微博、微信、抖音等）平台

D. 期刊、报纸等

E. 自己感兴趣，进而自主了解

9. 除宪法、民法、宪法外，您对其他法律（如行政法）的了解程度为（   ）

A. 完全没听过

B. 听过，对其中内容有一定的了解

C. 比较熟悉，对其中内容有较清晰的理解

D. 非常熟悉，能够熟练运用其中内容

10. 您所就读的高校日常思想政治教育工作的教育主体主要是（   ）

A. 辅导员

B. 专业课教师

C. 校院级领导

D. 不清楚

11. 您所就读的高校是否有将日常思想政治教育工作与法治教育工作相结合（　　）

A. 是

B. 否

（如第 11 题选择"是"，请作答第 12 题；选择"否"，无需作答）

12. 您对您所就读的高校思想政治教育同法治教育相结合建设的效果如何评价（　　）

A. 效果非常好

B. 效果比较好

C. 效果一般

D. 效果不太满意

E. 效果不满意

13. 您认为高校是否有必要将日常思想政治教育工作与法治教育工作相结合（　　）

A. 是

B. 否

14. 您认为高校思想政治教育同法治教育相融合面临的困难是（　　）

A. 资源不足（如专业教师资源不足）

B. 有资源，但资源整合运用不佳

C. 高校对思想政治教育与法治教育工作重视度不够

D. 大学生法治教育工作体系建构不足

E. 高校思想政治教育内容不丰富，无法涉及法治教育

F. 大学生法律意识或思想意识不够强

G. 缺乏教育保障（如有关教育立法或制度建设不足）

大学生法治教育与思想政治教育融合研究问卷分析

本问卷面向全国范围内各地、各类型高校的各专业在校大学生开展调研，经过研究问卷调研小组积极工作，最终收获调研问卷累计 1569 份，有效样本为 1500 份。调研小组针对有效问卷样本及数据，开展严格数据分析，最终得出结论如下。

1．您是否关注到高校开设的法治教育有关课程（如思想道德与法治）中的法治教育内容（　　）

A. 是

B. 否

调研结论：在有效的 1500 份样本中，95％的高校大学生关注到高校开设的法治教育有关课程（如思想道德与法治）中的法治教育内容，而有 5％的大学生暂未关注到。问卷数据说明当下大学生法治教育有关课程已基本建立，且大学生普遍对有关课程的内容有所关注，课程建立及课程影响工作较为有效，通过法治教育，大学生能够学习法治知识，树立法治观念和提高法治素养。

2. 您所就读的高校开设法治教育有关课程的授课教师是（　　）

A. 辅导员

B. 专业法学教师

C. 马克思主义学院专业教师

D. 不清楚

调研结论：在有效的 1500 份样本中，64％的高校大学生表示其就读高校开展法治教育有关课程的授课教师为马克思主义学院的专业教师，34％的高校大学生表示其所就读高校开展法治教育有关课程的授课教师为专业法学教师，2％的学生表示对其所就读高校开展的法治教育有关课程授课教师情况不清楚。从数据结果中可以看出，高校开设法治教育有关课程的授课教师绝大部分为马克思主义学院专业教师，少部分为法学专业教师，在一定程度上体现出了大学生法治教育的知识已具备一定的专业性。但该数据更多传达了高校法治教育队伍相对薄弱，队伍来源单一、人员较少，且法律知识功底相对薄弱，相关法治实践经历较少。高校应当调整队伍组成结构，多层次地充实法治教育队伍，打造一支理论功底深厚、熟悉我国国情和法律发展、具有丰富实践经验的法治教师队伍。

3. 您所就读的高校开设法治教育有关课程的授课方式是（　　）

A. 理论知识学习

B. 纯实践内容学习

C. 理论知识学习与实践内容学习相结合

D. 课程仅为摆设，没有具体实施

调研结论：在有效的 1500 份样本中，53％的高校大学生表示其所就读高校开设的法治教育有关课程的授课方式为理论知识学习，34％的高校大学生表示其所就读高校开设的法治教育有关课程的授课方式为纯实践内容学习，12％的高校大学生表示其所就读高校开设的法治教育有关课程授课方式为理论知识学习与实践内容学习相结合，1％的高校大学生表示其所就读高校开设的法治教育有关课程仅为摆设，没有具体实施。问卷数据说明，当下绝大部分高校都在积极落实开设的法治教育有关课程，但授课的具体方式存在差异，以纯理论的授课方式居多，理论结合实践的授课方式相对较少，在一定程度上可能因学习方式单调、课堂参与度不高等情况造成大学生法治教育及有关课程落实的有效性降低，并不利于法治教育的持续、健康、高质量发展。对于此种情况，高校应当不断创新课堂形式，通过案例教学法、情景喜剧、模拟法庭、知识竞赛、宪法宣传周等形式，不断调动大学生学习法治知识的积极性。同时要利用最新发生的典型案例，通过社交平台以案普法。高校也要合理利用社会大课堂，带领大学生在社会生活中主动吸收法治知识，积极参加法治实践活动，在与社会的良性互动中提高法治素养。

4. 除思想道德与法治中涉及的法治教育部分外，您的日常生活中是否还有其他地方涉及法治教育内容（　　　）

A. 是

B. 否

调研结论： 在有效的 1500 份样本中，63％的高校大学生表示除思想道德与法治中涉及的法治教育部分外，其日常生活中还有其他地方涉及法治教育的有关内容；37％的高校大学生表示除思想道德与法治中涉及的法治教育部分外，其日常生活中未有其他地方涉及法治教育的有关内容。问卷数据说明，当下大学生法治教育有关内容除依托校内课程外，其日常生活中大部分也会涉及法治教育，法治教育的影响力和扩散度不断增强，有助于大学生形成正确的法治观念，使得其成为具有现代法治观念的社会主义建设者，同时有助于大学生维护自身的合法权益，当合法权益受到非法侵害时，能够通过所学的法治知识保护自己。

5. 您的日常生活中涉及哪些方面的法治教育内容（　　　）

A. 未成年人保护

B. 大学生就业权益保障

C. 行政方面法律法规

D. 其他方面

调研结论： 在有效的 1500 份样本中，20％的高校大学生表示其日常生活中还涉及未成年人保护方面的法治教育内容，40％的高校大学生表示其日常生活中还涉及大学生就业权益保障方面的法治教育内容，20％的高校大学生表示其日常生活中还涉及行政方面法律法规的法治教育内容，20％的高校大学生表示其日常生活中还涉及其他方面的法治教育内容。总体看来，大学生除校内学习课程外，更多地在日常生活中涉及就业权益保障内容，这与大学生成长发展亦是紧密联系的，在一定程度上反映出高校今后也应该在大学生就业权益保障等方面着手进行法治教育。结合大学生实际需求、聚焦焦点，既能够帮助法治教育从理论逐步过渡到实践，又能帮助高校大学生提高学习法治知识的兴趣，促进法治教育的具体落实与作用发挥，彰显法治教育的成效。

6. 您对您所就读的高校法治教育有关课程的授课效果评价基于何种因素（　　）

A. 授课教师的专业度

B. 授课形式的多样性

C. 授课内容的实用性

D. 课堂参与感

调研结论：在有效的1500份样本中，24％的高校大学生表示其对于所就读的高校法治教育有关课程的授课效果评价基于授课教师的专业度，32％的高校大学生表示其对于所就读的高校法治教育有关课程的授课效果评价基于授课形式的多样性，23％的高校大学生表示其对于所就读的高校法治教育有关课程的授课效果评价基于授课内容的实用性，21％的高校大学生表示其对于所就读的高校法治教育有关课程的授课效果评价是基于课堂参与感。问卷结果表明，在大学生法治教育及有关课程教学的过程中，要注重授课教师的专业性、授课形式的多样性、授课内容的实用性、学生课堂的参与感，多措并举，要提高教师的专业素养、提高学生的参与感、充分调动学生的积极性，不能对大学生的法治教育泛泛而谈、敷衍了事，才能充分进行大学生所认可的法治教育，有助于法治教育的发展和有效落实。

7. 您对宪法、民法、刑法的了解程度为（　　）

A. 完全没听过

B. 听过，对其中内容有一定的了解

C. 比较熟悉，对其中内容有较清晰的理解

D. 非常熟悉，能够熟练运用其中内容

调研结论：在有效的1500份样本中，1％的高校大学生表示完全没有听过宪法、民法、刑法有关内容；42％的高校大学生表示听过宪法、民法、刑法并对其中内容有一定的了解；31％的高校大学生表示听过宪法、民法、刑法并对其中内容有较为清晰的理解；26％的高校大学生表示听过宪法、民法、刑法并对其中内容非常熟悉，能够熟练运用。宪法、民法、刑法是当下"曝光率"较高的法律，结合数据调研结果可得出，对当下"曝光率"较高的法律，大学生

普遍都有较为充分的了解，在一定程度上体现了法治教育的成效，说明当下大学生法治教育是具备一定影响力的。

8. 您从何处了解到宪法、民法、刑法有关内容（　　）

A. 学校课程

B. 辅导员讲授

C. 新媒体（如微博、微信、抖音等）平台

D. 期刊、报纸等

E. 自己感兴趣，进而自主了解

调研结论：在有效的 1500 份样本中，32% 的高校大学生表示其了解宪法、民法、刑法有关内容是依靠学校课程，11% 的高校大学生表示其了解宪法、民法、刑法有关内容是基于辅导员讲授，35% 的高校大学生表示其了解宪法、民法、刑法有关内容是通过新媒体（如微博、微信、抖音等）平台，16% 的高校大学生表示其了解宪法、民法、刑法有关内容是从期刊、报纸等载体获得，6% 的高校大学生表示其了解宪法、民法、刑法有关内容是因为自己感兴趣，进而自主了解。此调研结果说明，当下大学生法治教育有关内容的主战场还是在大学生法治教育课程、新媒体平台，要促进大学生法治教育得以持续性发展、法治教育得以有效落实，就要借助有关课程和新媒体平台，这是进行大学生法治教育的良好方式。

9. 除宪法、民法、刑法外，您对其他法律（如行政法）的了解程度为（　　）

A. 完全没听过

B. 听过，对其中内容有一定的了解

C. 比较熟悉，对其中内容有较清晰的理解

D. 非常熟悉，能够熟练运用其中内容

调研结论：在有效的 1500 份样本中，52% 的高校大学生表示其除宪法、民法、刑法这类"曝光率"比较高的法律外，完全没听过其他的法律；33% 的高校大学生表示听过其他的法律并对其中内容有一定的了解；11% 的高校大学生表示对其他法律比较熟悉并对其中内容有较为清晰的理解；4% 的高校大学生表示对其他法律非常熟悉并能熟练运用其中内容。根据调研结果可以得出，对于除宪法、民法、刑法这类"曝光率"相对更高的法律，很大一部分高校大学生对其他法律并没有比较透彻的了解，这很直观说明当前我国的大学生法治教育还未形成体系，整体的法治教育存在"偏科"的情况，且基于高校大学生法治教育未形成体系，大学生在法治教育的过程中往往仅对某一方面或某几方面的某些

内容有一定的认知，但对于其他内容往往一无所知，大学生法治教育呈现出较为严重的"碎片化"现象，这不利于大学生法治教育得以良好落实。

10. 您所就读的高校日常思想政治教育工作的教育主体主要是（　　）

A. 辅导员

B. 专业课教师

C. 校院级领导

D. 不清楚

调研结论：在有效的 1500 份样本中，89％的高校大学生表示其所就读高校日常思想政治教育工作的教育主体为辅导员，6％的高校大学生表示其所就读高校日常思想政治教育工作的教育主体为专业课教师，4％的高校大学生表示其所就读高校日常思想政治教育工作的教育主体为校院级领导，1％的高校大学生表示不清楚其所就读高校日常思想政治教育工作的教育主体。综合问卷结果可以得出，当下各高校的日常思想政治教育工作主要依托辅导员进行，促进思想政治教育工作与法治教育工作相融合，有利于通过辅导员这一桥梁纽带，在思想政治教育工作中融合法治教育，进而推动大学生法治教育的落实。

11. 您所就读的高校是否有将日常思想政治教育工作与法治教育工作相结合（　　）

A. 是

B. 否

调研结论：在有效的 1500 份样本中，24％的高校大学生表示其所就读高校在日常思想政治教育工作中将法治教育元素进行了有效结合，76％的高校大学生表示其所就读高校在日常思想政治教育工作中并未将法治教育元素进行有效结合。调研结果显示，当下高校日常思想政治教育工作中仍较少体现法治教育元素，高校日常思想政治教育工作在一定程度上是最贴近大学生日常生活工作的，要促进大学生法治教育工作稳步前行、得以有效落实，就一定要促进大学生法治教育工作融合进高校的日常思想政治教育工作中，推动双向促进的良性循环发展。

12. 您对您所就读的高校思想政治教育同法治教育相结合建设的效果如何评价（　　）

A. 效果非常好

B. 效果比较好

C. 效果一般

D. 效果不太满意

E. 效果不满意

调研结论：在有效的 1500 份样本中，此问题呈现出的调研结果存在集中性，具体表现为，5％的高校大学生表示其所就读高校的思想政治教育同法治教育相结合建设的效果非常好，90％的高校大学生表示其所就读高校的思想政治教育同法治教育相结合建设的效果一般，5％的高校大学生表示其所就读高校的思想政治教育同法治教育相结合建设的效果不太满意。问卷结果充分反映两个现实问题：第一，在 1500 份样本当中，仅有 360 份表示其所就读高校将思想政治教育同法治教育相结合，占据比不足总样本的四分之一，表明当下高校日常思想政治教育工作与法治教育工作结合范围并不广泛，高校日常思想政治教育工作与法治教育工作结合存在不足。第二，在 360 份表现了高校思想政治教育同法治教育相结合建设的样本中，许多高校大学生表达出自己所读高校有关工作建设效果不尽如人意、不理想，高校思想政治教育同法治教育结合建设工作仍然需要继续不断建设与完善。

13. 您认为高校是否有必要将日常思想政治教育工作与法治教育工作相结合（　　）

A. 是

B. 否

调研结论：在有效的 1500 份样本中，98％的高校大学生表示高校有必要将日常思想政治教育工作与法治教育工作相结合，仅 2％的高校大学生表示高校没必要将日常思想政治教育工作与法治教育工作相结合。明显的调研数据差表明，当下高校大学生普遍认为高校有必要将日常思想政治教育工作与法治教育相结合，高校将日常思想政治教育工作与法治教育工作相结合应当予以支持并且长期开展。

14. 您认为高校思想政治教育同法治教育相融合面临的困难是（　　）

A. 资源不足（如专业教师资源不足）

B. 有资源，但资源整合运用缺乏效率

C. 高校对思想政治教育工作与法治教育工作重视度不够

D. 大学生法治教育工作体系建构不足

E. 高校思想政治教育内容不丰富，无法涉及法治教育

F. 大学生法律意识或思想意识不够强

G. 缺乏教育保障（如有关教育立法或制度建设不足）

调研结论：在有效的 1500 份样本中，认为高校思想政治教育同法治教育相结合面临的困难综合排序从高到低依次为：大学生法治教育工作体系建构不

足；缺乏教育保障（如有关教育立法或制度建设不足）；高校思想政治教育内容不丰富，无法涉及法治教育；资源不足（如专业教师资源不足）；高校对思想政治教育工作与法治教育工作重视度不够；有资源，但资源整合运用缺乏效率；大学生法治意识或思想意识不够强。以问卷结果为参考可以为今后具体落实高校思想政治教育同法治教育相融合提供良好且可行的决策建议，有助于今后思想政治教育同法治教育更好融合。

第六章　完善新时代大学生法治教育工作体系构建

一、增强高校法治教育工作顶层设计的系统性

推动高校法治教育是提升学生法治素养的必要途径，是全面推进依法治国的关键，对于促进社会主义法治建设具有重要意义。2020 年 7 月，教育部发布《关于进一步加强高等学校法治工作的意见》，旨在推动治理体系和治理能力的现代化，以及全面推动高校依法治校，将法治思想融入教育教学，贯穿学校的全部活动，保障新时代大学生法治教育的有效实施。党的二十大报告第一次将全面依法治国作为一个单独的章节来展开讨论，强调了全面依法治国是国家治理的一场深刻革命，还指出要在法治的轨道上推进国家治理体系和治理能力的现代化，要将"以德治国"与"以法治国"相统一，使"以法治国"与社会发展相融合，与高校建设相融合，与我们的日常生活相融合。2023 年 2 月 26 日，中共中央办公厅、国务院办公厅印发了《关于加强新时代法学教育和法学理论研究的意见》，专门针对法律学科作出相关要求，体现了国家对法学学科的重视、对新时代高校法治教育的重视，强调了提升大学生群体的法治素养对于促进国家和社会长足发展、提升个人能力和综合素养具有重要意义。

（一）进一步明确法治教育工作的重要地位

以人民为中心，满足人民日益增长的美好生活需要，是中国共产党执政的根本目标。随着经济的稳步提升、社会的迅猛发展，人民对生活水平的要求也不断提升，法治工作的重要性也日益显现。大学生群体具有独立性、可控性、依附性、多元性等鲜明特征，他们思想活跃、热情洋溢、精力充沛、想法新颖，是法治教育工作开展的重点对象。且大学生群体作为社会发展的中坚力量，对于拉升国民整体法治素养、推动全面依法治国再上一个新台阶具有重要

意义。从政治层面来看，出台的相关政策、文件都凸显了法治教育工作的重要地位。中共中央宣传部、司法部在进行法治宣传教育的第八个五年规划中，提出要不断提高公民的法治素养，强化对青少年的法治教育。《青少年法治教育大纲》由教育部、司法部和全国普及法律知识办公室联合发布，为各个阶段法治教育工作的开展提出政策性指导。其中对高等教育阶段做出明确要求，不仅要系统学习社会主义法治体系建设的内容与机制，还要将理论知识活学活用于开展法治实践活动的过程中。

法治是时代永恒的主题，法治教育是时代的强音；法治是时代的必然选择，法治教育更是一针强心剂。从经济层面来看，经济社会的发展决定政治的发展，社会主义市场经济归根结底是法治经济，社会主义民主政治更是建立在法治的基础上的，法治工作与经济社会和民主政治是齐头并进的，而当前经济和政治的发展要求法治教育工作加快完善的步伐。重视新时代大学生法治教育工作的开展，促进全面依法治国工作的推进，更好汇聚民族复兴、不畏艰难、砥砺前行的磅礴力量。时代呼吁我国社会主义法治日益完善和依法治国事业全面推进，抓住高校法治教育，是党领导下的正确决策，彰显了党对法治工作规律的深刻认识和把握。

（二）进一步完善法治教育工作的体制机制

随着外部环境的复杂多变、教育对象的观点观念以及接受教育方式的转变，经济和社会的发展带来教育技术的进步与变化。法治教育工作的体制机制、手段策略、观念理念以及经验办法都日益略显乏力，那种仅靠片面的、浅薄的普法教育以及仅仅针对法学生开展的课程教育教学，无法达到总体提升高校大学生法治素养效果。目前，大多非专门政法类的高校都未开设相关法治教育课程，缺乏完整的法治教育体系，大学生缺乏从专业的教师或者专业性较强的课堂获取法律知识的渠道。在大学里，辅导员是最接近学生的一群人，对学生的了解最多、影响也最大。但绝大多数辅导员都局限于相关学生工作和学生的心理辅导，没有足够重视大学生的法治教育。因此，需要完善新时代法治教育工作体制机制，丰富高校法治教育课程，加强各系统之间的协同配合，以宪法教育为基点，重视辅导员对青年大学生法治素养的培育引领作用，突出高校法治教育对大学生法治素养的提高和法治信念的培养的重要作用[①]，减少内部

---

① 以上观点参见刘荔云：《论应用型高校法治教育质量提升策略》，《湖北经济学院学报（人文社会科学版）》，2020 年第 2 期，第 141～143 页。

互斥效应，加强各系统间的协调联动，形成合力育人的法治教育机制体制，使法治教育工作体系逐渐完善，培育知法懂法守法用法，符合社会要求和新时代法治要求的大学生。

同时，对于外国高校法治教育的举措、经验和方法，要用辩证的观点看待——取其精华，去其糟粕。日本制定了新媒体环境下高校的法治教育原则，值得我们借鉴与运用。他们通过相关数据分析以及新型媒介的有效沟通，从而为师生提供统一且形式丰富的法治教育资源，能有效解决法治教育地区资源分配不均的问题。我们要建立健全相应的领导机制、运行机制以及评价机制，提升制度的规范合理性以及稳定实施性，不断完善体制机制的可操作性，只有这样，法治教育的体制机制才不会沦为一纸空文。

（三）进一步丰富法治教育工作的科学方法

法治教育工作的科学性离不开创新，创新是发展的第一动力，是相关理念和方法焕发生机与活力的重要原因，亦是法治教育工作科学有效的重要前提。随着时代的进步，党和国家事业与时俱进、开拓创新，在继承与发展优良传统法治教育方法的同时，也要积极探索和创新法治教育的理念和方法，让法治教育与时俱进，不断为其注入时代活力，让新时代大学生群体逐渐提高对我国法治社会构建的接受度与自信心。

法治教育工作的科学性离不开具体的实际，是否结合实际是检验法治教育工作科学性的重要因素。法治教育只有符合实际并且针对具体存在的社会问题和现象进行修正，遵循从实践中来、到实践中去的原则，才能保持其科学性。法治教育工作的科学性离不开教育方法及政策可持续性地开展贯彻。所谓可持续性，是指法治教育工作的方法、形式既要立足于当下更要着眼于未来。在出台或者推行某种法治教育方法和工作时要立足于大局，用发展的眼光，考虑未来可持续开展的可能性与风险度。"朝令夕改"的工作安排是不具有信服力与可持续实施性的，这不仅会破坏大学生对法治教育工作的信任，也不利于大学生群体法治素养的连贯性提升。可持续性法治教育是在长期、连贯、系统的教育学习过程中，使学习者掌握深刻、牢固的法治知识，并在此基础上树立正确的法治观，丰富中国特色社会主义法治意识形态，从而实现学生的可持续性发展。科学的方法要求我们，首先要把显性教育和隐性教育结合起来，使隐性教育寓于显性教育之中，二者互为表里。离开隐性教育，显性教育会显得空洞无内涵。如果离开了显性教育，隐性教育就会失去依托，失去立足之地。其次，要灵活开展法治教育工作，因地制宜、对症下药。由于当代大学生个性鲜明，因此不能始终死板、机械地套用传统法治教育的方法和理论。最后，我们要坚持思想与实际相结合，思想问题不能脱离物质社会，物质社会要充分结合思想问题。我们在丰富高校法治教育理论的同时，也要把它与具体实际结合起来，这样才能把法治教育分细、缩小、落实。

（四）进一步促进法治教育工作的有效性

坚定法治信仰是法治教育工作有效性的重要前提。所谓"法者，治之端也"[1]，是指懂得为什么要实施全面依法治国、怎样建设成社会主义法治国家，要明确全面依法治国的总体布局和基本框架，牢牢掌握依法治国的方式方法、具体要求、总体目标，做知法懂法守法的新时代青年，用法治思想规范自己的言行举止。因而，作为优质青年的集中"培养皿"，高校在进行法治教育时，要关注学生的法治意识培养，从日常生活中的案例或发生的事实出发，引导学生立足法治角度进行切入与开发，发现问题、思考问题、分析问题、解决问题，培育其法治思维和法律思考能力，最终多方平衡采取相对最优方法，从结果中总结有效性与不足处。

法治教育的有效性突出表现为其是否能为新时代的大学生接受和认可，而接受度和认可度与教育内容的难度挂钩。如果内容太难、专业性过强、知识点过于深奥，最终会导致学生接受信息的能力降低，出现理解偏差或者无法理解的情况，并不能起到法治知识和理念的传播效果；如果内容过于简单、无专业性且知识点过于浅薄，也会导致学生学习积极性和学习兴趣的降低，出现不愿意学、不值得学的心态，降低法治知识和理念的传播效果。实效性是法治教育工作有效性的重要表现，加强对新时代大学生法治教育的培养，有利于提升大学生在未来就业或者日常生活中的自我甄别与保护能力，使其能够合理合法地维护自身权益，同时，还有利于强化学校法治教育开展的主动性与生动性，提升高校对法治教育工作的重视程度。针对性是法治教育工作有效性最大化的助推剂，目前看来，在全社会普遍推行法治教育的可行性较低，"眉毛胡子一把抓"式的法治教育，只会"竹篮打水一场空"。我们要坚持重点论，相较而言，高校大学生的总体文化水平和文化素养较高，是今后社会发展的新生力量，是中国梦的中流砥柱。因此，我们应当抓住高校大学生这个关键群体，增强法治教育工作的针对性，针对大学生群体深入开展法治教育工作，争取早日在普法教育的关键点取得重大突破，为全面推进全社会法治教育酝酿充分的底气与自信。

---

[1]　王先谦：《荀子集解》，沈啸寰、王星贤整理，中华书局，2012年，第226页。

二、增强高校法治教育工作整体布局的完整性

随着高等教育改革的不断深入，广大师生对学校教育民主、公平、法治、正义的要求越来越突出，对法治教育的呼唤也越来越热切。同时，学校教育教学的自主权进一步落实，高校教育教学活动更加灵活机动，在此积极背景下，高校法治教育的推进和落实更显重要。法治教育工作应当具有系统性和完整性，它是有机统一的整体，而非各行其是的单行者。因此，在开展法治教育工作的时候，高校要立足于整体，着眼于全局，才能系统设计高校法治教育工作，坚持正确的政治方向，促进法治教育与高校其他教育教学内容相交叉，推进整体的融合发展。这也要求高校在规划的过程中，在开展法治教育工作时，强调整体观和系统观；在方式方法上，强调综合性和协同性。

（一）加快构建高校法治教育工作的大格局

立法、司法、执法与懂法、守法、尊法共同塑造法治大国的肉身与灵魂。法治教育，作为催生我国法律躯壳内丰满灵魂的生长素，应当契合法治骨骼——法律，努力向系统性和整体性方向发展。系统性是指一个系统的组成部分之间的关系，而整体性则是指一个系统的整体结构之间的关系，它们之间相互联系，从而形成一个完整的整体。法治教育涉及广泛主体、众多要素与不同方面，是一项系统工程。新时代加快构建法治教育工作的大格局，要凝聚各方力量，统筹各方手段，将各主体拧成一股绳，形成纵向到底、横向到边、层次立体、全面覆盖的高校法治教育工作的大格局。

第一，要坚持依法治校正确的政治方向。坚持党对依法治校工作的全面领导，深入贯彻中国特色社会主义法治理论，进而确保高校法治教育工作在党的领导下方向正确。

第二，在推进法治教育工作时，高校要始终坚持以人民为中心，一切为了人民，一切从人民出发。人民是一切工作开展的立足点，在开展高校法治教育的过程中要把体现人民利益、维护师生权益的观念贯彻到依法治校工作的全过程和各方面。

第三，要打造专业化、高效率的工作队伍。专业化要求配齐法治教育工作的骨干队伍，他们具备一定的法学知识基础，从而保障高校法治教育工作开展的科学性。高效率要求充实和优化兼职工作人员，不断扩大志愿者工作人员，确保法治教育相关工作有序高效开展。

第四，要充分利用高校的各种文化设施和阵地，比如高校的法治教育中心、与学生联系紧密的辅导员办公室、图书馆里的法治角落等，充分发挥多空间、多教育主体在法治教育中服务师生、引导学习的作用。

（二）加快统筹法治教育师资力量的大布局

大学是目前培养法治人才的第一阵地，而教师则是培养法治人才的主力军。大学生还未进入社会，教师教授是学生汲取知识的主要来源，会对其当下认知与长期发展产生重大影响，法治观作为法治国家公民需要终身丰富的重要知识，应当被重视。高校教师的法治知识、法治态度以及法治教学的水平都会直接影响学校法治教育的成果。教师没有受过系统的、专门的法治教育培训，就很难拥有相对专业的法治教育水平。学校可以针对教师的法治素养和教学能力，进行相应的培训，提高教师的专业水平，提高教育教学质量。高校法治教育对教师提出了既要具有全面的法治知识，又要加强与学生的联系，了解当前大学生精神状态和高校法治教育工作开展状况的要求。教育主管部门可以搭建全国法学教师专业发展平台，鼓励高校法学专业教师和辅导员参与平台的学习，从而提升他们的法治素养，加强法学教育工作者队伍的建设，切实解决好、落实好"教什么、怎么教、为谁教"等一系列重要的、根本性问题。从而，在理论上，让高校的法律教师能更从容、更专业地应对学生提出的问题，并给出科学的解答；在实践中，高校法律教师能很好地帮助学生解决遇到的实际法律问题，让他们感受到法律的力量和教师的法治素养。

（三）加快完善"第一堂课"，扣好青少年人生第一粒纽扣

学校是青少年群体学习生活的重要场所，对青少年的影响至关重要。所谓"第一堂课"就是指在青少年心中种下正确的法律价值观种子。如小学初中的道德与法治课程以及高中的思想政治课程，该类课程都是在引导青少年树立正确的价值观、坚持正确的价值倾向、了解相关权利义务。教育主管部门可以出台相关的文件，把法治教育类课程的学习和开展作为高校法治教育工作考查的重要指标，促进各地区、各高校严抓落实这些课程，没有开设此类课程的地区鼓励立即开设，且要由思想政治专业的教师或者法学专业的教师来讲授此类课程，提高此类课程的教学质量与趣味性，让大学生学有所获、学有所得，从而加强中小学课程体系与高等教育课程体系的衔接，扣好青少年人生的第一粒纽扣。

（四）加快落实"第二堂课"，用实践引领青少年树立人生的正确方向

实践是最好的老师，实践是检验真理的唯一标准。所谓"第二堂课"就是依托相关实践活动，从而提高大学生的法治素养、增强他们遵纪守法的意识。比如说，教育部每年都会举办的"学宪法、讲宪法"活动，这对青年学子规矩意识、法治意识的培养至关重要，学校要积极宣传此类活动，号召更多的学生参与进来。鼓励各大高校建立青少年法治教育中心。所谓青少年法治教育中心是指青少年法治教育的实践基地，体现法治育人理念，宣传相关法治知识，主要针对青少年群体，以正面熏陶、互动体验等方式促进法治知识的宣传。青少年法治教育中心会派专家学者坐镇，让有困惑、有法律问题的同学有可以咨询和解决困惑的途径和地方。高校借助案例宣传发挥警示作用，可以多开展模拟法庭、经典案例讨论课、法治情景剧等实践课程，将法典与我们现实生活结合在一起，引导大学生从真实的案例讨论分析中，反思自身存在的一些问题，在未来人生中遇见类似事情时能从心理上约束自身行为，从而达到防微杜渐的效果。

三、增强高校法治教育工作实施推进的协调性

完善新时代高校法治教育工作的体系构建是一项长期工作，需要持之以恒，一代接一代地传递下去。要让法治教育融入高校的正常教育教学，严抓落实这项工作，注重细节，以一体化、有效化、常态化、长期化的姿态推进高校法治教育工作。

（一）打好新时代高校法治教育工作的组合拳

高校法治教育要坚持以习近平新时代中国特色社会主义思想为指导。党的二十大报告首次单独把法治建设纳入专章论述、专门部署。习近平总书记在报告中 23 次提到法治一词，这都彰显了法治的重要地位以及高校法治教育开展的必然性和可行性。教育部要发挥在高校法治教育中的领衔作用，主动作为，把大学生法治教育工作摆上重要日程，推行相关政策建议，保障高校法治教育的开展有章可循。家庭要发挥在高校法治教育中的推进辅助作用。家庭教育存在灵活性、丰富性和可开展性等特征，家长通过生活中的一件小事、一个行为能随时随地对孩子进行相关知识的教育，反映出家庭教育至关重要。高校可以

通过短信平台或者相关学习官网呼吁广大家长提高自身文明素养、增强自身法治观念。家长也可以通过阅读与法治相关的书籍，参与社区或高校组织的一些普法讲座或普法宣讲，浏览相关普法教育网站，从而提升自我的法律意识与法治观念。家长要重视对孩子法治观念的培养，打造良好的家庭法治学习氛围，真正意义上形成家校合力，共同培育孩子的法治意识。各大高校负责人要做本校法治教育的第一责任人，高校对法治教育重视程度的高低关系着高校法治教育推进的顺利与否，各大高校只有做到思想上的高度重视、行动上的高度负责，才能扎实开展法治教育工作，进而提高学生的法治素养。新时代、新征程对法治教育工作提出了总体的要求，责任单位与参与单位都要明确自身的任务和要求，整合高校、家庭、社会之间的力量，充分用好各种资源，打出法治教育工作的组合拳，进一步理顺体制机制、筑牢基层基础、增强保障力量。

（二）抓牢高校法治教育工作的关键点

打蛇打七寸，解决关键点才能加快落实法治教育工作。把以宪法教育为出发点和以提升大学生法治素养为落脚点作为现阶段高校法治教育的关键点，各大高校要加强对大学生的法治教育，特别是要把宪法作为普法的第一要务，将宪法教育贯穿于大学生的整个成长过程[①]。在"八五"普法工作中，加强对大学生的法治观念的培养，是当前我国法治建设的重要内容。高校认真组织落实"八五"普法计划，将宪法宣传工作纳入大学生法治素质提高工程，形成遵守宪法、维护宪法的良好风气，利用宪法宣传的教育功能，举办"宪法宣传周"，使宪法走进生活、走进课堂。同时，高校还应制定本校的普法规划，配合全国普法和教育系统普法规划同时施行，还要充分发挥课堂的主渠道作用，将宪法精神渗透到思想政治理论课等课程中。在校园中，高校要大力推进法治文化的建设，对参与式、实践式教育进行探索，并强化与司法实践部门的合作，从而提高法治教育的传播力、导向力和影响力。在学校领导和全体教师中，要形成一套完整的法治教育体系；学校党委的理论学习中心组一年要有一次以上的法治教育专题学习。

法治素养既是当代大学生思想道德素养的重要内容，也是大学生进行学习、生活和社会交往的现实需要，更是大学生在新时代走上工作岗位所必备的核心素质和基本能力。提高高校学生的法治素养，是提高学生整体素质的关

---

① 以上观点参见张阳：《开展以宪法教育为核心的高校法治教育论析》，《思想理论教育》，2021年第11期，第94～97页。

键。法治素养要求新时代大学生具备健全的社会主义法治知识、高度的精神向往、严谨的法治思维，自觉地维护社会主义法治文化①。法治知识的概念和内涵都较为深刻甚至有些深奥，要熟练掌握法治知识，大学生要扩展法律知识储备、丰富法律知识内容，积极参与法律相关活动，积累实践经验。法治意识的培养是自主的、自发的，拥有健全法治意识，首先尊崇宪法和法律的思想和精神要积极；其次增强自我的规则意识，要懂规矩、守法律，明确法律的底线和规则的红线；最后要增强程序意识，程序正义是一切法律活动开展的基础，遵守程序要求，形成程序观念。法治思维能力是指遇到问题时运用法律解决问题的一种思维模式，要求树立平等、理性、多维度的思维。自觉维护社会主义法治文化是大学生法治素养外化于行的表现，体现为大学生群体带头树立崇高的法治信仰、对法治文化有高度的自信和饱满的热情，自觉成为社会主义法治文化坚定的崇尚者和捍卫者。总之，培养当代大学生的法治素养，要不断加强法治知识的学习，养成用法治思维和法治方法解决日常生活中的问题的习惯，坚守法律底线、坚守规则红线，培养并提高学生的综合素养。

（三）形成高校法治教育工作的一盘棋

高校法治教育工作具有普法宣传性质，内容丰富、与时俱进、思想性强等是高校法治教育工作的显著特征。但法治教育工作不能只是空喊口号，必须立足实践，深入实践。因此，把握好高校法治教育工作的思想层面与实践层面，形成高校法治教育工作的一盘棋，是增强高校法治教育工作实施推进的协调性的重要环节。从思想层面出发，高校法治教育工作的全过程都需要用法治与教育的思想和方法来串联，彰显思想的引领作用。

在高校的法治教育工作中，教师具有非常关键的作用。所以，教师要利用参加专题培训、专项课题研究等方式，来提高自己的理论水平，对法治教育的重大意义有更深层次的理解，通过集体备课、教学比赛、督导评课、运用新媒体等方式，来提高自己的教学能力。高校法治教育主体要引导高校学生正确认识我国的国情，提升其思想道德修养和法治素养，提高他们在实践中运用社会主义法治思想进行分析和解决问题的能力；结合党和国家的战略、中国实际、世界局势、法治教育工作的需求以及高校学生的自身特征，充分体现学生的主体性、参与性，建立具有系统性、完备性、科学性、规范性的运行机制；立足

---

① 以上观点参见刘敏、赵璐：《新时代大学生法治教育的困境及出路》，《忻州师范学院学报》，2020年第3期，第85~88页。

于中国特色社会主义的伟大实践和全面推动中华民族伟大复兴的历史进程，根据我国发展所面临的实际问题，探讨和构建新型的法律教育体制，提高法律教育的质量；结合中国发展大势，与时俱进，用具有创新性的理论成果武装高校学生头脑，实现高校以德立人的培养目标。

从实践层面出发，高校法治教育工作必须立足中国实际。高校法治教育主体要注重高校法治教育工作的实践引导，对教学内容进行系统梳理，对教学模式进行改革，对教学方法进行创新，开展丰富多样的实践教学，用现实生活中发生的案例阐释先进的法治理念；要组织学生模拟法庭练习、旁听庭审、进行社会调研等实践活动，引导高校学生将法治思想"内化于心，外化于行"；聚焦社会热点，紧密结合现实，不回避相关争议问题与突出问题，充分回应高校学生的兴趣点与困惑处，在法治教育实践中引导高校学生树立正确的价值观与法治观；根据现实需求，对高校的法治教育有关内容进行及时的调整、补充和完善，让其能够准确地体现并反映出最新的理论成果，让教学内容与创新理论成果保持在一个相同的水平上，从而提高教育的针对性。

（四）巩固高校法治教育工作新成果

取得成果来之不易，守住成果也至关重要。总结好、运用好、巩固好法治教育的成果，是扎实推进法治教育后续工作再上新台阶的重要前提。一方面，要加强法治教育工作的管理。在体制机制、实施方法和手段、内部结构、课程体系等确定的条件下，让法治教育工作稳步运行的关键是加强对其的约束和管理。无规矩不成方圆，只有加强管理和约束才能让高校法治教育在合理且正确的范围内运行。另一方面，高校要不断改进法治教育工作中出现的不足。发展是新事物不断战胜旧事物，是发现问题、分析问题、解决问题的过程。唯有不断完善自身的缺陷，才能使法治教育充满生机与活力。

四、增强高校法治教育工作效果评价的科学性

评价是指对客观存在的事物和现象通过相应的标准和方法进行判断、分析后得出的相关结论。教育评价是与教育活动相伴而生的一种教育活动，它是高校法治教育工作发挥功能和作用的一个重要环节，高校法治教育工作功能作用发挥的大小、效果的好坏，需要对其进行评价和衡量。大学生法治教育评估的科学问题，就是对法治教育评估是否具有客观性的认识，这是一种教育评估的理论问题，也是一种教育评估必须正确回答的问题。而教育评估的科学化问

题，就是在评估活动中，是否能够将主观的干扰因素排除在外，这是一个在评估过程中，必须正确对待的教育评估实践问题。在此基础上，构建全面的法治教育评估体系，使法治教育工作真正成为一个闭环，对于深化教育整体改革、构建优质教育系统具有重要意义。

（一）明确高校法治教育工作效果评价的基本原则

进入新时代，随着社会的发展、体制机制的改革、方法手段的变化以及其他各方面改革探索的不断深入，法治教育也不断提出新的要求，因此要进一步明确高校法治教育工作效果评价的基本原则。

第一，要以政策导向性为基本依据。加强高等学校法治工作，全面推进依法治教、依法办学、依法治校。积极响应党中央的号召，紧跟党中央的步伐。

第二，坚持以实践是否贯穿始终作为高校法治教育工作是否科学的评判标准。脱离具体的实践，会让高校法治教育工作冠上假大空的名头。各高校要从法律法规的角度，结合学校的实际情况，研究并制定相应的考核标准和办法，强化对学校各个部门和各个岗位工作人员的法治工作效绩的考核，并将最后的考核结果作为对各个部门综合考核的一个重要组成部分。依法治国是一项重要的工作，在进行法治教育的过程中，各高校遇到的疑难、重大案件，或有可能造成重大影响、危害社会稳定的案件，要及时对经验进行总结，对存在的问题进行分析，并将相关情况向主管法治教育的部门汇报。对于可能造成较大影响的多所学校，有关部门应建立协调会商机制。

第三，要以法治教育的内在规律性作为重要遵循，要尊重法治教育的工作规律、学生接受法治教育的学习规律，紧紧围绕高校学生的成长发展需求并结合思想政治教育来设计评价标准和评价方法，使其科学有效。

（二）统一高校法治教育工作效果评价的标准

我国地域辽阔，人口多样且复杂，资源分布也不均衡。由于各地区发展基础、发展条件不同，各高校的教育水平和教育资源以及教育的基础设施也不尽相同。所以，就法治教育工作的效果评价而言，不同地区、不同级别、不同层次、不同类型的主体之间具有差异是客观存在的，是不可避免的。我们允许这种差异的存在，并且要正视这种差异，差异的存在反而能更好地增强评价的针对性，使评价更加科学客观，能更有效地避免主观性过大和一刀切的评价方法。允许差异的存在，并不意味着我们无所作为，我们要因地制宜缩小差异，可以通过设施资源共享、教育资源互助互换、师资力量平衡调配等方式缩小地区差异。在缩小差异的基础上，制定适合各地区发展水平的评价标准和方法，不要因为评价模块的划分和评价方案的不同，影响评估指标的完整性与协调性。从今后的发展来看，对大学法治教育工作的评价，一定要及时地进行修订，从而保障评价标准的统一性，推动评价效果的提升①。

除此之外，政策性文件只是一种导向和指引，是进行科学评价的一种重要依据但不是唯一依据，不能机械地解读和进行生搬硬套，法治教育工作评价效果的最终立足点应该为实际法治教育工作的实践情况和发展趋势，要充分发挥各地区、各高校的自觉主动性，因地制宜地建立具有自己地区或高校特色的法治教育工作效果评价标准。对于党中央或政府出台的相关政策性、标准性文件没有覆盖到的地区和高校或者没有涉及的领域、环节和要素，鼓励各地方、各高校要积极主动按照政策性文件的指示和基本精神进行部署，精心设计本地区、本高校的效果评价体制机制，不断积累经验、创造条件。统一高校法治教育工作效果评价的标准，把各地区、各高校置于同一天平上，促进法治教育共发展、同进步。

（三）掌握高校法治教育工作效果评价的方法

评价是高校法治教育工作过程中十分重要的一个环节，可以衡量法治教育工作作用发挥的大小、效果的好坏。效果评价是根据是否实现法治教育工作的目的、任务、宗旨等，针对高校法治教育工作开展所得的结果和功效具体开展的评判，有利于调整、改进法治教育工作的整体过程以及自身发展。高校法治教育工作具有复杂性与系统性，效果评价需要落地落实，落细落小。但高校法治教育工作受多种因素的影响，因此，明确高校法治教育工作效果评价的基本原则，建立统一的高校法治教育工作效果评价的标准十分重要。高校法治教育工作效果评价要坚持结果与过程相统一。

高校法治教育过程中的思想与理念是人们认识的结果，是已获得的结果，也是已经过去的结果。在推进高校法治教育实践中，我们不仅希望高校学生了解掌握法治思想与理念，更希望其掌握运用法治思想与理念能力，切实提高自身素养。我们还要充分认识到当前大学法治教育成效评估的复杂与挑战，明晰高校法治教育工作评价开展的实践性，努力实现高校法治教育工作过程的有序

① 以上观点参见冯刚：《高校思想政治教育工作质量评价的时代特点与展望》，《湖北社会科学》，2021年第1期，第160~162页。

性与正确性以及高校法治教育工作结果的有效性，始终立足整体，坚持正确方向，克服错误倾向，切实改进高校法治教育工作中存在的实际问题，统筹兼顾高校法治教育工作的过程与结果。

高校法治教育工作效果评价要坚持微观与宏观相结合。在高校法治教育工作中，宏观是总体方向，微观是具体落实。高校法治教育工作效果评价需要保证自身内部指标的协调性与其他工作评价的协同性。因此评价高校法治教育工作的微观与宏观就是要看高校法治教育工作的总体方向是否正确、具体措施是否落实。

高校法治教育工作效果评价要坚持主观与客观相符合。我们要把握高校法治教育工作的内在规律，遵循高校法治工作规律、教育工作规律、学生发展规律，充分考虑法治思想与理念的内化与外化；注重把握高校法治教育工作中的特殊性，具体问题具体分析。高校法治教育工作效果评价需要符合客观实际，要增强评价的针对性，避免"一刀切"，对于不同层次、不同地域、不同类型主体的评价标准应该存在差异。同时，高校法治教育工作效果评价需要与时俱进，及时进行基本原则、评价标准的改善，确保评价标准的科学性与时代性，推动高校法治教育工作的有序开展，充分发挥各高校的主观能动性。

高校法治教育工作效果评价的最终落脚点是高校法治教育工作的实践情况。所以，我们不能仅仅依赖于已经颁布的、以文字形式写成的政策文件，机械地去理解、去执行。而要坚持这一原则，在尚未出台全国标准的领域，各高校可以主动按照政策文件的基本精神进行尝试，结合高校的自身的效果评价体系，开展效果评价工作[①]。

（四）达到以效果评价促进高校法治教育发展的最终目的

高校法治教育的评估体系必须形成一个闭环，即发现问题、分析问题、解决问题、推动事物发展。各高校要建立健全信息收集的渠道，认真听取学生和教师的建议并且通过科学的评价体系收集当下法治教育存在的问题。通过科学的渠道所反映出来的问题，便是当下法治教育工作开展过程中的痛点和难点。在发现问题后，我们就要勤于思考，透过现象分析该问题存在和发生的客观条件，找出其本质和规律，追根溯源，找到产生问题的根本原因，找准问题的症结所在，对症下药，寻求一个有效的解决方案。问题的解决只是刚刚开始，在

---

① 以上观点参见冯刚：《高校思想政治教育工作质量评价的时代特点与展望》，《湖北社会科学》，2021 年第 1 期，第 160~162 页。

解决问题后，高校要抱有更加长远的眼光，推进持续性改进，促成下一个轮回的循环。通过这样波浪式前进和螺旋式上升的循环模式，实现高校法治教育的不断前进与发展，推动高校法治教育再上一个新台阶。

第七章　大学生法治教育与日常
思想政治教育融合的路径选择

日常思想政治教育是思想政治教育的主阵地，"以学生的学习、生活、交往为出发点，与学生的日常生活紧密相连，是思想政治理论课的有益补充"①，对大学生的思想行为和成长发展起着潜移默化作用。大学生法治教育作为法治建设的重要组成部分，需要在新时代、新要求下不断完善，优化实施，探索大学生法治教育与日常思想政治教育融合的路径，是新时代高校法治教育自身不断发展的内在需求，也是提升大学生法治教育实效性的重要举措。本章从发挥辅导员在法治教育中的重要作用、推动大学生日常管理法治化、丰富日常思想政治教育中的法治教育内容、优化大学生法治教育工作环境四个方面着手，力求提出有效解决当前大学生法治教育开展中存在问题的思路和办法，优化协同作用，形成合力，提升大学生的法治素养，提高高校的人才培养质量。

一、发挥辅导员在法治教育中的重要作用

"高校辅导员是开展大学生思想政治教育的骨干力量"②，承担着培养担当民族复兴大任的时代新人的时代使命，其中一项重要工作就是培养大学生成为社会主义法治的忠实崇尚者、自觉遵守者、坚定捍卫者。大学生法治教育是一项系统性工程，教育主体众多，辅导员是法治教育不可或缺的力量。高校辅导员开展大学生法治教育，要以身作则，依法合规处理学生事务，采用融入式、参与式、启发式、体验式的教育方式，利用第二课堂活动对法治知识进行传播，培养大学生法治思维，引导大学生在生活、学习中遵纪守法，遵守学校规

---

① 宋琳、李丹：《价值、现实与实践：高校日常思想政治教育三维探析》，《理论导刊》，2020年第5期，第128页。

② 教育部：《普通高等学校辅导员队伍建设规定》，http://www.moe.gov.cn/srcsite/A02/s5911/moe_621/201709/t20170929_315781.html，2017年。

章制度，积极参与学校管理和法治实践，提高法治素养，维护自身合法权利。

（一）辅导员在大学生法治教育中的显著优势

"优势是在特定方面持续地取得积极成果的能力。"[1] 高校辅导员作为大学生日常思想政治教育的组织者、实施者和指导者，参与大学生学习、生活的方方面面，对大学生有直接的影响作用。笔者认为高校辅导员在大学生法治教育中的优势主要体现在直接性、精准化、亲和力这三个方面。

1. 高校辅导员开展大学生法治教育有直接性优势

一般情况，辅导员会陪伴学生经历从新生入校到毕业离校的整个四年时间，与学生日常学习、生活接触机会最多和时间最长，与学生联系最为密切，对学生的基本信息、思想动态、学习状况、举止行为有最直接的了解和判断，是能够掌握做好大学生法治教育工作最全面的基本元素。同时，辅导员直接负责学生日常事务的处理，能在日常生活中引导学生遵守学校各项规章制度，能在课堂教学外的学习生活中持续地开展第二课堂的大学生法治教育活动，补充法治教育其他主体与大学生接触方式单一的不足。辅导员在处理学生事务中以身作则，运用法治思维解决问题和推进工作，给学生树立良好的榜样作用，学生就会更积极主动地参与法治教育有关活动，也就能够更好地应用在思想政治理论课中学习到的法治知识。

2. 高校辅导员开展大学生法治教育有精准化优势

辅导员的工作方式决定了辅导员能够深入学生中去，倾听学生内心的声音，第一时间了解他们的具体情况和真实想法，及时帮助他们解决各种实际困难，在这个过程中，辅导员也能够对学生出现的新问题、新现象最早接触和最先感知。特别是高校利用大数据技术平台，形成基于大数据分析的学生画像和预警机制，更利于辅导员精准发现和掌握学生异常。学生遇到自己的合法权益受到侵犯时，往往选择与自己的辅导员进行沟通交流，学校保卫部门也会第一时间与辅导员取得联系，辅导员可以快速响应，及时做出干预和协助，提供帮助建议和心理疏导，保护学生。辅导员还能对学生违反学校规章制度、学生安全等情况及时梳理总结，形成鲜活的法治教育案例，实时共享给大学生，提升辅导员开展法治教育的有效性。

---

[1] 周玮青：《高校辅导员开展大学生法治教育理路研究》，中国矿业大学，2021年，第12页。

3. 高校辅导员开展大学生法治教育有亲和力优势

与其他高校法治教育工作队伍相比，辅导员年龄与学生更接近，工作内容与学生日常生活联系更紧密，再加上绝大多数辅导员有希望迅速与学生打成一片、更好融入学生群体之中的主观意愿，在开展法治教育工作时，辅导员的亲和力具有天然优势。辅导员服务者的"角色，是从关心、指导、帮助学生的角度去解决他们遇到的具体问题和困难，是一项有温度的工作"[①]，这项工作具有思想政治教育春风化雨、润物细无声的效果。同时，辅导员的情感投入更能共情大学生，满足他们的情感需求，打通关爱学生的"最后一公里"，在辅导员的暖心帮扶下，大学生往往能充分感受到理解和温暖。此外，辅导员在与学生的接触与相处中，形成人生导师和知心朋友的关系，在开展法治教育的过程中能动之以情、晓之以理，最终实现开展大学生法治教育的目标。

（二）在辅导员工作中不断根植法治理念

辅导员具有较高的法治素养是其开展大学生法治教育的基础和前提。辅导员能在工作中遵循法治理念，用实际行动引导大学生自觉自愿接受法治教育，与其他法治教育主体协同合作，在大学生法治教育工作中主动作为。笔者认为，在辅导员工作中不断根植法治理念，提升法治教育的效果，可以从明确辅导员在高校法治教育中的角色定位、加强辅导员法治知识的培训、提高辅导员自身的法治素养等多个方面来体现。

1. 明确辅导员在高校法治教育中的角色定位

《普通高等学校辅导员队伍建设规定》明确了辅导员工作的九大职责，辅导员工作繁多，精力有限，大学生法治教育是一项长期的综合的系统性工程，辅导员并不需要包揽法治教育全方位的工作，而是需要和其他法治教育主体协同合作，把宪法教育、权利义务教育贯穿大学生法治教育始终，明确自身开展法治教育的具体要求和阶段目标，积极推动目标的实现。同时，辅导员还应该发挥直接性、精准化、亲和力优势，对思想政治理论课堂法治教育内容和方式进行有益补充，取长补短，让学生接受法治教育的场景拓展到日常生活，挖掘学生学习生活中与相关法律、规定相关的内容，用身边正面案例树立榜样来感染学生，用违纪事件案例来警示学生，引领学生不断深化对法治教育的理解。

---

① 冯刚、刘宏达：《新时代高校辅导员工作十讲》，北京师范大学出版社，2022年，第45页。

高校也应该制定辅导员开展大学生法治教育的工作要求、职责义务、考核奖励机制。

2. 加强辅导员法治知识的培训

加强法治教育专业培训，提升辅导员开展大学生法治教育第二课堂活动的能力，是推进辅导员法治教育建设的重要途径。一是要建立法治教育专业培训的常态化长效性机制。高校要制定系统化的法治知识培训方案，有计划地对辅导员进行掌握大学生法治教育工作的基本规律的培训，开设定制化的法治知识讲座与课程。二是要分层次开展针对性的法治教育专业培训。根据不同专业背景、不同能力层次、不同需求的辅导员开设针对性的培训。尤其是对刚入职的辅导员和理工类专业背景的辅导员，需要围绕新时代中国特色社会主义法治理论进行系统性学习，还要掌握学生事务管理有关法律法规、校规校纪。三是要创新方式方法，多样化开展法治教育专业培训。高校可以邀请法学专业青年教师担任法治教育朋辈辅导员，来配合辅导员开展法治教育管理，还可以通过选派辅导员到法学院挂职锻炼等途径丰富辅导员法治教育培训形式。

3. 提高辅导员自身的法治素养

辅导员自身法治素养水平直接影响着对大学生法治教育的效果。学生事务烦琐，耗费了辅导员大量时间和精力，又涉及学生切身利益，这就要求辅导员需要提高自身的法治素养，合法合规地处理学生日常事务，以起到以身作则的作用。一是要完善规则化思维。辅导员要熟知学校各项规章制度，严格按照相关规则行使权力，避免出现缺位和越位的情况，也要避免出现主观臆断。二是要完善程序合法思维。辅导员对大学生日常事务的处理，不能仅仅追求结果合法，还要按照规定的程序，避免程序违法违规。尤其是处理与学生重大利益相关的事务，如奖助学金评定时，辅导员一定要事先告知所有学生申请的基本条件、具体步骤和相关规则，事中按照规则执行，公开整个过程，做好结果公示，事后做好对结果有疑问学生的解释和权利救济保障，保护学生的合法权益。辅导员要对不同年级学生开展分类精准法治教育。

此外，辅导员还应该熟悉校园安全方面的政策法规，为学生提供安全保障。在应急事件处理中，辅导员必须把握应急处理的法律界限，严格按照相关程序进行操作，避免出现过度或不当的应急处理情况。

（三）推进辅导员法治教育专业化发展

提高辅导员工作的专业化程度是辅导员队伍建设的发展趋势和必然要求。《高等学校辅导员职业能力标准（暂行）》的颁布，加强了对辅导员专业化发展的顶层设计，也对辅导员专业化发展提出了明确要求。

高校辅导员法治教育专业化是指，高校辅导员以提高思想政治教育的实效为目标，在全面履行工作职责的基础上，结合个人兴趣、能力和特长，选择大学生法治教育这一领域作为自己的主攻方向，精耕细作，深化拓展，以开展大学生法治教育的科学性、专业性为基本要求，持续加强自身法治教育领域的专业知识，强化自身开展法治教育的能力，通过长期稳定的工作推动，深入研究，取得标志性成果，成就自我，逐步成为大学生法治教育领域专家的过程。

推进辅导员法治教育专业化发展，应该基于对思想政治教育工作规律、教书育人规律、学生成长规律的把握，可以切实提升大学生法治教育工作的科学性、实效性、针对性，用专业的理论和方法解决大学生遇到的法律问题，增强辅导员在大学生中的影响力和感召力，使宪法教育为统领的法治教育被学生理解和接受并更多地付诸实践。笔者认为，可以从加强辅导员法治教育理论和实践研究、建立辅导员法治教育专项工作室、打造辅导员法治教育精品项目等方面推进辅导员法治教育专业化建设。

1. 加强辅导员法治教育理论和实践研究

理论和实践研究是《普通高等学校辅导员队伍建设规定》中高校辅导员的九大职责之一。新时代高校辅导员要想朝着专业化方向发展，就需要从烦琐的工作中去发现和挖掘其中的本质和规律，及时反思和总结经验教训，创新方式方法，提高工作水平，提升育人实效。高校辅导员开展法治教育科学研究是解决工作中出现的大学生法律问题的需要，提升开展法治教育活动专业能力的需要，加强大学生法治教育有效性和推动自身持续学习促进自我实现的需要。

开展法治教育理论和实践研究除需要辅导员学习、具备和丰富与思想政治教育相关的法律法规以及其他相关学科知识以外，还需要注重以下方面的内容。一是辅导员要坚持问题导向开展研究，就是要从开展大学生法治教育的工作实际出发，精准发现在开展大学生法治教育过程中出现的困难、疑惑、问题，开展系统性的深入讨论，分析问题，厘清问题的历史、现实及未来发展趋势，寻求解决这个问题或者此类相似问题的方法和路径。二是辅导员要追踪前沿热点开展研究，系统学习习近平法治思想这一最新的法治理论，关注与法律法治相关、与大学生联系紧密的时事政治和社会热点内容，注重结合学生关注的法律问题和权利容易受到侵害的领域来追踪研究。三是辅导员要立足专业视角，结合思想政治教育和法学专业，采用与之相应的理论基础和研究方法，选题和立意方面尽可能从小视角切入一个问题，聚焦其中一个小的方面，再持续系统深入研究。此外，辅导员还可以通过参加法治教育相关学科领域学术交流活动、学术会议，做访问学者，参与课题或者项目研究等方式，与国内外相关领域的专家学者进行交流，了解最新的研究成果和动态，为自己提供更为广阔的视野和思路。

辅导员开展大学生法治教育的研究议题和内容有很多，有关于大学生法治观念的调查研究、探索大学生法治教育的有效途径、研究校园安全管理中存在的问题及其解决办法等。以笔者之前主持的"新时代大学生宪法教育的实践路径探究"研究课题为例，本课题以如何加强新时代大学生宪法教育为中心论题，首先通过查阅国内外关于大学生宪法教育、大学生思想政治教育等相关的文献资料，了解学术界在新时代大学生教育、宪法教育等领域的研究进展，从理论上对其进行归纳、梳理及分析。其次通过走访地方人大、教育部门、法学院，与高校思想政治教育课教师和宪法课教师座谈，进一步了解大学生宪法教育的要求和教学目标，根据问卷调查数据进行整理和结构分析，探究当前大学生宪法教育的现状和面临的困境。再次，项目组结合相关理论，通过收集数据及对其他相关资料的分析，尝试创新模式，构建大学生宪法法治教育新体系，并由此提出对策建议。最后，项目组结合专家咨询和科学评估对所构建的新模式和对策意见做出多次信息补足、文本修正，形成最终的研究成果。

辅导员课题团队通过此项目的研究，进一步夯实了思想政治教育、宪法教育相关的理论基础，更加深入开展大学生宪法教育的理论和实践研究。一是丰富和完善高校思政育人的内容，结合大学生所处阶段及大学生宪法观念、法治教育的要求，全面梳理宪法内容，形成合理、系统的宪法教育体系。二是创新和拓展宪法教育实践的路径，强调宪法教育与思想政治教育的实践特征，充分发挥第二课堂的育人成效，从引领育人、同辈育人、文化育人、协同育人等方面构建新时代大学生宪法教育实践模式，培养学生形成正确的宪法观，最终促进依法治校、法治国家的建设。

2. 建立辅导员法治教育工作室

"辅导员工作室是新时代辅导员结合时代特征、学生特点、自身特长形成的工作新路径，是辅导员队伍建设的新抓手、自我成长的新平台"①，是推动高校辅导员队伍专业化发展的有效手段，对于实现辅导员和学生之间的共同成长，优化思想政治教育工作方式起着重要作用。

辅导员法治教育工作室是基于学习共同体理论成立的，在精通大学生法治教育领域的辅导员带领下，工作室成员有着进一步提高大学生法治教育实效的共同愿景，通过交流分享、经验探讨、学术研究、资源共享等丰富的形式促进高校辅导员法治教育专业化发展而组成的学习型组织。工作室的主要任务是对法治教育的理论和实践开展专题讨论和深入研究，将工作中遇到的实际问题和案例进行分享，结合团队的力量共同商讨出最佳的解决方式和方法，并将研究成果及时转化为专项课题，再应用到日常管理工作中，做到理论结合实践，将实践中遇到的各种问题总结规律、升华思想，运用到工作实践，最终形成实践到理论再到实践的过程和模式，从而在开展大学生法治教育的过程中实现辅导员和学生法治素养和法治意识共同提升的目标。

从开展的工作内容来看，笔者认为，辅导员法治教育工作室还可以整合资源，发挥协同作用，努力做到以下几点：第一，建立可以提供法律咨询服务的校园平台，为学生解答法律疑问，帮助学生了解和掌握相关法律法规，解决权益受到侵害的问题，促进学生法律意识和法治素养的提高。第二，开展法治宣传教育，制作法律宣传资料，如海报、宣传册等，组织法律讲座、法律知识竞赛等形式多样的活动，让学生参与并深入了解法律法规和法治精神。第三，组织法律培训，为辅导员提供专业的法律知识和法律理论培训，使其在教育管理工作中更加注重法律法规的运用。第四，加强法律管理监督，对校园管理过程中的法律问题进行监督和指导，及时发现和解决存在的法律问题，确保校园管理工作的合法合规。此外，工作室还可以协助学校建立健全的法律法规制度和规范化的管理流程，为学校的法治教育工作提供有力保障。

目前，全国法治教育类的辅导员工作室并不多，但涌现出了一批具有特色和亮点的优秀辅导员工作室，笔者了解到四川师范大学"法 young 师大"辅导员名师工作室就是其中之一。"法 young 师大"辅导员名师工作室围绕大学生法治教育这个工作重点，从开展法治安全讲座、建设法治安全栏目、投身法治宣传志愿服务、提供公共法律援助、编辑普法宣传手册五个方面开展丰富多彩的法治教育工作，立足大学生日常生活中所关心的问题，用幽默生动且通俗

---

① 朱丹、饶先发、王伟江等：《新时代高校辅导员工作室建设指导手册——全国优秀辅导员工作室案例集》，云南大学出版社，2019年，第1页。

易懂的口吻进行法律知识的讲授与法律问题的解答。工作室团队邀请法学专业名师共同参与打造普法剧本，组织学生排练，再到社区、学校展演，形成具有工作室特色和亮点的普法模拟法庭情景剧，吸引众多非法学专业的学生参与、体验，让学生在参与法治教育活动中，不断深化对法治理念的理解，学会对自己的行为负责，做一个遵纪守法的好学生。

3. 打造辅导员法治教育精品项目

辅导员工作精品项目是教育部推动高校破解当前学生工作难题的有益探索，是推动学生工作创新的又一尝试，有助于"辅导员加强工作研究、深化实践成效、提升理论素养，促进其工作规范化、精品化、科学化"①，推进高校辅导员队伍的专业化建设。

辅导员法治教育工作精品化项目是指辅导员在开展大学生法治教育的实践过程中，运用项目管理的基本理论、基本思路、基本方法，以系统论视角，在规定的时间、预期目标、实施计划、可用资源等因素下，建立辅导员法治教育工作项目管理体系，合理整合资源，形成具有较高社会认可度的法治教育工作经验和品牌，实现更大范围的推广，促进大学生法治思维和法治理念的提升。

笔者认为，辅导员打造法治教育精品项目时需要注意以下几个问题：一是大学生法治教育的内容众多，辅导员在设计法治教育精品项目时，应该以目标为导向，即以解决在开展大学生法治教育实际工作中出现的某一个问题而选择项目，项目内容不宜过于宽泛，也不能只想用一个项目解决所有遇到的问题。二是辅导员要在项目设计时充分考虑学生的主体地位，要尊重学生的个性差异和分类发展，提高针对性，不搞一刀切。三是项目的培育和建设一般要经历调研、设计、实施、总结和推广几个阶段，周期较长，要设置目标实施的动态监控，制定与实施好发现问题时的纠偏措施。此外，精品项目开展过程要经常把具有借鉴意义的内容进行凝练、总结和回顾，突出品牌化效应。

以"坚持以学生发展为中心，构建'五位一体'法学教育实践育人体系"辅导员工作精品项目为例，坚持立德树人、德法兼修、以生为本的理念，以实践育人作为核心观点，直面法学专业学生缺乏法治实践这一主要现象，广泛调研，深入分析，回应学生诉求，从引领性实践、专业性实践、服务性实践、文化性实践和发展性实践五个方面设计法治实践教育活动目标和具体方案，整合

---

① 教育部：《教育部高校辅导员工作精品项目培育建设管理办法（试行）》，http://www.moe.gov.cn/s78/A12/tongzhi/201509/t20150921_209354.html，2015年。

校内、校外法学资源，形成"雁声"爱心助学会等一系列品牌，培养学生把学到的知识内化于心、外化于行，不断提升运用法学知识的水平，使学生在实践中受教育、长才干、做贡献，树立正确的世界观、人生观、价值观，这就为我们更好地开展辅导员法治教育工作精品项目提供了可借鉴的经验。

二、推动大学生日常管理法治化

大学生日常管理是大学生思想政治教育的重要组成部分，是推动依法治校的必然选择，是实现高校治理体系和治理能力现代化的必然要求。大学生日常管理要实现法治化，需要将法治精神及理念积极融入平时的工作之中，依据法规校规，理顺管理关系，规范学生管理，用法治思维和法律手段协调解决学生管理中的矛盾与冲突，保障学生合法权益，提高思想政治教育实效性，提升法治教育有效性，促进大学生成长成才。

（一）建立健全学生日常管理规章制度

完备的规章制度是实现高校学生管理法治化的重要保障。2017 年 9 月 1 日起实施的《普通高等学校学生管理规定》是大学生管理的重要法律依据，对大学生管理工作具有重要的指导意义。学生的日常管理涉及学习、生活的各个方面，包括行为规范管理、学籍管理、校园秩序与学生活动、奖（助）学金的评定与发放、寝室安全与内务管理等。推动大学生日常管理法治化，就需要建立健全覆盖学生日常学习生活各个方面的规章制度。

从目前情况来看，各高校在遵循教育法和高等教育法等上位法律的基础上，已基本形成了以大学章程为核心，内容较为完备、结构较为合理的规章制度，为高校日常学生管理提供了法律依据与保障的同时也约束、规范了高校管理行为。但部分高校二级学院的规章制度普遍不完备，甚至有些存在较为严重的缺失情况。比如，国家奖学金的评定，高校都有明确的评定标准和程序，但具体名额分配下达到二级学院之后，无法满足所有年级都有名额，由于没有制定详尽的评定办法，加之存在不同专业、不同年级具体情况，这时往往依据评定小组的人为意向或者以前的工作惯例将国家奖学金的名额优先考虑高年级的学生，这就产生了部分低年级优秀的学生无法评上的问题。同时，不同二级学院在实际执行过程中不同程度地存在标准不统一和程序不一致的情况。

笔者认为完备的学生日常管理规章制度应该体系化，制定要规范化，还要注重适时修订。

1. 高校学生管理规章制度应该具有体系化

规章制度的制定要从学校章程、管理基本办法、具体实施细则的三个层次，对应学校、相关职能部门和二级学院在学生日常管理中的主体地位和职责，这三个层次规章制度之间的关系，原则规定上应该依次递减，内容的可执行性上应该依次递增，需要对学生管理中涉及的各种问题予以明确的规定。对上级部门新颁布的政策文件，高校需要遵照并结合学校的实际情况来制定规范的相关配套文件，还必须坚持法治统一的原则，牢牢把握下位法的制定遵循上位法的依据，避免下位法与上位法发生冲突的情况出现。

2. 高校学生管理规章制度的制定要规范化

规章制度的制定要明确负责部门和制定过程的各个环节，确保制定过程纳入法治化轨道。高校制定规章制度的程序通常是相关职能部门起草，法律法规部门或法律顾问审查，校长办公会议审议通过，普遍缺少征求意见环节，尤其是涉及大学生切身利益时，需要通过各种途径和形式广泛听取学生意见和建议，定期召开学生代表大会让学生代表参与表决，共同制定出符合法治精神与尊重大学生权益的日常管理规章制度，正确、合理配置学校与学生之间的权利义务关系。

3. 高校学生管理规章制度要注重适时修订

大学生日常管理工作随着时代特征、社会变化、高等教育改革，出现新情况、遇到新问题，需要由专门工作人员对现行的规章制度进行核查、清理等工作，及时发现存在的问题。对于内容不合时宜无法满足学校当前管理工作需要的陈旧的管理制度，或者与最新现行法律法规不符的管理制度，高校应及时予以修订或者废止，对不同时期针对特定领域、特定工作而制定的管理制度也要适时进行整理和规范，避免相互矛盾的情况出现。同时，高校还需要将规章制度修订和废止的情况发布在方便广大师生员工进行查阅的渠道。

（二）确保学生管理规章制度的规范执行

规章制度的规范执行是实现高校学生管理法治化的重要手段和必备环节。党的十八届四中全会明确提出了要形成高效的法治实施体系，并强调"法律的生命力在于实施，法律的权威也在于实施"①，这为高校学生管理规章制度的规范执行提供了依据、指明了方向。

随着国家法治化进程的加快，法治思维在高校学生管理中得到了进一步体现，但大学生日常管理者在处理学生问题，特别是在对学生进行处分时，仍存在"重实体、轻程序"的情况。比如，西南某高校处理学生在寝室存放或使用违规电器的情况时，往往是由公寓管理工作人员发现学生违规违纪行为并上报，整个处分形成过程没有告知学生所在学院辅导员和学生本人，也没有听取学生申辩环节，只是在处分文件正式下达之后再通过辅导员送达学生，也就反映出这种没有严格按照既定的规则和程序处理的高校学生管理中的程序正义缺失的现象。

笔者认为，确保学生管理规章制度的规范执行应当从设置明确的程序步骤、追求公平正义、构建监管机制等方面来实现。

1. 高校学生管理规章制度执行应当设置明确的程序步骤

一般情况下，学生管理正当程序应当遵循事前、事中和事后管理程序。事前程序关键是做好规章制度的公布与解释环节，尤其是要加强对规章制度的解释，让广大学生除了知道规章制度的内容，还应该了解规章制度制定的相关法律依据，认识到违反规章制度可能带来的相关不利影响，增强学生对规章制度的认同感和遵守的自觉性。事中程序包括具体管理行为的告知、听取学生的意见和想法、接受学生申诉救济等内容，需要确保学生知晓具体管理事项、理由和内容，对学生准备做出有不利影响的处理时听取当事人陈述、申辩，告知处理的事实根据和制度依据，明确权利救济权益是必经程序。事后程序则需要做好送达和备案等环节。正当程序不仅体现在对大学生处分程序，也反映在大学生评奖评优程序、学生干部选拔任用程序之中。

2. 高校学生管理规章制度执行应当追求公平正义

公平正义是高校学生日常管理追求的价值目标，在大学生管理中，需要确立学生主体地位并发挥学生主体作用，进一步把握学生的接受度，重视保护学生权益，尤其是在与学生利益息息相关的事务处理中以客观事实为基础，做到一视同仁，具体问题具体分析，对事不对人，公平公正，不以情代替制度规

---

① 中共中央文献研究室：《十八大以来重要文献选编》（中），中央文献出版社，2016年，第164页。

定，也不能过度注重人文关怀而忽视严格管理。特别是在对学生做出纪律处分和学籍处理时，高校要坚持与所认定的事实、情节相适应，恰当地行使自由裁量权，真正做到过处相当，公正地对待被处分的学生。绝对不能出现两个学生违纪行为性质、情节、认错态度都是相同的，但给予的处分相差甚远，或者两个学生违纪行为性质、情节、认错态度有很大的差别，处分却基本一样的违反公正、平等原则的情况出现。同时，在学生权益受到影响时，高校还需要完善学生权利救济途径，不能将学生陈述、申辩乃至正当诉求等合理行为视为"不配合管理""认错态度差"而加重学生处罚。

3. 高校学生管理规章制度执行应当构建监督机制

将监督机制引入高校学生管理的行为中来，是规范高校管理行为、保障学生合法权益的必然选择。高校需要建立专门的监督机构，除了监督日常管理规章制度的制定是否执行了规范标准和法定程序、是否落实了学生参与和征求意见、是否与上位文件和学校章程一致，还应该加强学校对学生实施的具体管理行为的监督，其中运用校内各项规章制度对学生进行管理的行为是监督的重点。一是对管理主体高校相关管理部门的监督，防止发生无权管理和越权处理的情况出现；二是对管理主体运用规章制度是否适当进行监督，监督其适用规章制度及相关条款是否准确、是否与事实相符；三是对管理主体的管理行为是否符合规范程序进行监督，监督其在告知阶段是否对规章制度有说明解释、在管理决定形成前是否听取学生的意见和想法、在管理行为实施后是否告知学生权益救济的途径和方式等内容。

（三）正确处理日常管理法治化与服务学生成长成才的关系

人才培养是大学的中心任务，大学生管理法治化也需要围绕人才培养来进行。《普通高等学校学生管理规定》（中华人民共和国教育部令第41号）明确要求"要坚持依法治校，科学管理，健全和完善管理制度，规范管理行为，将管理与育人相结合，不断提高管理和服务水平"[①]。大学生日常管理法治化建设是一个循序渐进的过程，不可能一蹴而就，这就需要正确处理好管理、法治、服务之间的关系。

---

① 教育部：《普通高等学校学生管理规定》（中华人民共和国教育部令第41号），http://www.moe.gov.cn/srcsite/A02/s5911/moe_621/201702/t20170216_296385.html，2017年。

1. 以学生为中心的理念是大学生管理法治化的前提条件

"以学生为中心"的现代教育理念要求学校活动的最终目标是为学生的发展服务。大学是人才培养机构，以学生为中心，培养高质量人才，是大学的使命，这就要求大学生管理也要以学生为中心，就是要一切为了学生，尊重学生主体地位，理解学生，关心学生，重视学生基本权利，充分有效发挥学生的主动性，不断提升学生参与校园管理工作的能动性，逐步改变其被动管理的地位，拓宽学生意见和建议的表达渠道，完善学生权利救济机制，科学地建立起管理者与学生之间相互尊重、相互信任的交往关系，促进彼此平等。学校规章制度的制定注重对学生权益的保护，会更好地被学生接受，也利于学生吸收并转为其自觉的行动，更能够提高学生遵守规章制度的积极性。

2. 推动管理学生向服务学生转变是大学生管理法治化的关键

随着新时代高等教育的发展、高校与学生之间新型关系的形成，高校的学生管理工作除传统的规范学生日常行为的功能外，开始注重将部分学生管理职能逐渐转变为学生服务职能，这就要求高校管理者要以解决学生的实际问题为立足点，以服务大学生成长成才为切入点，将服务学生贯穿于整个学生管理工作始终，让大学生看得见、感受到，这也是大学生管理法治化的必要要求。大学生就业已经成为社会关注的热点问题，高校的就业工作从管理到服务功能的强化过程，要求高校管理者在开展简历制作指导、模拟求职面试、职业生涯规划等大学生就业指导服务的同时，也需要关注大学生就业权益的保护问题，掌握并向大学生宣传、普及应享有的就业权益及权益受损后的救济渠道，积极引导大学毕业生在择业中增强法律意识，遵守市场规则，保护自身权益，从而顺利就业。

3. 促进自我管理的形成是大学生管理法治化的标志

大学生管理追求的最终目标是在遵循法律法规和学校规章制度下，实现大学生自我管理，其实现过程必然经历高校学生管理方式从"他律"到"自律"转变。这种转变其实质是以服务学生的出发点，使管理者与学生互相尊重对方的主体地位，在相互交流、碰撞、诉求中，激发学生的自主意识、法治意识，从而促进自我管理的形成。学生会等大学生自治组织是参与学校管理的重要组织形式，能进一步发挥大学生自治组织在学生管理中的作用，不断完善大学生自我管理。高校管理者应有针对性地支持学生自治组织建设，加强指导，制定组织章程，明晰工作职责，形成制度规范，提升学生民主参与和管理能力，维护学生的合法权益，逐步实现学生自我教育、自我管理、自我服务。

三、丰富日常思想政治教育中的法治教育内容

社会实践、志愿服务、社团活动、主题教育、心理疏导等都是日常思想政治教育的重要内容。这些活动的开展都要通过学生参与来完成。学生参与的过程，同时也是实现思想改变的过程。学生只有在参与活动的过程中获得感悟、有所思考，把学到的知识内化于心、外化于行，才能不断提升思想道德水平，实现更高层次的个人追求。充分发挥日常思想政治教育"生活化、经常化、体验化、潜隐化的特点"[①]，将法治教育的内容以大学生更能接受、更喜欢的方式融入日常思想政治教育，能够补充思想政治教育理论课上向学生灌输法治知识、法治思想这一单一的教学模式。

丰富日常思想政治教育中的法治教育内容是大学生法治教育与思想政治教育融合的重要途径，创新了法治教育的形式，提供了新颖多样的普法活动，增强了大学生运用法律的实践能力，可以在春风化雨、润物无声中实现法治教育的目的，对大学生法治知识的丰富和法治意识的提升起到潜移默化的作用。

（一）社会实践：在实践中提升法治效能

1. 大学生社会实践的基本内涵和发展沿革

大学生社会实践活动究其本质而言，可以有三种阐释。一是开展各类实践活动。实践内容包括专业教学、社会服务、社会调查、职业发展等，形式多样，内容多元，契合新时代大学生不断变化的需求。二是运用所知所学。社会实践本身为一种教育活动，仅是将课堂教学的场地换成社会，将自己拥有的知识运用至实践之中，推动知识的转化，使其不断丰富与发展。三是创造和实现社会价值。大学生通过寒暑假的社会实践等活动，运用自己的专业知识与技能服务他人、服务社会、回报社会，促进社会文明，创造和实现社会价值。

社会实践是不断发展着的，在不同的历史条件下具有不同的时代特征。大学生社会实践有着漫长而曲折的发展过程，在实现大学生成长成才上发挥重要作用。

---

① 骆郁廷、赵方：《论日常思想政治教育的作用机理》，《江海学刊》，2021 年第 3 期，第 231 页。

在五四运动时期，青年学生开展了反帝反封建的爱国运动，发挥了关键性作用。1933 年至 1945 年，我党实施了一系列的教育方针，让知识分子与工农民众相结合，组织学生参与生产实践，把生产劳动纳入教学计划之中，推动抗日军政大学改造在校青年大学生。中华人民共和国成立以后，党中央十分重视各大高校开展社会实践活动。

1949 年至 1966 年，我国开始学习和借鉴外国先进经验和优秀成果，探索属于中国青年大学生的社会实践之路。1950 年，教育部下发《关于高等学校政治课教学方针、组织与方法的几项原则》，正式将大学生社会实践活动纳入教学计划，提升政治理论课程实效。与此同时，大学生社会实践还依据国内外发展的实际需要，做到与全国范围内的土地改革、抗美援朝、"三反"（反贪污、反浪费、反官僚主义）等政治运动联合开展，也投身于上山下乡、学工学农学军、招工进厂等形式的社会锻炼，大学生在社会实践中受教育，深化爱国主义、为人民服务的思想。

恢复高考以后，各大高校大学生社会实践活动重新复苏，开始蓬勃发展。1980 年开展的"学雷锋"系列活动，指引大学生把所思所想付诸实践，拉开了新时期大学生社会实践活动的序幕。此后，一些地方开始建立大学生社会实践基地，并出现集中在寒暑假开展社会实践的萌芽，社会实践也由自行发展到有组织有管理地进行，开展范围由部分地区拓展至更多的高校。1987 年 6 月，国家教育委员会、共青团中央发布《关于广泛组织高等学校学生参加社会实践活动的意见》，这是大学生社会实践发展沿革中具有里程碑意义的文件。该意见对大学生社会实践活动提出了明确的要求，社会实践开始成为高等教育的重要组成部分。此后，社会实践与经济发展需要、教育改革发展、大学生自身要求相适应，与科技文化活动、志愿服务活动、科创赛事相结合。

进入新时代以来，在习近平新时代中国特色社会主义思想的指导下，社会实践受到了各级党委、团委、政府与高校的进一步高度重视。2017 年 12 月，中共中央、国务院下发《关于加强和改进新形势下高校思想政治工作的意见》，指出"要强化社会实践育人，提高实践教学的比重，组织师生参加社会实践活动"[1]，不断推动理论教育与实践养成的结合，开展各类主题鲜明的实践活动，引导大学生学习党的二十大精神，积极投身于社会主义实践。各大高校将社会实践纳入学校教育教学计划，开设专门课程，并设立激励机制，给大学生提供

---

[1] 中共中央、国务院：《关于加强和改进新形势下高校思想政治工作的意见》，https://www.gov.cn/xinwen/2017－02/27/content_5182502.htm，2017 年。

正规参与渠道与财力、人力、物力支持，引导大学生积极参与社会实践。

2. 社会实践的重要性

大学生社会实践活动是高校思想政治教育的有效途径和重要方法，大学生在参加实践和接触社会中了解社会发展状况、感知国情实际变化，获得直观的认识、感受，并深化、检验自己的认识，有益于巩固学习到的知识，促进知识的转化，提高解决问题的能力，在与各种不同背景的人接触的过程中，还能够增强人际交往和沟通能力，培养合作精神和团队协作能力。除此之外，社会实践还可以促进大学生自我反思和自我成长。通过参与实践活动，学生能够审视自己的行为、态度和价值观，并从中获得反思和成长，有助于他们更加清晰地认识自己的优势和不足，明确自己的人生目标和职业发展方向。

3. 法治教育类社会实践

随着法治化进程的不断加快，各高校组织学生开展的法治教育类的社会实践越来越多，类型不断丰富发展，为课堂教学外的大学生法治教育的开展提供重要的感性基础、理解契机和内化为思想素质的体验机制，使大学生由被动学习向主动学习转化，能够凸显大学生的主体性。

笔者以四川省某高校法学院组织普法宣讲团队为例，介绍在全国大中专学生志愿者暑期文化科技卫生"三下乡"社会实践活动中法治教育类社会实践的开展情况。该团队 2016 年成立，以深入基层开展普法宣传为核心内容，至今已形成"同一主题、集中培训、就地集结、分散开展"的实践新模式，先后前往广安、绵竹、金堂、大邑等四川省内多个县市，通过实践基地相关单位，实地了解基层治理情况，参与乡村振兴工作，探究当地法治建设的文化背景。团队成员观摩各村镇司法所和基层公共法律服务工作站，协助司法机关工作人员参与执法工作，切实体会基层司法，创新普法方式，不仅有传统的普法宣讲、专题座谈、法律诊所等形式，还创新开展"情景剧＋模拟法庭＋同辈知识讲解"的形式演绎，使观众能够更直接了解案情，现场感受法律的庄严肃穆，再由工作人员提炼出案件中涉及的相关法律知识进行讲解，针对不同的服务对象，制定不同的主题，达到精准生动普法的效果。法治类社会实践的开展提高了团队成员法律知识转化为实践运用的能力，深化了法学专业学生对法律职业的敬畏情怀和使命感，也增强了其他专业学生对法律知识的直观感受，推进了法治宣传，助力社区治理和乡村振兴。

（二）志愿服务：在奉献中实现法治价值

1. 志愿服务的基本内涵与发展沿革

志愿服务是指"志愿者出于自愿，以自己的知识、技能和财富等贡献社会，不以获得物质报酬为目的而以促进社会公益事业发展和提高公共事务效能为己任所从事的各项活动"①。我国《志愿服务条例》规定，志愿服务是指"志愿者、志愿服务组织和其他组织自愿、无偿向社会或者他人提供的公益服务"②。由此可见，志愿服务是公益活动的重要组成部分，是个人自愿、无偿地在公益活动中为他人提供服务。志愿服务充满强烈的人文关怀，具有自愿性、公益性、组织性、互动性、实践性五大特征，并以"奉献、友爱、互助、进步"八字表述其精神内涵，它赓续了中华民族的传统美德，践行了二十四字的社会主义核心价值观，助力法治教育，促进社会和谐和进步。

中国自古代开始就有助人为乐的中华民族美德，对于有组织的、大规模的志愿服务最早可以追溯至被称为"世界平民教育运动之父"的晏阳初在 20 世纪二三十年代开展的平民教育实践。1929 年，晏阳初带领中华平民教育促进会在河北定县开展一系列的平民教育活动，开展十余年，以无私奉献的精神推动乡村教育发展。在社会主义革命和建设时期，志愿服务主要表现为"向雷锋同志学习"，"雷锋精神"也成为当代中国志愿服务精神的重要组成部分。随着改革开放打开中国发展局面，我国志愿服务工作也踏上新征程。1989 年，我国第一家志愿者协会在天津市和平区成立，自此社区志愿服务迅速在全国范围内展开。1994 年，中国成立青年志愿者协会，中国的志愿服务进入有组织、有秩序、有管理的新阶段。志愿服务发展至今，党中央高度重视，进一步加强对志愿服务工作的统筹和领导，制定志愿服务的规范性文件和行动标准，志愿服务逐渐法治化、规范化、多元化、全民化，成为推动社会主义文明建设的重要力量，有力推动国家治理体系和治理能力现代化。

2. 志愿服务的重要性

大学生志愿服务活动是高校进行思想政治教育的重要载体，通过志愿服务

---

① 丁元竹、江汛清：《志愿活动研究：类型、评价与管理》，天津人民出版社，2001 年，第 2 页。
② 国务院：《志愿服务条例》，https://www.gov.cn/gongbao/content/2017/content _ 5225860. htm，2017 年。

有助于把大学生培养成有远大理想和使命担当的时代青年，在遵守社会规则和秩序的同时激励大学生主动承担社会责任，参与社会事务。大学生在服务他人的过程中，自身会得到提高、完善和发展，精神和心灵也会得到满足。第一，能够培养大学生社会责任感和公民意识。志愿服务能够引导大学生关注社会问题，通过志愿活动中的互动和观察，深刻体会到自己作为公民的责任和义务，认识到自己能够为社会的发展和进步做出贡献。第二，能够丰富自身社会经验。大学生通过参与志愿服务活动，能够亲身体验和接触社会的方方面面，包括不同层次和领域的人和事，加深对社会的认识，了解社会的多样性和复杂性，拓宽自身视野，助力自我成长。第三，能够提升知识技能。在参与志愿服务活动过程中，大学生可以将理论运用于实践，锻炼自身组织、协调、表达、交际能力，掌握分析问题、解决问题的方法，促成职业能力与专业知识的有机结合。

3. 法治服务类志愿服务

随着志愿者行动的不断深化，相比于传统的顶岗支教、西部计划、赛会志愿者、社区志愿者等志愿服务活动，现阶段志愿服务活动项目化、专业化的特点愈发明显。从全国志愿服务项目大赛的情况来看，法治服务类的志愿服务项目是其中重要的一类，将法治教育融入大学生志愿服务，是拓展大学生法治教育方式的一种新的重要的途径。

各大高校依托法学专业优势，组建法律志愿服务团队，吸收非法学专业的学生共同参加，推动志愿服务对象模块化、服务开展项目化、服务途径网络化，精准提供法律援助与服务，提高特定群体的法治意识，提升大学生在志愿服务中法治教育的体验感。

笔者以四川师范大学"立命民生·缘法而行"普法宣讲志愿服务项目[①]为例，介绍法治服务类志愿服务的相关开展情况。该项目依托四川师范大学法学院专业优势和教育部青少年法治教育中心（西南）平台，以校园欺凌、预防诈骗等为切入点，主要面向中小学段青少年开展普法教育志愿活动，旨在解决青少年法治意识淡薄、法治教育形式单一等问题。项目与成都市内多个中小学校、社会组织联动，初步构建起社会、学校和学生三位一体的法治协同教育新模式，采用"1+2+4"模式运行，即以加强青少年法治教育为目标，综合运

---

① 与上述开展地方普法社会实践活动不同，该项目旨在面向中小学段青少年开展普法教育志愿活动。

用"法学+教育学"学科知识，逐步形成普法宣讲、模拟法庭情景剧、趣味问答和新媒体平台互动四种层次分明、重点突出的普法形式。在疫情防控常态化下，项目团队制作了适用于新媒体平台的普法微视频、法治教育读本、校园欺凌普法工作指南等产品。项目以年为周期运行，以法学专业学生为主，教育学、心理学等其他专业同学为补充的成员组建团队，遵照《四川师范大学志愿服务管理办法》，逐渐形成了一套包括志愿者招募培训、活动开展宣传、后期激励保障的管理体系。自 2016 年以来，项目团队走进 40 余个中小学，开展普法项目上百余次，参与志愿者超 1500 人次，为 5000 余名青少年提供了服务，相关事迹先后被四川省教育厅官网、《四川日报》、《教育导报》、网易新闻等机构和媒体报道，项目获得第六届全国志愿服务项目大赛银奖。

（三）学生社团：在活动中提升法治素养

1. 学生社团的基本内涵和发展沿革

大学生社团是"大学生以个人兴趣为基础，以社团章程为依据，自主成立、自愿加入、自我管理的学生自治组织"①，是开展学生活动的重要阵地，在丰富校园文化生活、促进大学生全面发展与健康成长等方面发挥着积极的作用。

中国高校的学生社团已经有一百年的历史。1904 年，我国成立了第一个大学生社团——京师大学堂的抗俄铁血会，当时的青年大学生通过游街宣讲、发传单等方式抗议外国在我国东北发动战争。五四运动前后，一大批现代化的社团应运而生，他们大多以救亡图存、爱国济业为宗旨，通过创办刊物广泛宣传，推动当时爱国运动的深入开展。在改革开放以后，各大高校的社团才真正繁荣发展起来，大学生开始因共同的兴趣爱好、理想目标和价值追求自发组织起来成为一个团体，学生社团成为丰富校园文化的重要举措、大学生展现自我的重要平台。2020 年 1 月 20 日由教育部和共青团中央联合印发《高校学生社团建设管理办法》，明确了高校学生社团的基本内涵和宗旨，推动高校学生社团的纵深发展。

2. 学生社团的重要性

形式多样、内容丰富的社团活动在促进大学生成长成才方面发挥着重要作

---

① 周昀：《新时代高校学生社团建设探索》，中山大学出版社，2021 年，第 236 页。

用，也为社团成员参与实践活动提供了机会与平台。第一，社团活动能够满足学生兴趣爱好，不同类型的社团可以满足学生的不同需要，能让不同的学生发挥自身的特长，在共同发展的基础上相互学习，丰富大学生校园生活。第二，社团活动能够培养学生自治、合作和领导能力。在社团活动过程中，能够让大学生有机会参与团队合作和领导实践，通过大学生自我管理，共同制定活动计划、协调团队成员、解决问题，最后取得共同目标，实现社团活动的目的。第三，社团活动可以促进学术交流，提升大学生创新思维。社团活动为大学生提供了一个自由讨论和学术交流的平台，可以分享自己的学术成果和观点，与他人进行深入交流和思辨，有助于培养他们的创新思维和学术能力，激发他们的学习兴趣和创造力。

3. 法律社团

法律社团是既有普通大学生社团的一般特征与基本功能，又以其鲜明的法学专业特色、特定的创设宗旨、独特的活动内容，而区别于其他文体类社团的社团组织。法律社团是新时期大学生法治教育的重要途径和崭新平台，在推动高校法治教育发展方面发挥着独特的作用。

法律社团往往以其独特的魅力吸引大量法律爱好者参与活动，在校园中形成一个学法、知法的学生群体，通过这个群体的辐射效应不同程度地影响其他学生，将法律社团与法治教育结合起来，依托法律社团在法治教育中所具有的优势，开发法律社团法治实践活动的各项服务功能，以促进大学生在"学中做、做中学"的过程中养成法治素养，提升大学生法治教育实效性。

现阶段，高校中建立的法律社团并不多，属于小众化的社团组织，无论是规模还是影响力，都无法与学习类、艺体类等其他主流社团相比。笔者通过走访，了解到四川某高校创建的法律社团——法律协会旨在帮助大学生增强法治意识、法治素养。法律协会自身定位为大型学术类、实践类社团，通过组织会员参加模拟法庭比赛、法院观摩、学术讲座、法院实习等活动加强社员法律意识，培养社员法律思维，同时通过社区普法的活动加强社员的法律运用与实践能力。协会突出特色亮点，开展"跟着法律协会看电影""案例分析研讨会""宪法晨读活动"等一系列深受学生喜爱的活动，扎实推进校园法治教育宣传。除此之外，协会还组织社员协助校园公共法律援助中心开展法律援助，提供法律咨询服务、代写法律文书、学生纠纷调解、保障学生权益等法律援助工作，提高大学生的法治意识，营造良好的校园法治氛围。

除以上提到的社会实践、志愿服务、学生社团以外，高校还可以依托日常思想政治教育中的其他内容，如主题教育、班团活动、就业指导、创新创业指导等开展法治教育活动，统一规划，推进全员、全程、全方位协同育人，将法治教育具体化、生活化，不断拓展大学生法治教育的广度，积极开发日常思想政治教育中蕴含的法治教育资源，依靠大学生日常学习和生活中长期的、稳定的、持续的、常态的教育活动和教育机制进行的法治教育，促进大学生的法治意识不断提升和校园法治氛围持续形成。

四、优化大学生法治教育工作环境

环境对个体的发展与成长起着至关重要的作用。大学生生活在高校的校园环境中，存在于社会的大环境中，从小成长在家庭环境中，同时会受到高校、社会、家庭的影响。大学生法治教育是一项长期的、复杂的系统工程，既需要高校教育主体的引导，也需要社会环境的参与和家庭环境的熏陶，同时互联网时代带来了新机遇和挑战，这些对加强大学生的法治教育、培育大学生的法治观念都起着非常重要的作用。

（一）加强校园法治文化建设

中共中央、国务院印发《关于新时代加强和改进思想政治工作的意见》，强调要"更加注重以文化人、以文育人"①。校园文化深刻影响着大学生的成长成才，法治文化是高校校园文化建设的重要组成部分，是大学生法治教育的重要载体，将法治教育的内容、要求融入校园生活中，形成有效的法治教育资源，营造浓厚的校园法治文化，让大学生在潜移默化的法治文化中接受法治教育的浸润和熏陶。

1. 拓展校园法治文化宣传阵地

对于高校自身而言，塑造依法治校的校园文化，拓展校园法治文化宣传阵地是需要关注的重点，其中物质文化建设是基本保障。当前，大部分校园空间都主要用于服务学生的学习、生活、运动和休闲，用于开展法治宣传教育的较少，这就需要高校一方面要充分利用现有的硬件设施，完善日常的法治宣传，在学生经常出入的图书馆、教学楼、食堂和其他公共场所等场地的醒目位置，

---

① 中共中央、国务院：《关于新时代加强和改进思想政治工作的意见》，https://www.gov.cn/xinwen/2021−07/12/content _5624392. htm，2021年。

设置用于法治宣传教育的宣传栏、海报、展板、提示语等；为学生提供方便申请的可用于开展法治文化活动的场地；还要加强校园广播站、校园网、校报和新媒体平台中法治教育专栏的建设。另一方面，教育部在 2022 年的工作要点中明确提出要推进"一站式"学生社区建设，高校要在"一站式"学生社区的建设中科学布局法治教育相关元素，建设能为大学生提供法治教育、宣传、咨询、引导为一体的法治学习社区，增设法治教育宣传专用橱窗，打造校园法治文化长廊，对标"八五"普法重点，围绕习近平法治思想、宪法、民法典等重要法治内容，通过图文展示、以案说法、现场教学等形式，不断提升大学生法治意识和法治素养。高校要在学生社区功能室、公共空间等地融入法治教育元素的同时扎实推动服务下沉，在社区开设校园法律服务窗口，法学专业教师进驻，帮助学生及时解决相关法律问题。学生社区还要突出学生主体地位，建立学生参与社区建设的有效运行机制，使学生能真正参与到社区公共事务管理、决策、评议中，实现自我治理。

2. 重视校园法治精神文化建设

校园法治精神文化建设是校园法治文化建设的核心环节。高校应当充分发挥校园文化的隐性育人功能，注重将公正、平等、权利等彰显法治精神的理念融入校园文化之中，坚决贯彻依法治校，加强学生校纪校规教育，通过规范师生的行为、学校管理的各项规章制度，形成依法办事的良好环境。制度的制定可以多征求师生意见及建议，保障师生的权利，制定规章制度后一定要坚决执行，维护制度的权威性。

利用重要时间节点开展法治教育工作，是高校创新大学生法治教育方法的重要举措，符合"因事而化""因时而进""因势而新"的内在要求。在校园法治文化活动上，高校应注重以大学生关注的热点、焦点法治事件为切入点，依托国家宪法日、国家安全教育日、消费者权益保护日等重要时间节点为契机开展法治活动，充分挖掘其蕴含的法治教育元素。另外，高校还要发挥法治教育先进模范学生的引领作用，挖掘背后的法治故事，大力宣传报道，感召大学生积极践行法治思维。这类学生可以是日常参加法治活动表现优异者、法治教育宣传突出者，也可以是法治志愿服务杰出代表、见义勇为先进个人，他们具有较高法治素养，是学生群体中较为优秀的学生，与其他学生有着共同的话题，容易与学生打成一片，能让其他学生真切地感受到先进人物和先进事迹的力量，更好地引起共鸣。

3. 打造校园法治文化品牌活动

法治文化是一种环境氛围，需要丰富的活动作为有效载体。大学生通过参加形式多样的法治文化活动，对法律基础知识会有更多的了解，也对形成正确的法治观念有着推动作用。打造校园法治文化品牌活动是高校推进法治文化活动发展的重要举措，这就要求高校要紧紧围绕大学生对法治教育的实际需求，整合学校、学院资源优势，认真梳理、凝练总结在大学生法治教育工作中形成的典型经验和好的做法，在大学生的培养过程中充分发挥校园文化的育人作用，使真正符合大学生喜闻乐见的法治教育活动不断呈现、不断完善，并得到推广，增强大学生法治教育品牌活动的影响力，从而真正提高法治教育的有效性。

以四川某高校为例，为推进以文化人、以文育人，该学校将社会主义核心价值体系融入全过程，坚持育人为本、德育为先，定期开展特色品牌活动——"法律文化节"，以"倡导社会文化，弘扬法律精神"为核心主题，迄今已举办十多届。该法律文化节着力于学生法治素养提升、校园法治氛围营造和法治教育活动创新三个要点，结合专业优势和学生特点，经过多年发展总结，不断创新，形成"一书一会一论坛"、模拟法庭竞赛、案例分析大赛、"法律三人谈"四大经典活动板块，深受学生喜爱，累计吸引超过 50000 名学生参与，成为学校开展法治教育的重要窗口，对推动大学生法治素养的提升做出了应有的贡献。

（二）积极协同校内外法治教育资源

大学生法治教育是一项长期而系统的工程，将协同教育作为一种理念和方式融入大学生法治教育中，实现法治教育的目标，需要社会各界参与，既要强化高校主阵地作用，也需要社会和家庭的共同努力。多方面的协同合作是提升大学生法治教育实效性的必经之路。

1. 推进校内其他法治教育主体协同作用

随着时代发展，大学生法治教育不再采用之前思想政治理论课的单一模式，不是与专业课、实践活动毫无关系，也不是高校思想政治工作者一己之力就可以完成的，而是需要校内多种法治教育主体多方面齐抓共管，达到配合默契、补齐短板、相互渗透、融为一体的全员全过程全方位的法治育人机制。学校要成立专门的大学生法治教育机构，统筹协调好学校相关职能部门和马克思主义学院、法学院等学院在法治教育中的分工和职责。

（1）持续加强法学院的作用

法学院拥有众多法学专业背景的教师和专家教授，开展大学生法治教育研究拥有天然的优势，是大学生法治教育必不可少的组成部分，是学生学习思想道德修养与法律基础课程接受法治教育以外获取法律知识的主要补充来源。加强法学院对于大学生法治教育的作用，一是要加强大学生法治教育重点课程和一流课程建设，有针对性地增设满足学生需求的法治教育通识选修课，发挥法学学科优势，面向不同年级学生开设高等教育法、民法典、劳动法等专门法律的解读课程，使学生了解基本法律规定的义务和应享有的权利，强化法律认知。二是加强法学专业教师与非法学专业课教师的交流和沟通，将法学教学理念和方法传授给非法学专业课教师，使他们能灵活运用法学知识和教学方式方法，促进法学知识和专业课知识的融合，帮助他们解决在法治教育过程中面临的困难和疑惑。

（2）充分发挥青少年法治教育中心的作用

青少年法治教育中心是以习近平同志为核心的党中央对全面依法治国的重要部署、教育部依法治教工作要求为指引，由教育部政策法规司、省教育厅和高校三方合作共建，推动全国法治教育开展的重要机构，围绕"法律"和"教育"，以青少年大学生为对象，进行青少年法治教育理论研究，组织与开展针对青少年的法治宣传教育活动，举办青少年法治教育骨干队伍培训、开展青少年法律援助等工作，对于推动高校大学生法治教育是一种新的尝试。以西南片区的青少年法治教育中心为例，它立足于四川并辐射带动西南片区，充分利用中心"天府之国"的地理优势、历史文化名城的文化优势、人口大省的资源优势，线下设立宪法与法治文化长廊、宪法大讲堂、模拟法庭等板块，线上搭建网站和微信公众号，线上线下齐头并进，开展宪法演讲与知识竞赛、未成年人保护及违法犯罪预防、学生网络普法、网络暴力、校园欺凌等专题活动。其中，拍摄法治微电影，以大学生喜闻乐见的方式进行法治宣传教育，让大学生身临其境，体验参与至其中，激发了大学生的学习乐趣，增强了大学生的接受度，有效提升了法治教育的效用。

（3）推动高校间的互动交流

高校所处的地域、办学特色、重视程度的不同，导致不同高校开展法治教育的情况存在差异。建立高校之间法治教育协作机制，能够更好地优化配置各高校间的优质法治教育资源，解决法治教育资源匮乏、封闭和分散的问题。一是建立网络法治教育资源共享平台，打通法治教育网络精品课程共享的路径，通过开展优质法治教育课程公开课等活动，扩大资源共享范围，让法治教育开展得更好的学校通过资源分享带动法治教育相对滞后的高校。二是建立和完善高校之间关于法治教育的定期互访，注重学生组织之间的交流，如法律协会可以将能吸引学生参与、深受学生喜欢的相关法治宣传教育的活动进行展示和分享，增强其他学生组织参与法治教育的主动性和学习法治知识的兴趣。

2. 统筹社会资源发挥更大作用

人是存在于社会中的人，大学生也不例外。社会对大学生的法治教育有着无法替代的重要责任，高校法治教育工作的开展离不开社会相关部门的支持和协同，充分发挥学校教育和社会教育的优势，促使两者在大学生法治教育中发挥关键作用的同时形成强大的合力是开展大学生法治教育的重要保证。

（1）着力打造法治教育实践基地

青少年法治教育实践基地是适应新时代大学生法治教育目标变化，探索以实践教学、探究学习为主要方式，构建学校与社会协同育人的法治教育的新的有效载体。宣传部、司法部等七部门联合印发的《关于加强青少年法治教育实践基地建设的意见》中对实践基地建设的重要意义、建设目标、实施举措等提出了明确要求。这就要求各地方政府要积极推动法治教育实践基地的建设，实践基地要与各高校形成长效的双向合作模式，推动法治主题教育、党团日活动的开展与实践相结合，充分利用好基地的资源优势。以成都市青少年法治教育基地的建设为例，该基地将法治教育和道德教育两条脉络贯穿始终，由德法并行、殷切期望、快乐成长、雏鹰折翅、花季护航、自我保护、筑梦未来七个展区以及模拟法庭、心理咨询、情绪宣泄、阅读四个功能区组成，涵盖中华民族传统道德及典范人物、青少年法律法规、青少年常见犯罪成因分析、犯罪预防及自我保护等内容。基地常态化开展"法治研学""开学第一课"等主题活动，充分运用新媒体技术，将基地实景搬上云端，打造"法治云基地"，让广大青少年足不出户就可"云游"法治基地，以文字配图、iPad手持终端互动为主要方式，穿插知识讲授、实践模拟、现场观摩、动漫、戏剧、微电影等多种学习体验，寓教于乐学习法治知识，把法律的约束力量、底线意识与道德教育的感化力量紧密结合，实现普法教育方式多样化和法治宣传、法治育人功能的双提升。

（2）加强与司法系统单位的合作交流

公安局、检察院、法院等司法机关是行使司法权的国家机关，有着丰富的法治教育资源，提升司法机关参与力度对大学生法治教育形成合力有着明显的推动作用。一是司法机关要充分挖掘自身资源并转化为面向大学生开放的法治教育资源和空间，创造条件组织大学生到法院、检察院等司法机关参观学习、旁听社会热点案件的审理。在条件许可的情况下开展司法机关"开放日"活动，邀请大学生实地观摩、参与执法，全面了解执法、司法过程。二是推动司法机关法治教育资源下沉到高校，邀请司法工作人员到校内开展法治教育专题讲座、案例分享，设置专门的法律事务咨询时间，让大学生真正接触社会法律问题。高校还可以聘请有经验的司法工作者担任法治辅导员，定期到高校为有需求的大学生提供常见的法律事务引导、法律问题答疑解惑。

3. 营造法治教育的家庭环境

家庭是人类社会发展到一定阶段的产物，其构成要素包括父母、子女、家庭教育、家风等。大学阶段是大学生法治信仰形成的重要时期，这一阶段，大学生虽然离家到高校学习，但经济上并未真正独立，对家庭仍存在依赖，家长依然对大学生存在不可忽视的影响，家庭环境在大学生法治教育中有着不可代替的作用。

（1）提高家庭成员法治素养

家长伴随学生成长，对学生最为了解，而家庭教育是学生接受时间最长、影响最深远的教育之一。在家庭教育中，为了在法治教育方面正确地引导大学生，家长应当主动增强自己的法治观念，可以通过阅读与法治相关的书籍，观看与法治相关的节目，参与社区组织的一些普法讲座，通过手机 APP、微信、微博等方式学习法治知识，了解国家及高校的法治要求，并将所看、所学的法治知识转化为对孩子的法治教育，引导学生哪些可为哪些不可为。同时，家长要努力营造温馨和谐的家庭氛围，创造平等、相互尊重的家庭环境，不溺爱孩子，不对其错误行为视之不见放之不管，引导孩子用正确的法治思维来思考和解决问题，家长从身边小事着手，严格遵循规章制度，自觉遵守社会规范，无形中影响孩子做到行为上遵守法律、心中敬畏法律，强化孩子遵纪守法的意识。

（2）家长要转变教育理念和方法

大学生法治教育需要得到家长的理解、重视与支持。随着时代的发展，家长需要知道影响学生成长成才的关键因素除专业课程和科学知识外，良好的法治素养也是一个人立足社会的基本要求。家长需要树立正确的教育观念，能够掌握当今主流价值观，在日常生活的小事中，发挥自觉守法的榜样作用，如开车时严格遵守交通规则等，从而言传身教，对学生进行家庭中的法治教育。除此之外，家长必须意识到建立规则意识是一件很重要的事情，建立合理的家庭规则。家规虽然不同于国家法律，但其所蕴含的规矩意识、规则理念，能让孩子从小就养成遵循规则的意识，并在出现错误行为时能得到父母及时的纠正和引导，父母依规矩办事才能更好地影响孩子，懂得遵守家规的人必然能逐渐培养规则意识，懂得尊重学校、社会的规章制度。

（三）充分利用网络平台开展法治教育工作

大学生是互联网的主要受众，"其思想观念、思维方式、行为习惯都深刻地受到网络环境的影响"[①]。互联网现已经成为高校开展法治教育的前沿阵地，一方面为传统的高校法治教育工作方式带来了新的挑战，另一方面也为法治教育工作的开展拓展了新的空间、途径和手段。积极利用网络技术资源，针对大学生的网络学习需求与思想行为特征等创新性开展工作，是新时代高校加强和改进大学生法治教育工作的重要任务。

1. 搭建新媒体法治教育平台

在互联网高速发展的阶段，新媒体的作用不容忽视，各大高校的法治教育活动不能限于一间教室和课堂时间，应该延伸到各网络平台和传播媒介，搭建立体化的高校法治教育新阵地，让大学生在课余和闲暇时间可以有资源和渠道学习法律知识。高校教育主体充分利用微博、易班、微信公众号、各平台视频号等新媒体平台，及时对大学生关注的法律热点问题，做出专业性、普及性的解答。高校可以整合各媒体平台信息资源，持续推送符合大学生身份、贴近大学生生活实际的法律小知识，如防范网络诈骗专题、恋爱专题、消费者权益保护专题等，扩大其对法治教育的影响力。

学校可以组织各类网络法治活动，如开展网络法治知识竞赛、网络法规宣传演讲比赛等，激发大学生学习和参与的积极性；可以组织大学生参与网络法治研究项目，让他们亲身感受网络法治建设的重要性和现实问题，培养他们的批判思维和问题解决能力；还可以设立网络法治咨询平台，为大学生提供网络法律咨询、个人信息保护指导等服务，通过提供专业的网络法律服务，及时帮助大学生解决问题。

① 冯刚、刘宏达：《新时代高校辅导员工作十讲》，北京师范大学出版社，2022年，第117页。

2. 提升大学生网络法治素养

在新媒体环境下，各种良莠不齐的信息充斥着网络空间，传播着多样价值，高校需要加强引导，将网络素养教育纳入必修课程和教学计划，通过设置相关网络法治教育课程和案例分析板块、组织网络法治讲座和研讨会等形式，让大学生了解网络法律法规、网络安全和个人信息保护等内容，使大学生能够增强对网络法治的认识和理解，引导大学生深入思考网络行为的道德和法律意义，培养他们正确的网络价值观和法治观念。

引导正确的网络行为对于提升大学生的网络法治素养至关重要。学校可以组织网络行为规范宣传活动，通过宣传校园网络行为准则，倡导大学生健康、文明地使用网络。同时，高校还要培养大学生正确的网络言行规范，谨言慎行，不传播虚假信息，在参与网络互动中，不恶意攻击他人，避免网络暴力行为，同时强调网络匿名不等于无责任，引导他们在网络空间中保持良好的道德风尚。

3. 强化校园网络监督管理

良好的网络环境能够帮助大学生保持积极健康的心态，为增强大学生法治教育的有效性提供助力，这就要求高校发挥自身的管理职能和主动性，加强校园网络的监督和管理。学校宣传部、网络管理中心等有关部门要充分发挥作用，建立一批具有过硬的法治素养和信息技术能力、具备丰富的工作经验的网络评论员、网络宣传员，进入各媒体平台，敏感、迅速地捕捉任何可能发生违法问题或是失德问题的情况，控制网络舆情，及时解决问题。

高校还需要制定校园媒体平台的管理规则，建立校园媒体信息发布的监管机制，规范大学生的网络言行，加强对校园媒体平台的监督与管理，营造风清气正的校园网络空间，传播正能量。除此之外，政府相关管理部门还应加强网络空间的治理，对各种网络违法言论、违法行为加大惩处力度，强化网络空间的法治化建设，为大学生法治教育提供良好的网络环境。

第八章　大学生法治案例分析与思考

开展大学生法治案例教育是对高校法治教育内容和方式的有益补充。法治案例教育能够实现法律知识、法治意识和法治信仰的同步建构，有利于激发大学生学习法律知识的兴趣，感受法治教育的独特魅力，提升大学生主动参与、独立思考、分析判断的能力，是融入了思想政治教育元素，更能让大学生内心接受的法治教育的一种形式。本章选取了大学生群体在生活和学习中所遇到的涉及法律问题的真实案例，分板块进行整合，深入解析，通过对案例情况进行简要介绍，梳理案件处理整个过程，提出法律问题，进行析法说理并予以通俗易懂的解答，再罗列出案例涉及的相关法条，最后进行启发性教育，告知大学生以后在遇到类似案例的情况下可以采取的做法和措施，避免违法违规的行为产生，满足新时代大学生普法、懂法、守法、用法的切实需要。

一、校园篇

（一）校园安全

📖 案例一

1. 案情简介

被告人郑某文、赵某强和被害人项某均系某职业学院学生。2020 年 9 月 25 日 21 时 30 分，在校内宿舍外走廊里，被告人郑某文、赵某强与被害人项某因琐事相互厮打，被告人郑某文用脚踹击项某胸部、肋部，被告人赵某强用脚踹项某的肚子，并用拳头击打项某胸膛，致项某胸骨骨折。经鉴定，项某的伤情程度构成轻伤二级。

2. 以案释法

（1）处理过程。

被告人赵某强、郑某文在该案事发三天后均向当地公安部门进行自首，同时对指控事实、罪名及检察院量刑建议没有异议且签字具结，并且在该案开庭审理过程中，双方当事人亦均未表示异议。此外，被告人郑某文、赵某强向被害人项某及其亲属道歉并积极赔偿其经济损失，被害人对被告人郑某文、赵某强行为表示谅解，请求法院对两被告人给予从轻处罚并适用缓刑。

（2）处理结果。

最终法院判定被告人郑某文犯故意伤害罪，判处有期徒刑八个月，缓刑一年；被告人赵某强犯故意伤害罪，判处有期徒刑七个月，缓刑一年。

（3）法律思考。

本案中最主要的法律问题是在刑事案件被告人自首、积极赔偿、取得谅解的行为对量刑的影响。那么在刑法中减轻处罚与从轻处罚的适用条件与范围是什么呢？

我国刑法规定，存在以下情况的，可以酌情减轻对被告人的处罚：犯罪时处于非完全刑事责任年龄阶段的；对自我行为能力无法进行完全控制的精神病人犯罪的；又聋又哑的人或者盲人犯罪的；犯罪未完全完成，即处于预备、中止或未遂阶段的；犯罪以后主动投案的等。

另一相关概念"从轻处罚"则一般以以下情况为前提：已满七十五周岁的人故意犯罪的；尚未完全丧失辨认或者控制自己行为能力的精神病人犯罪的；又聋又哑的人或者盲人犯罪；对于预备犯与未遂犯，可以比照既遂犯从轻处罚；如果被教唆的人没有犯被教唆的罪，对于教唆犯，可以从轻处罚；对于自首的犯罪分子，可以从轻处罚；犯罪嫌疑人有自首情节，如实供述自己罪行、揭发他人犯罪行为或提供重要线索等对破案有立功表现的，可以从轻处罚。

3. 法条链接

中华人民共和国刑法

第七十二条 对于被判处拘役、三年以下有期徒刑的犯罪分子，同时符合下列条件的，可以宣告缓刑，对其中不满十八周岁的人、怀孕的妇女和已满七十五周岁的人，应当宣告缓刑：

（一）犯罪情节较轻；

（二）有悔罪表现；

（三）没有再犯罪的危险；

（四）宣告缓刑对所居住社区没有重大不良影响。

宣告缓刑，可以根据犯罪情况，同时禁止犯罪分子在缓刑考验期限内从事特定活动，进入特定区域、场所，接触特定的人。

被宣告缓刑的犯罪分子，如果被判处附加刑，附加刑仍须执行。

第二百三十四条 故意伤害他人身体的，处三年以下有期徒刑、拘役或者管制。

犯前款罪，致人重伤的，处三年以上十年以下有期徒刑；致人死亡或者以特别残忍手段致人重伤造成严重残疾的，处十年以上有期徒刑、无期徒刑或者死刑。本法另有规定的，依照规定。

4. 案例启示

大学生正值年轻气盛之时，因与他人之间的矛盾与纠纷而产生不理智的行为从而导致严重后果的案例时有发生。由于并非个案，从类别来看，我们该如何看待这些案例，从中得出什么结论呢？这些案例是如何反映出它们的本质的呢？是学校风气、学历差异还是大学生个体心理问题？透过现象看本质，每一个角度都值得我们多方面考量与深思。但无论如何，在探讨更深层次问题之前，更为急迫的事情是要解决纠纷，并且是采用理性的、恰当的方法解决。当然，在纠纷发生之前，我们或许还有一个更有利于双方的做法，那就是避免纠纷。年轻人产生矛盾与纠纷的原因有时候很简单，有时也会较为复杂。但从大学生的生活来看，绝大多数的纠纷案例都是因琐事产生怨气且不能够及时或有效沟通导致的，根本没有闹上法庭的必要。从此案例来看，我们尚且能看出违法犯罪的二人行事鲁莽冲动，或许还缺少常识性的法律知识，但我们常说"法律应当是道德的底线"，因此与其在此处普及法律知识，不如先将重心放在道德教化上面。此时就必须提及辅导员在大学生思想政治教育上的基础建设作用。

稳固品德根基才能建造素质高楼。"辅导员是开展大学生思想政治教育的骨干力量，是高等学校学生日常思想政治教育和管理工作的组织者、实施者、指导者。辅导员应当努力成为学生成长成才的人生导师和健康生活的知心朋友。"①《普通高等学校辅导员队伍建设规定》强调，辅导员应尽力掌握学生学习与生活各方面动态，在学生的品德、心理、人际交往等方面应作积极的协调者与指导者。对大学生的品德教育与心理调节辅导是重中之重，辅导员全力做好该方面的学生工作，必定会从源头防范学生纠纷带来的风险与不良后果，上述案件也定将减少发生。

📖 案例二

1. 案情简介

2020 年，某大学公布的一项处分决定在网络上引发热议，这是一份对该校学生的留校察看决定。依据判决书中的既定事实，处分中被告人努某于2019 年 2 月 22 日凌晨，趁被害人因醉酒而丧失部分行为能力之时，将被害人带至某处出租屋内，对被害人进行了强制亲吻以及抚摸其下体等猥亵行为，并意图与之发生性行为。被害人及时予以反抗，并以报警威胁对努某进行警告和阻止，后被告人努某因惧怕被害人报警将对其造成严厉的刑法后果，从而停止了侵害行为。

2. 以案释法

（1）处理过程

案发当晚，在努某对被害人实施侵害时，被害人进行反抗以报警为由成功制止努某行为，努某停止侵害并离开过后，被害人向公安机关报案并通知努某，努某因害怕法律制裁遂向该公安机关自首。随后公诉机关向法院提起公诉，以强奸罪对努某进行指控。法院受理案件后，认为案件符合特定条件，依法对案件适用速裁程序进行不公开审理。公诉机关认为，被告人在案发当时由于害怕被害人报警遂停止了进一步侵害行为系犯罪中止；在得知被害人已经报案后努某主动到公安机关投案，并如实供述案件事实。

（2）处理结果

当地法院判决努某犯强奸罪，判处有期徒刑一年六个月，缓刑一年六个月。由此，努某所在大学根据学校规定，给予其留校察看处分决定，期限自处

---

① 教育部：《普通高等学校辅导员队伍建设规定》，http://www. moe. gov. cn/srcsite/A02/s5911/moe_621/201709/t20170929_315781. html，2017 年。

分决定作出之日起 12 个月，到期努某可以申请解除。

（3）法律思考

首先，努某犯强奸罪被判三年以下有期徒刑是否量刑过轻？

在我国刑法当中，犯强奸罪者一般被判处三年以上十年以下有期徒刑，再根据其客观犯罪行为与结果来看，情节严重的可能会被处以十年以上有期徒刑、无期徒刑甚至死刑。本案中，努某客观事实上犯强奸罪，但却因为其行为符合法定减轻处罚的情节而被处以三年以下有期徒刑。一是努某在犯罪过程中自动放弃犯罪，具有停止强吻、强摸的客观行为，也因此有效避免了强奸罪既遂的结果出现，使故意犯罪处于一种未完成的停止形态，构成犯罪中止，应当减轻处罚。二是努某在犯罪后主动到公安机关投案，并如实供述自己的罪行，其行为构成刑法所规定的自首，可以从轻或者减轻处罚。综合以上因素，努某符合法定减轻处罚的情节，故被法院判处有期徒刑一年六个月，属于三年以下有期徒刑。同时，努某有悔罪表现，可以被宣告缓刑。

其次，在实务当中如何判断被告人行为构成强奸罪？

根据我国刑法及相关司法解释的规定，强奸罪在法律上侵犯了妇女按照自己的意志决定性行为的权利，即性的自主决定权。性行为本身未征得被害妇女的同意，行为人通过采取一些使妇女不能、不知或不敢反抗的手段，实行了强制行为和奸淫行为。强制行为具体包括暴力行为、胁迫手段和其他使被害妇女不知反抗或不能反抗的手段，例如趁其昏迷、熟睡或麻醉、醉酒等本质上违背妇女意志的手段。

3. 法条链接

中华人民共和国刑法

第二十四条　在犯罪过程中，自动放弃犯罪或者自动有效地防止犯罪结果发生的，是犯罪中止。

对于中止犯，没有造成损害的，应当免除处罚；造成损害的，应当减轻处罚。

第六十七条　犯罪以后自动投案，如实供述自己的罪行的，是自首。对于自首的犯罪分子，可以从轻或者减轻处罚。其中，犯罪较轻的，可以免除处罚。

被采取强制措施的犯罪嫌疑人、被告人和正在服刑的罪犯，如实供述司法机关还未掌握的本人其他罪行的，以自首论。

犯罪嫌疑人虽不具有前两款规定的自首情节，但是如实供述自己罪行的，可以从轻处罚；因其如实供述自己罪行，避免特别严重后果发生的，可以减轻处罚。

第二百三十六条　以暴力、胁迫或者其他手段强奸妇女的，处三年以上十年以下有期徒刑。

奸淫不满十四周岁的幼女的，以强奸论，从重处罚。

强奸妇女、奸淫幼女，有下列情形之一的，处十年以上有期徒刑、无期徒刑或者死刑：

（一）强奸妇女、奸淫幼女情节恶劣的；

（二）强奸妇女、奸淫幼女多人的；

（三）在公共场所当众强奸妇女、奸淫幼女的；

（四）二人以上轮奸的；

（五）奸淫不满十周岁的幼女或者造成幼女伤害的；

（六）致使被害人重伤、死亡或者造成其他严重后果的。

4. 案例启示

我们要明确，在大学生活工作中，哪些行为属于性骚扰？

性骚扰是指违背他人意愿，以言语、文字、图像、肢体行为等方式对他人实施的与性有关的侵权行为。常见的行为表现分为三类：不必要的身体接触、不必要的谈论与性相关的话题或笑话、利用身体或行为展示具有性意义的部位等。

（1）在遭遇性骚扰后，我们该如何维权呢

首先，可以告知家人或自己信任的朋友，寻求他们的帮助，并在倾诉的过程中减少自己的心理压力和恐惧。其次，保存证据，对于聊天记录、邮件等电子信息进行保存，必要时对电子文档进行公证，并且牢记性骚扰或被侵犯时的时间、地点和经过，最好能记住较为准确的细节。再次，利用校园、用人单位等内部机制和妇联等机构进行投诉。之后，向公安机关报案。最后，自知道或应当知道自己的权利遭受侵害之日起一年之内向人民法院提起有关人身损害赔偿、赔礼道歉等诉讼。

（2）如果不幸被性侵该怎么办

首先最重要的就是确保自己的安全；其次应当保存证据，千万不要洗澡，并且就近求助于大型的医院或者司法鉴定机构，请医生出具诊断证明书并妥善保存，并且对于自己在遭受侵害过程中产生的伤痕等进行拍照保存，对受侵害时所穿的贴身衣物也进行保存；再次立刻去派出所向警方报案，提交能够证明犯罪事实的证据材料，尽可能证明自己所受的侵害违背主观意愿；最后就是自我的健康保护，在医生建议下使用紧急避孕药物或性病预防类药物，同时及时寻求心理咨询和援助。

（3）在工作和生活中我们如何避免自己的性权利不被侵犯？

首先，应当对自己正在进行的行为有明确、清晰的认知，了解行为可能造成的后果以及自己对该后果的承担能力，遵守法律法规。其次，应当明确自己的行为边界，当他人越过自设的界限试图挑战自己的底线时，应当采用言语或者行为明确拒绝。再次，当他人的行为使自己感到不适时应当勇敢地进行警告并积极进行求助，抛开束缚自己的性别观念和面子思想，勇于保护自己。最后，在日常生活当中尽量与周围人建立平等对话关系，在自己的性权利受到侵犯时牢记——这不是我的错。

案例三

1. 案情简介

被告人张某涵、王某、罗某、温某、徐某茹、武某婧与被害人吴某均系某县职教中心在读学生。2017年1月7日下午，张某涵与吴某因琐事在教室里打架，被同学拉开。2017年1月8日上午，王某去问张某涵与吴某打架的事，张某涵让王某先在放学后拦住吴某再说。2017年1月8日17时30分许，王某在学校的楼道里拦住吴某并告知张某涵，由于在学校打架不方便，张某涵、王某、罗某、徐某茹、温某、武某婧、吴某一起去了该校南侧的胡同。张某涵、王某、罗某、徐某茹、温某、武某婧将吴某围住，张某涵质问吴某后便开始殴打吴某，王某、罗某、徐某茹、温某、武某婧跟着一起殴打吴某。后吴某接到父亲的电话，吴某对父亲说和张某涵在一起不回家了，因吴某没有钱吃饭，张某涵给吴某5元钱让她去和同学吃饭，吴某和温某、田某、张某、高某一起吃了晚饭便回学校上晚自习。2017年1月9日早晨，吴某离开家，但没有去学校考试，班主任老师告诉了吴某的家长，因找不到吴某，吴某的家长报了警。2017年1月13日，在当地某公园山脚下发现了吴某的尸体。事后，吴某父母向当地人民法院提起诉讼。

2. 以案释法

(1) 处理过程

案发后，被害人吴某的父母向当地人民法院起诉，法院受理，因涉及未成年人隐私，判决文书未予以公开，但可以由二审判决书得知吴某死亡的损失依法确定为：死亡赔偿金 610960 元，丧葬费 32633 元，精神抚慰金 30000 元，合计 673593 元。综合全案，张某涵、王某、罗某、徐某茹、温某、武某婧承担 10% 的赔偿责任。张某涵、刘某华（张某涵母亲）、王某、王某宇（王某父亲）、徐某茹、王某娟（徐某茹母亲）、温某、郭某苹（温某母亲）、武某婧、杨某珍（武某婧母亲）因与上诉人吴某、刘某艳（吴某母亲）及原审被告张某东（张某涵父亲）、罗某、姚某红（罗某母亲）生命权、健康权、身体权纠纷一案，不服当地人民法院一审判决，于是再次向市中级人民法院提起上诉。市中级人民法院于 2019 年进行公开开庭审理，做出最终判决并结案。

(2) 处理结果

一审被告张某涵、王某、罗某、徐某茹、温某、武某婧承担 10% 的赔偿责任。

(3) 法律思考

依照本案事实，我们很难不为吴某的死亡感到难过，同时也会有人质疑张某涵几人是否应当为吴某的死亡负刑事责任。根据我国现行刑法规定，施暴者因校园暴力致人轻伤及以上或符合其他规定的需要担负刑事责任，但受害人因校园暴力自己选择了自杀则施暴者不需要负刑事责任。

除此之外，依据我国刑法规定，自杀因受害主体与施害主体的特殊统一性而不属于犯罪行为范畴。但在受行为人教唆或者帮助被害人自陷风险的情况下，倘若被害人满足主观上有危害认识能力、客观上有危害控制能力这两个条件，则被害人自担风险；不满足这两个条件的，则由行为人承担被害人死亡的责任后果。也就是说，行为人对于被害人的行为具有先行条件性，而这一行为使被害人自杀，或该行为协助了被害人的自杀，行为人应当承担刑事责任。

3. 法条链接

中华人民共和国刑法

第二百三十四条 故意伤害他人身体的，处三年以下有期徒刑、拘役或者管制。

犯前款罪，致人重伤的，处三年以上十年以下有期徒刑；致人死亡或者以特别残忍手段致人重伤造成严重残疾的，处十年以上有期徒刑、无期徒刑或者死刑。本法另有规定的，依照规定。

中华人民共和国治安管理处罚法

第四十三条　殴打他人的，或者故意伤害他人身体的，处五日以上十日以下拘留，并处二百元以上五百元以下罚款；情节较轻的，处五日以下拘留或者五百元以下罚款。

有下列情形之一的，处十日以上十五日以下拘留，并处五百元以上一千元以下罚款：

（一）结伙殴打、伤害他人的；

（二）殴打、伤害残疾人、孕妇、不满十四周岁的人或者六十周岁以上的人的；

（三）多次殴打、伤害他人或者一次殴打、伤害多人的。

4. 案例启示

（1）面对校园霸凌，我们坚决说"不"

案发2019年，本案件双方当事人年仅十七八岁。本是青春年华正当时，一个已经逝去，另外一方施暴者也在自己的档案与心理上留下了抹不去的阴影。

这绝不是个案。近年来，校园暴力事件频频发生，暴力行为令人发指，对施暴者的处罚也不同，轻者仅仅是被加以警告，重者将自己的青春永远地留在了监狱门前。那一道道渗血淤青是伤痕，留在哭泣的孩子身上，也更是将阴郁甚至仇恨烙印在心底。可悲的是，希望的曙光不总是会照进所有受伤者的灰色世界，从灰色到黑色，纵身一跃便是一个家庭的崩塌。

面对校园霸凌我们应当怎么办，如何才能真正制止校园霸凌的发生？这一切都在拷问着我们。校园霸凌事件体现了施暴人心理的狂妄与暴戾，究其根本，家庭教育的缺失、校园管理的不到位以及不良网络信息的诱导等多重因素都脱离不了干系。无论是中学生还是象牙塔中的大学生都有成为校园霸凌的实施者和被害者的可能性。作为心理尚不成熟的学生，家长应当密切关注孩子的心理状况，及时进行疏解沟通；学校应当密切关注学生的在校状态，做好安全防护措施，及时进行监管防止危险事件发生，建立校园心理疏解救助站，及时排解学生学习、心理压力；网络上，各监管部门应实时审查媒体平台中的不良作品与信息（如隐含暴力、色情等有违法导向的内容），并对舆论中的事实与虚假之处加以仔细辨别，不能丢下任何一个鼓起勇气的受害者；司法制度层面应当更加健全相关法律制度，形成以未成年人保护法为中心的多项法律法规联动，从法律层面筑牢底线。

（2）加强法治教育与思想品德教育工作

大学生活中，高校除了设立思想道德与法治一类必修课程，从理论上传授道德观念与法治精神，还应发动辅导员作为思想道德引导者，从现实生活中与人际交往的情感上用朴素的交流与信任对学生进行教化。辅导员应当始终坚持思想引领是自己工作的首要任务，帮助学生系好人生的第一粒扣子，做学生成长的引路人。辅导员始终把岗位职责和育人使命聚焦到立德树人根本任务上来，在工作中坚持思想引领、注重文化营造，以把学生思想引领做实、做好、做活为目的，提升大学生的法治素养，避免因该方面漏洞而使品德错误"升级"，在工作之余细研法治教育，也是辅导员找准"树德育法"工作切入口的有效路径。

（二）校园恋爱

📖 案例

....

1. 案情简介

孙男、李女为大学同学，大学期间两人确定恋爱关系。本科毕业后，孙男步入社会开始工作，李女考取研究生继续深造，但两人自本科毕业后便开始同居生活。孙男随即全款购买房产，房款由孙男与其父共同出资，李女并未出资，房地产权证登记权利人为孙男、李女二人，房地产权证也载明共有方式为共同共有。此外，孙男还承担了房屋装修及购置家电的费用。购房后一个月，孙男、李女共同出资购买轿车，并将其登记在李女名下，孙男每月给李女转账用以偿还车贷。同居开始后，孙男数次向李女微信转账，转账费用足以支撑两人普通生活开销。同时孙男也多次向李女的其他账户进行转账。

同居之初，双方均数次表达过建立婚姻关系的意愿，但在孙男多次求婚时，李女均持推诿态度。其间，李女怀孕，后因胚胎停育而流产。同居近两年，随后孙男提出分手，主要因为孙男多次求婚，李女均不同意，孙男认为，李女和自己恋爱是为了自己的钱。分手后，李女再次发现已有身孕。

因财产争议，孙男将李女诉至法院，李女当庭要求复合并结婚，理由为其已有身孕，孙男拒绝。

2. 以案释法

（1）处理过程

本案经一审判决，法院认定孙男证据不足，同时因其事实与法律依据不充分，驳回孙男上诉请求。后经二审发回重审及重申一审程序，最终，法院对孙男主张房屋的返还诉讼请求予以支持，并将案涉房屋认定为基于结婚目的的赠与财产。而其在同居期间购买的车辆及其他转账以及家具电器等，都因为两人是抱着结婚目的同居，所以被认定为共同财产。虽然孙男举证的转账等金额较大，但法院结合同居期间车辆折旧及双方共同生活开支的事实，认定男女双方掌握的共同财产价值相差不大，判定互不返还。

（2）处理结果

法院以与本案非同一法律关系为由未处理双方间的借贷纠纷。

（3）法律思考

首先，同居期间相关财产的性质区分。男女双方在交往过程中，不可避免地会发生财产往来，诚如上述案例中，从财产来源角度，有同居之前的男女双方各自的财产，有同居之后男女双方各自的收入，还有其他人（比如男方父亲）投入的财产。在同居之后，这些财产均由同居的双方或者一方掌握。我们首先应该厘清财产性质，只有厘清财产性质，才能依法分配相应的财产。经过案例检索，绝大部分纠纷都涉及上述财产性质（赠与、借贷、共有）。

区分财产性质的大原则：同居之后获取的财产，在没有相反证据的前提下，认定为同居期间的共同财产。具体到本案中，房产系购买于同居之后，孙男提交证据证明房款系同居之前孙男的个人财产及孙男之父的出资，以此主张房产不是同居期间的共同财产，而是孙男的个人财产，是孙男对李女的赠与。最终法院采信了这一观点。车辆购买于同居之后，孙男未能举证其出资系其个人财产，其支付的车贷款亦系同居后孙男的收入，法院最终认定该车辆系双方同居的共同财产。其他转账及购买的家具家电亦做出同样认定。

其次，赠与的性质区分。区分赠与的性质主要根据《中华人民共和国民法典》第三编第十一章关于赠与合同的规定，一般赠与行为完成后通常不支持撤销，而附义务的赠与行为完成后，如受赠人未履行义务，赠与人可以撤销赠与并要求返还赠与的财产。在《〈中华人民共和国民法典〉婚姻家庭编的解释》（一）关于彩礼返还的规定中也有这一法理运用其中。

本案中，李女以结婚为条件，向孙男提出房产加名要求，孙男也提出办理结婚、父母见面等事宜，显然，双方是在谈婚论嫁的基础上办理房产加名事宜。可以认定为以结婚为目的的赠与，属于附义务赠与行为的一种，双方分手后，结婚目的无法达成，孙男可行使撤销权，请求撤销赠与并返还财产。

根据检索案例可以看出，小额赠与行为，尤其基于爱意表达的小额转账，通常认定为一般赠与，不支持撤销赠与。而大额转账或者大宗财产的赠与，通常认定为以结婚为目的的附义务赠与行为，在这方面对证据的要求相对较低。

最后，同居期间共有财产的处理原则。共有财产区分为共同共有和按份共有，根据民法典物权编关于共有的规定，在没有约定情形下，同居期间的共有财产视为按份共有，并按照出资额确定各自的份额，不能确定出资额情形下，视为等额享有。就上述案例中的车辆来说，可以按照出资额来确定孙男、李女各享有的份额。

许多法院在这一问题上适用 1989 年最高人民法院发布的《关于人民法院审理未办理结婚登记而以夫妻名义同居生活案件的若干意见》第十条的规定，该规定也将同居期间共有财产认定为按份共有。

3. 法条链接

最高人民法院关于适用《中华人民共和国民法典》
婚姻家庭编的解释（一）

第五条　当事人请求返还按照习俗给付的彩礼的，如果查明属于以下情形，人民法院应当予以支持：

（一）双方未办理结婚登记手续；

中华人民共和国民法典

第六百六十一条　赠与可以附义务。

赠与附义务的，受赠人应当按照约定履行义务。

4. 案例启示

从案例检索结果看，这类案件没有统一的裁判标准，个案之间差异很大，首先在案由方面，婚约财产纠纷、同居关系财产纠纷、物权纠纷等案由均有涉及。其次在法律适用方面，有些案件适用关于共有的规定，有些案件适用1989 年最高人民法院发布的《关于人民法院审理未办理结婚登记而以夫妻名义同居生活案件的若干意见》处理，有些案件比照彩礼返还的规定处理，有些案件适用赠与合同的规定，还有些案件适用民法典总则关于附条件民事法律行为的规定处理。

笔者认为，同居关系区别于婚姻关系，更与合同关系有较大差异，同居关系所具有的不稳定性致使其不宜得到鼓励和支持，因此，不宜比照离婚财产分割的原则处理。同居关系也不是单纯的财产关系，按照合同关系的原则处理也不适当。目前，在法律规定层面，对解除同居关系后，共有财产如何处理没有明确的规定，这就给实务操作带来较大不可预见性。值得一提的是，1989 年最高人民法院颁布的《关于人民法院审理未办结婚登记而以夫妻名义同居生活案件的若干意见》距今已实施 30 多年，已经不能适应现在社会的需要，其规定也非常笼统，操作性不强，因此，关于这一问题还有待在法律规定层面进一步完善，这也是统一裁判尺度的必然要求。

在进行了大量案例检索之后，我们还发现这类案件自由裁量尺度较大，这一方面源于法律规定的不明确，另一方面也受到法官固有观念的影响。在按照共同共有各占一半的判例中，通常都是同居时间较长，同居已经类似于婚姻关系，财富是在双方同居期间共同取得，再就是女方显然处于弱势，虽然男方在经济上有较大贡献，但女方在双方共同生活中付出较多，加之传统观念认为女性在身体上、名誉上损失更大，解除同居关系对女性的社会风评及以后生活都较男方有更大的不利影响。法官认定是婚约财产返还还是同居共同财产分割的一个重要裁量尺度在于其内心确认的公平公正，这个"公平公正"除了根据证据做出的事实认定，往往还包含个案中法官所感受到的当事人的善意。

"努力让人民群众在每一个司法案件中感受到公平正义"[①] 已成为法院最重要的工作准则，法院作为公平、公正的象征，在公序良俗的引领中起到至关重要的作用，法院的判决不仅应注重个案的公平、公正，也需考虑社会效果。在处理恋爱关系有关财产争议中，既应考虑传统观念对女性的现实不利影响，也要维护健康向上的婚恋观，避免以恋爱结婚之名过度索取物质利益。

---

① 习近平：《高举中国特色社会主义伟大旗帜　为全面建设社会主义现代化国家而团结奋斗——在中国共产党第二十次全国代表大会上的报告》，人民出版社，2022 年，第 42 页。

（三）高校管理

📖 案例

1. 案情简介

任某系某学院 2014 级舞蹈编导 2 班在校生。2017 年 1 月，任某联系相关人员代替其参加 2016—2017 学年第一学期艺术概论期末考试。考试开始后，替考人员将原告的考生信息填写在试卷上，并于监考老师检查学生证与身份证期间，以中途上厕所为由离开考场。事后，该学院组织对替考事件进行相关调查，认定涉案学生实施了替考行为并基于此制作了假证件，认为涉事学生明显违反了《普通高等学校学生管理规定》和学校学籍管理相关规定，随即对任某作出开除学籍的处分。任某不服学校的处理决定，依次向学校和省教育厅进行申诉，但申诉结果均是维持原处分决定。最终任某对申诉结果不服，将省教育厅列为被告，学院列为第三人并提起了诉讼。

2. 以案释法

（1）处理过程

原告学生认为：首先，原告属于替考未遂。在考试过程中，在监考老师检查学生证、身份证之前，替考者主动离开考场一去不复返，替考行为主动终止，根据一般法理，对于未遂行为至少可以减轻处理。其次，本案无证据证明原告制作假证件。学校作出开除学籍处分的依据是考量了替考和制假证两行为而作出的，但制假证无任何实施依据，且是导致原告学籍被开除的直接因素，因此在该项指控不成立的情况下，就更应该减轻对原告的处分。再次，证明学校作出处分决定具有随意性。在同等情况下，学校对其他替考人员仅仅作出严重警告处分或者无正当理由变更开除学籍处分为留校察看处分。学院剥夺原告申辩权，处罚畸重。学院不给原告申辩的权利，没有进行质证，甚至学院的管理层竟然对该项事务的处理推诿拖延。最后，原告主动向该校承认错误，明显悔过，应当从轻和减轻处分。

被告省教育厅以及第三人学校认为：涉案学生实施了替考行为并基于此制作了假证件，认为涉事学生明显违反了《普通高等学校学生管理规定》和学校学籍管理相关规定，应当维持开除学籍的处分。

案件的争议焦点在于高校的处分决定是否超越了法律对其的授权，在作出处分前是否违反了正当程序，在给予处分时是否遵守了比例原则。

法院根据《普通高等学校学生管理规定》和学校学籍管理的相关规定，认可高校依照《普通高等学校学生管理规定》及高校自己依法制定的校规校纪对学生作出的有关考试作弊行为的相应、适度的处分，但该处分应当做到程序正当、证据充分。

本案中，原告找他人替考的事实成立，但被告在作出开除学籍处分的决定前，未能遵循《普通高等学校学生管理规定》及学校学籍管理相关规定中关于在作出处分前"听取学生陈述申辩"的规定，违反了程序正当的基本行政法治原则。虽然第三人的说法保障了原告的陈述申辩权，但其未能提供相应的证据予以证实，且在作出处分决定之前就对替考事实及审查情况进行谈话了解，不能代替原告应当行使的陈述申辩权。

（2）处理结果

被告在程序违法的情况下作出维持的申请处理决定，主要证据不足，依法应予撤销。

（3）法律思考

回顾本案学生胜诉、高校和省教育厅败诉的关键，在于高校作出处分是否遵守了法定的和校内规定的程序，以及对学生个人实施处罚时是否考虑了从轻和减轻处罚情节。高校屡屡出现程序未被遵循、处分决定太过随意等问题的原因并非法律规范、校纪校规中没有规定程序性条款，更多的情况是程序未被严格遵守。在我国，虽然各高校都制定了符合本校特色的申诉规定，也在各个申诉规定中规定了详略不一的程序性规定，但从具体执行情况来看，受理申诉的部门缺乏独立性，其人员也都是与利益相关的人员，因此，《普通高等学校学生管理规定》第六章对申诉委员会的人员结构作了明确规定，要求其应当由负责法律事务的学校有关负责人、职能部门负责人、教师代表、学生代表、相关机构负责人等组成，可以聘请校外法律、教育等方面的专家参与①，但对于申诉委员会的人员结构与申诉委员会的职能部门、职能部门负责人、教师代表、学生代表、负责法律事务的相关机构负责人人员的比例并没有作出更进一步的规定，在实践中申诉委员会的行政人员比例结构仍然较重，导致作出的相关申诉决定带有学校行政管理层面的意志，缺乏独立性和公正性，更具随意性和独断性。对于该问题，至少在现在缺乏制定具体规定的现状之下，只得依靠各高

---

① 教育部：《普通高等学校学生管理规定》，http://www.moe.gov.cn/jyb_xxgk/xxgk/zhengce/guizhang/202112/t20211206_585064.html，2017年。

校按照依法治校的精神严格限制申诉委员会人员结构的比重，落实申诉处理追责制，增强申诉受理人员的法治意识，使得法定的程序能够被严格履行，使得处理结果能够得到公众的信服。

3. 法条链接

普通高等学校学生管理规定

第五十二条　学生有下列情形之一，学校可以给予开除学籍处分：

……

（四）代替他人或者让他人代替自己参加考试、组织作弊、使用通讯设备或其他器材作弊、向他人出售考试试题或答案牟取利益，以及其他严重作弊或扰乱考试秩序行为的；

……

第五十四条　学校给予学生处分，应当坚持教育与惩戒相结合，与学生违法、违纪行为的性质和过错的严重程度相适应。学校对学生的处分，应当做到证据充分、依据明确、定性准确、程序正当、处分适当。

第五十五条　在对学生作出处分或者其他不利决定之前，学校应当告知学生作出决定的事实、理由及依据，并告知学生享有陈述和申辩的权利，听取学生的陈述和申辩。

处理、处分决定以及处分告知书等，应当直接送达学生本人，学生拒绝签收的，可以以留置方式送达；已离校的，可以采取邮寄方式送达；难于联系的，可以利用学校网站、新闻媒体等以公告方式送达。

4. 案例启示

通过类似案件可知，高校学生有相当概率通过程序上的瑕疵对学校发起诉讼，从而对自身的利益损失进行救济。从高校角度来说，依照正常的处理程序，高校在作出处分决定之前，应向学生及时说明处分决定的事实、理由与依据，并告知其享有陈述和申辩的权利，依程序听取学生的陈述和申辩，将拟处分决定提交校长办公会或校长授权的专门会议研究决定。如果高校在实体方面认定正确，即使涉案学生对处理结果有异议而进行申诉乃至诉讼，面对司法机关对申诉程序的审查，高校都可立于不败之地。值得提出的是，随着法治化浪潮不断高涌，学生日益增长的法治意识和部分学校落后的管理制度、治校者落后的法律观念发生剧烈的冲突，部分高校对学生权利的漠视导致学生诉高校案件屡屡发生，愈演愈烈。学生如果通过内部制度求诸公正无果，只能一纸诉状与高校对簿公堂，而高校对于程序的失察也只能导致败诉，即使部分学生真实存在着违规违纪的情况；从学生角度来说，宪法第四十一条明确授予了中华人民共和国公民具有申诉权，学生对于大学这类法律法规授权行政机关及其工作人员有关失职或者是违法的情形下当然可以积极行使自己的申诉权，维护自身合法权益。总而言之，高校如果没有作出合乎程序的处分或者处理决定，不仅处分和处理对学生不具有约束力，当学生申诉权行使受阻时，还可以通过诉讼的方式来维护自身合法权益。

二、生活篇

（一）财产安全

📖 **案例**

----

1. 案情简介

李某是某技术学院的学生，钟某是高三学生，二人是某高中的同学。钟某因债务问题于 2021 年 4 月 25 日向李某借款 1.9 万元并出具借条，李某实际支付借款 1 万元，双方口头约定借款期限为 10 天。可钟某到期后不归还借款。钟某、李某均系在校学生，钟某妈妈让李某找公安、法院处理，李某以此向当地人民法院提起诉讼。

2. 以案释法

（1）处理过程

一审查明，李某在起诉状中称 2021 年 4 月 25 日微信转款 1 万元，4 月 27 日支付了现金 0.9 万元给钟某，钟某出具了借条。一审法院认为，债务应当偿还。

钟某不服一审判决，提起上诉请求：首先，钟某请求撤销法院作出的民事判决书；其次，钟某请求判定其与李某之间的民间借贷是无效民事法律行为，驳回原审原告李某的诉讼请求；最后，钟某请求判令李某承担本案全部诉讼费用。事实与理由：被上诉人李某起诉的事实存在虚假陈述。钟某向李某借款 1 万元，李某要求钟某在格式借条上填写 1.9 万元，并指定钟某写下一份还款承诺书，声明借款本金为 1.9 万元。李某出借给钟某的款项由聂某提供，借据也是聂某提供模板打印的，李某根据聂某的授意向钟某追讨欠款。双方之间是"套路贷"、高利贷、校园贷，李某的放贷行为违反了法律规定，违背了公序良俗，其民事法律行为应为无效。一审法院认定事实和适用法律存在明显错误，请求二审法院查明事实，依法裁判。

被上诉人李某答辩称，原审判决认定事实清楚，适用法律正确，请求依法予以维持。

（2）处理结果

二审法院认为，关于涉案借款合法性的问题，上诉人钟某提出涉案借款涉嫌"套路贷"、高利贷和校园贷，但现有证据显示双方没有约定借款利息，钟某未支付过高额利息，本案也尚未达到以合法形式掩盖非法侵占借款人财物的犯罪行为的认定标准，且钟某并未提供任何证据证明涉案款项涉嫌校园贷，故法院对上诉人的该项意见不予支持。双方之间借款 10000 元的事实清楚，证据充分，钟某应按约定偿还。最终二审法院驳回上诉，维持原判。

（3）法律思考

通过本案我们应当产生一个在借贷行为中极其重要的法律意识——如何正确拟定借贷合同。

按照我国现行法律规定，一般情况下，借款合同应当以书面形式拟定，但随着虚拟支付（如微信、支付宝转账）如火如荼地发展，微信聊天及转账记录经证实后也能作为借贷依据。《最高人民法院关于审理民间借贷案件适用法律若干问题的规定》第二条规定，出借人向人民法院提起民间借贷诉讼时，其他能够证明借贷法律关系存在的证据也能作为法律依据。传统借贷合同的内容一般包含借款币种、用途、金额、还款期限与方式以及协商明确的不超出合法范围的利率与利息。在合同的世界里，约定占据优先位置。贷款人若未按照约定日期提供约定数额的借款与利息，借款人有权追究其违约责任，并请求其赔偿损失。

3. 法条链接

中华人民共和国民法典

第六百七十五条　借款人应当按照约定的期限返还借款。对借款期限没有约定或者约定不明，依据本法第五百一十条的规定仍不能确定的，借款人可以随时返还；贷款人可以催告借款人在合理期限内返还。

第六百七十六条 借款人未按照约定的期限返还借款的，应当按照约定或者国家有关规定支付逾期利息。

4. 案例启示

在熟人社会中，尤其是在大学校园内，借钱不仅仅是一个简单的财产转移问题。我们生活在人情社会中，同时也不自知地来往于人情社会与现代市场规范之间。不涉及钱的时候，人们会用社会规范思考，他们获得的是金钱以外的满足感与幸福感。涉及钱时，我们总说"谈钱伤感情"，也不无道理，因为这时人们就会用市场规范思考。

但不论是亲友还是普通关系的同学、同事，人人都会有困难时。讲究人情世故的中国人往往会设身处地考虑他人处境然后伸出援手。传统美德自然应该传承，但在利他的同时别忘了保护自己的合法权益。建立借贷关系时千万不能忘记借贷合同的有效订立。信赖建立于诚信之上，别让多年真情为一页合同而付之东流。

因此，在朋友间借钱时，不论自己作为借款人还是出借人，不论是在选择借款数额还是方式时，请三思！

（二）消费维权

📖 **案例**

....

1. 案情简介

小王系某政法大学大三学生，2019 年初，小王和同学一起到某游乐园玩，但在进游乐园门口时被工作人员拦住翻包检查，在检查过程中，工作人员发现其携带零食，小王因此受到工作人员的阻拦。小王表明园方违反了法律规定，而园方始终坚持这是游乐园规定，对每个进园游玩的顾客都具有约束力。由于园方态度强硬，小王无可奈何只能在园方指定的区域内将自己携带的食物吃掉或是丢弃。途中，小王也通过报警和拨打 12345 及 12315 热线进行投诉，但得到的回答都以"园方有权对此类事项进行规定"为由表示园方行为合理。回校后，小王依然不服该规定，并做相关调研，结果表明，多数人认为该游乐园"不得自带饮食"的规定侵害了消费者的合法权益。2019 年 3 月 5 日，小王向当地人民法院提起诉讼。

2. 以案释法

（1）处理过程

原告认为被告方明显违反了《中华人民共和国消费者权益保护法》第二十六条的规定，认为被告方在格式合同中没有尽到显著提示的义务以说明禁止自带饮食的要求，在网络上购票以及入园检查之前没有获得任何相关性的提示，只有官网中的乐园须知栏目中才能查阅到该条款。因此，原告请求法院确认该游乐园禁止游客携带食品进入园区的格式条款无效并要求被告赔偿原告因该条款所受损失，共计 46.3 元。而被告游乐园方认为：第一，对于禁止带食品进入园区的条款早已规定，其于 2017 年 11 月 15 日在《游乐园游客须知》中便明确规定"禁止游客携带食品和酒精饮料入园，游客可以选择寄存（每日寄存费 80 元）"；第二，游乐园方面表明不让游客带食物进入园区，并不是一定要其在园区购买食物，消费者仍然能够出园购买并在园区外就餐；第三，游乐园还以卫生和安全角度说明了限制游客外带食物的合理性。案件的争议焦点在于游乐园方面是否履行了法定的告知义务，这是判断游乐园制定的限制游客权利的条款是否合法以及是否侵害小王等游客群体消费者权益的关键。

（2）处理结果

原被告双方在法院主持下达成调解协议，游乐园向原告小王补偿 50 元。

（3）法律思考

回顾本案，原被告双方主要围绕着"被告是否对相关规定进行了法定且合理的公示""被告的规定是否合理"两个焦点问题进行辩论。在本案中，法院虽然没有表明其具体态度，但是在法律实务以及学术界都一致认为原告的诉讼请求有正当的法律基础，被告未以显著方式提请消费者注意相关限制性规定的行为缺乏合法性。但关注的焦点不应当仅局限于合同的格式条款是否明示，园方公然且强制的翻包行为，是否也侵犯了消费者的隐私权和人格权呢？答案是肯定的。根据《中华人民共和国消费者权益保护法》第二十七条之规定："经营者不得搜查消费者的身体及其携带的物品，不得侵犯消费者的人身自由。"游乐园虽然辩称翻包是为了检查是否有管制刀具，根本目的是保障公共安全，而并非为了搜查游客是否自带食物。

3. 法条链接

中华人民共和国消费者权益保护法

第二十六条　经营者在经营活动中使用格式条款的，应当以显著方式提请消费者注意商品或者服务的数量和质量、价款或者费用、履行期限和方式、安全注意事项和风险警示、售后服务、民事责任等与消费者有重大利害关系的内容，并按照消费者的要求予以说明。

经营者不得以格式条款、通知、声明、店堂告示等方式，作出排除或者限制消费者权利、减轻或者免除经营者责任、加重消费者责任等对消费者不公平、不合理的规定，不得利用格式条款并借助技术手段强制交易。

格式条款、通知、声明、店堂告示等含有前款所列内容的，其内容无效。

第二十七条　经营者不得对消费者进行侮辱、诽谤，不得搜查消费者的身体及其携带的物品，不得侵犯消费者的人身自由。

4. 案例启示

生活中，很多譬如饭店、酒吧、影院等经营场所都存在拒绝消费者自带酒水饮食的现象，或者在繁杂的合同文本中以寥寥数字对消费者的合法权利进行限制或者增加消费者的义务，更有甚者对消费者实施翻包搜身等严重侵犯公民隐私权的行为。面对经营者实施的这些行为，大学生群体应当积极地运用法律来维护自身的合法权益，而不是一味地忍气吞声，这样只能助长不法商家的嚣张气焰。下面是笔者给出的处理这些情况的法律建议：

第一，针对商家禁止消费者自带酒水的处理对策。首先需要明确的是，笔者查阅了大量相关判例之后，发现并非在任何情况下商家禁止消费者自带酒水的行为都是违法的。其次，商家作出的格式条款并非必然无效，要看商家是否已尽告知义务。若无，则侵犯了消费者知情权，同时该格式条款因未合理提请消费者注意，属无效，商家在诉讼中往往会因此败诉。再次，即使商家尽到了告知义务也不意味着该格式条款必然有效，因为还要根据市场情况、经济规律、行业惯例、交易习惯等因素考虑格式条款的合理性。法院往往会具体审查商家的条款公平合理与否，即是否达到了侵犯了消费者的自主选择权、公平交易权的程度。若商家作出"外带酒水需收取开瓶费"等显失公平的格式条款，在诉讼中当然会败诉。

第二，针对商家强制翻包搜身的处理对策。首先，商家强制翻包搜身的行为是违法行为。《中华人民共和国宪法》第三十七条规定，只有侦查人员才能对有犯罪嫌疑的人身体、物品、住处和其他有关的地方进行搜查。除此之外，任何个人和机构均没有搜身的权利。其次，当消费者遭到商家强制搜包搜身的，可以主张自己应有的权利。《中华人民共和国消费者权益保护法》第二十七条和第五十一条分别规定了商家不得侮辱诽谤消费者以及消费者在因前述行为受到严重精神损害时可以请求精神损害赔偿的权利。即使遭受一般的精神损害，消费者也可主张要求商家停止侵权、恢复名誉、消除影响、赔礼道歉。

第三，遭受商家侵害的处理对策。《中华人民共和国消费者权益保护法》第十五条规定，消费者享有对商品和服务的监督权。消费者面临商家的侵害时，首先应与商家协商，即"讲事实、摆道理"。如果商家没有听取或接受消费者的建议，则可以拨打消费者投诉电话 12315 进行投诉，通过当地消费者协会的介入来调查商家，并对商家损害消费者合法权益的行为，通过大众传播媒介予以揭露、批评。当协商和投诉都无果的话，消费者可以《中华人民共和国消费者权益保护法》相关内容为依据，提起民事诉讼来维护自身权益。

（三）劳动保护

📖 案例一

1. 案情简介

大学生万某与某公司于 2018 年 9 月签署一年期的兼职实习合同，合同期限至 2019 年 9 月 9 日止；合同同时约定了劳动时间、劳动报酬、保密义务等。2019 年 6 月，万某工作 16 天；7 月；工作 5 天。2019 年 7 月 11 日晚，万某以邮件形式向公司提出离职，并以微信形式对其在职期间接手的文档材料等进行了告知。公司表示在万某办理工作交接后才可支付工资。8 月万某与相关工作人员在电话中进行了工作交接，该工作人员于当晚亦提出离职。

审理中，被告称，公司在 2019 年 6—7 月期间，内部讨论给予原告万某实习转正，并将许多工作项目交给原告负责，原告对此并无异议。然原告提出辞职后，虽在电话中与他人办理交接，但接受交接人员于交接当日即离职，故万某的交接并未完成。万某认可被告曾内部同意其转正，但其是以实习生的身份提出辞职的。所谓的给予工作项目，其实也就是原负责人离职时，由其负责接受了他的交接事项，而这些交接事项依然在公司。

2. 以案释法

（1）处理过程

2020年1月14日，法院受理原告万某与被告公司之间的劳动报酬请求权纠纷一案，并以简易程序进行了公开审理，原告万某、被告公司的委托诉讼代理人参加了庭审。

原告的诉讼请求为，要求被告支付2019年6月1日至7月11日实习期间的劳动报酬人民币3780元（以下均为人民币）。原告的事实与理由：原告本人于2018年9月与被告签署一年期的实习合同，约定其报酬为150元/天。同年年底被告将其薪资调整为180元/天。2019年7月11日，原告以邮件形式向被告提出辞职。8月，原告与被告的行政人员在电话里办理了工作交接。但被告至今未支付6月、7月的劳动报酬。

被告公司辩称，确认原告所述的实习、薪资调整、离职等事实，但由于原告离职时未办理工作交接，也未签署解约协议和保密协议，故不同意向原告支付工资。

（2）处理结果

法院认为，虽然原告是实习生，与被告之间尚未建立劳动关系，但是，原告在被告处进行工作、付出劳动，被告就应当支付相应的劳动报酬，这是被告作为用工单位必须承担的法定义务。被告所谓的原告未办理工作交接，不能获得劳动报酬，没有任何法律依据。实习生在离职时不需要签署解约协议或保密协议，因为协议本身就是双方共同商议的结果，它并不是法定的。被告与其他离职实习生签署解约协议，并不意味着"解约协议"是离职时必须签署的文件。无论原告是否办理工作交接，都不能成为被告拒付工资的理由，况且被告承认原告在电话中办理了工作交接。因此，被告拒绝向原告支付工资，法院不予采信。根据查明的事实，原告主张的工资金额与事实相符，原告要求被告支付工资的请求，法院予以支持。

（3）法律思考

在校大学生兼职或实习是否符合建立劳动关系特征？造成上述状况的原因主要为，在校大学生不完全具备劳动关系的主体资格，他们提供的劳动过程与正式员工劳动过程并不完全相同。在认定在校大学生是否能够建立劳动关系的时候，有一种例外，就是当毕业学年的学生已经完成了所有的学业，只是由于毕业手续的流程还没有办理而没有领取毕业证，并且用人单位对其毕业生身份和学业完成情况是知道的，在双方都有意愿与对方建立劳动关系的前提下，就工作岗位、工作内容、合同期限、劳动报酬等事项进行了充分的沟通，并签署了劳动合同，就可以建立劳动关系。

3. 法条链接

中华人民共和国劳动争议调解仲裁法

第五条　发生劳动争议，当事人不愿协商、协商不成或者达成和解协议后不履行的，可以向调解组织申请调解；不愿调解、调解不成或者达成调解协议后不履行的，可以向劳动争议仲裁委员会申请仲裁；对仲裁裁决不服的，除本法另有规定的外，可以向人民法院提起诉讼。

第六条　发生劳动争议，当事人对自己提出的主张，有责任提供证据。与争议事项有关的证据属于用人单位掌握管理的，用人单位应当提供；用人单位不提供的，应当承担不利后果。

4. 案例启示

大中专学生到用人单位毕业实习的情况比较特殊，应当具体分析，《中华人民共和国劳动合同法》对此无明确规定。从实习学生的具体情况看，由于其尚属在校学生，毕业实习属于教学计划之一，故完全适用《中华人民共和国劳动合同法》并不现实（比如社会保险无法适用），在工作时间、劳动保护、劳动条件和职业危害防护等方面和其他试用期以内职工相比有歧视性待遇；另外单位也可能利用立法方面的模糊，等到学生毕业后与其签订劳动合同时再次约定试用期。

📖 案例二
···

1. 案情简介

2014 年 9 月，在校大学生李某应学校要求，到 A 公司处进行就业型实习，职务是施工员。2014 年 11 月 27 日上午 9 时许，A 公司安排李某到工地工作，李某在高空作业时坠落受伤。事故发生后，李某被送至医院救治，共住院治疗18 天。李某认为自己在 A 公司工地上从事实习工作时受其管理，并领取相应报酬，故 A 公司对李某在实习工作中受到的伤害负有赔偿责任。此外，学校对在校学生实习期间的安全仍负有管理、保障义务，故学校对李某受伤的损害结果亦负有赔偿责任。为维护自身合法权益，李某提起诉讼。

2. 以案释法

（1）处理过程

李某诉称其在 A 公司实习工作时，A 公司对李某所在场所的工作负有安全保障义务，根据相关规定，实习单位不得安排学生参与高空、井下等有较高安全风险的实习工作任务，本案事故正是 A 公司安排李某进行高空作业时发生的，故其对李某在实习工作中受到的伤害负有赔偿责任。此外，学校对在校学生实习期间的安全仍负有管理、保障义务，故学校对李某受伤的损害结果亦负有赔偿责任。A 公司辩称其已尽管理职责和安全保障义务，对李某无任何侵权行为，与李某受伤的损害结果之间也不存在因果关系，无需承担侵权责任；此外，李某对受伤事故存在重大过错，应由其自行承担责任。学校辩称李某的实习单位系其自行联系确定，李某认为学校未尽管理义务，应承担连带赔偿责任缺乏法律依据。

（2）处理结果

一审法院认为，案涉事故发生时，李某系在校学生，其在实习期间内受伤不是工伤，应属侵权范畴，适用过错责任归责原则。李某作为实习学生在 A 公司实习，A 公司系其实习期间的直接管理人，具体安排李某的实习工作并对其进行监督管理，应当对其进行岗前培训以及必要的安全教育管理，并为李某提供安全的工作场所，以保障其在实习期间的人身安全。根据事故发生时施行的相关规定，学生不得被安排从事高空等具有安全隐患的实习劳动。然而，A 公司在明知上述规定的情形下，仍安排李某前往高处作业，完全不顾由此可能产生的危险，故其应对李某受伤承担主要过错责任。同时，李某虽在 A 公司实习，但学校与李某之间的教育管理关系的性质并未因此发生变化，因此，不能排除学校对李某负有的安全生产教育义务及相关安全隐患提醒义务，学校亦对李某受伤的损害后果存在一定过错。另外，考虑到李某明知不得冒险上高空作业，事故发生前未与实习指导教师沟通，事故发生时作为一名成年人未尽到审慎注意义务，导致自身从高处坠落受伤，故李某亦对其损害后果负有一定的过错责任。根据当事人对本案损害发生的过错程度，法院酌情确定 A 公司对李某本次受伤造成的损失承担 75% 的责任，学校承担 15% 的责任，李某自行承担 10% 的责任。二审法院维持原判。

（3）法律思考

在校学生实习期间受伤，应当如何救济？

在处理这一类案件时，首先应当明确在校大学生在实习单位实习期间仍然具备学生的身份，故其与实习单位之间建立的不是劳动关系，其在实习期间受伤不应认定为工伤，无法寻求工伤救济，而应适用《中华人民共和国民法典》侵权责任编的有关规定。其次，由于在校生实习期间仍是大学生，还需接受学校的管理，学校对学生负有安全教育义务，因此在责任承担时，学校与实习单位均负有赔偿责任。最后，在具体进行责任分配时，还需考虑学生对其所受损害的发生是否存在过错，若存在过错，则自身也需要承担部分责任。

本案在明确当事人的责任分配时，法官主要考虑了以下几点：第一，A公司在接受李某实习期间，应当遵守法律、法规和国家的有关规定，为李某提供必要的劳动条件和安全健康的劳动环境。本案中，A公司在明知不得安排学生从事高空等具有安全隐患的实习劳动的情况下，仍安排李某从事高处作业，应对李某从高处坠落摔伤的后果承担主要过错责任。第二，学校作为学生实习期间的间接管理人，对学生在实习单位的安全负有一定的安全教育和管理义务，并应当对学生在实习中的安全防范和权益提供保障。本案中，学校疏于履行提醒和管理义务，对李某的损害应当承担相应责任。第三，李某在进行高空作业时未尽到审慎注意义务，其对自身损害存在重大过错，故应承担部分责任。

3. 法条链接

中华人民共和国民法典

第一千一百六十五条　行为人因过错侵害他人民事权益造成损害的，应当承担侵权责任。

依照法律规定推定行为人有过错，其不能证明自己没有过错的，应当承担侵权责任。

第一千一百六十七条　侵权行为危及他人人身、财产安全的，被侵权人有权请求侵权人承担停止侵害、排除妨碍、消除危险等侵权责任。

4. 案例启示

在校生实习期间仍需接受学校的管理，而实习单位仅是根据学校要求，提供实习场所、环境、条件。学生和实习单位没有形成劳动关系，因此学生不能获得工伤保险的赔偿，学生在实习期间受到伤害，不能享有工伤保险待遇。因而，在实践中，大学生因意外事故而受伤的，应当按照普通人身侵权的标准进行赔偿。

以上三方承担责任主要基于以下几点：第一，实习单位对实习生负有一定的安全教育和管理义务，应为实习生提供安全的工作场所，以保障实习生在实习期间的人身安全；第二，学校如有疏于对学生的安全教育和进行必要的管理的情况，也要对学生受伤的损害结果承担相应的赔偿责任；第三，实习生是成年人，对于自己的安全有一定的注意义务，对于自己受伤的损害结果也有一定的过错，因此可以适当减轻公司和学校的赔偿责任。

实习学生不是劳动法意义上的劳动者，在实习过程中其合法权利更容易遭受侵害，且没有工伤机制兜底。因此，实习生在实习期间遭受损害时需要实习单位和学校承担赔偿责任，这种责任机制更有利于保护实习学生的权益。

（四）产权保护

📖 案例

1. 案情简介

A动漫公司工作人员在市场上发现 B 食杂店销售的产品外包装图案与其享有著作权的美术作品在实质要件上存在极大相似，遂与 B 食杂店进行协商，希望 B 食杂店能停止销售并销毁有关产品，同时赔偿因 B 食杂店行为造成的损失共 1 万元，但多次协商无果，A 动漫公司向法院提起诉讼。诉讼时，A 动漫公司提交了相关的著作权登记证书，其中记载美术作品《波比》的著作权人为 A 动漫公司，A 动漫公司还提交了核准变更登记通知书。B 食杂店未提交相反证据，也未对 A 动漫公司著作权人身份提出异议。一审法院结合案情，根据《中华人民共和国著作权法》规定，认定 A 动漫公司系《波比》美术作品的著作权人，享有该作品的复制权、发行权等人身和财产权利，认定 B 食杂店的行为构成对 A 动漫公司著作权的侵害，应承担相应法律责任。B 食杂店不服此判决，提起上诉。

2. 以案释法

（1）处理过程

本案的争议焦点主要为 B 食杂店销售被诉侵权产品是否侵害 A 动漫公司所享有美术作品的著作权以及如果构成侵权，原告主张的损失赔偿金额 1 万元是否合理。本案中，A 动漫公司提交的登记号为 2007－F－09212 的著作权登记证书记载美术作品《波比》的著作权属 A 动漫公司，B 食杂店既未提交相反证据，亦未对 A 动漫公司著作权人身份提出异议。且 A 动漫公司也提交了核准变更登记通知书，一审法院认定 A 动漫公司系《波比》美术作品的著作权人，依法享有该作品的复制权、发行权等人身和财产权利。法律、行政法规另有规定的除外，任何组织或者个人将他人的作品进行复制发行，应当取得权利人许可，并支付报酬。B 食杂店未经著作权人许可，销售的"幸福救援队猪猪侠"卡通玩偶外包装上使用了与 A 动漫公司享有著作权的作品《波比》构成实质性相似的图案，已构成对 A 动漫公司所享有涉案美术作品著作权的侵害，应承担相应的法律责任。

（2）处理结果

一审法院认为此案中 B 食杂店侵害 A 动漫公司著作权的事实清楚，A 动漫公司诉请 B 食杂店立即停止销售、销毁侵权产品，并赔偿损失，应予支持。但 A 动漫公司主张的损失赔偿金额过高，一审法院依法予以调整。一审判决作出后，被告不服提起上诉，二审法院认为一审判决认定事实清楚，适用法律正确，应予维持，驳回了上诉人的上诉请求。

（3）法律思考

本案的争议焦点在于 B 食杂店销售被诉侵权产品是否侵害 A 动漫公司所享有美术作品的著作权；如果构成侵权，原告主张的损失赔偿金额 1 万元是否合理。

针对第一个问题，司法实务中通常采用的是"接触加实质性相似说"，这是在多年著作权保护实践的基础上，总结出的判定被控侵权作品复制了或来源于享有著作权的作品、被告构成著作权侵权的规则。

所谓"接触"，不限于被告实际阅读了享有著作权的作品，在一般情况下，如果被告有一个合理的机会或者可能性，可以阅读或者聆听到被告的作品，那么就可以认为是一种接触，例如，原告的作品已经通过发行、展览、演出、放映、广播等方式被公众所知。在本案例中，原告早于 2007 年就已发表，原告有着充足的时间去了解、接触，原告存在着合理的机会和可能性去阅读。

"实质相似性"是指在原、被告作品篇幅较短、相同或相似之处明显的情形下，原告只需要提交原、被告作品即可；如果原、被告的作品并不存在明显的相同点，则原告在提交控告侵权作品的同时，应当明确地指出原、被告的作品的相同或相似之处。

3. 法条链接

中华人民共和国著作权法

第十一条　著作权属于作者，本法另有规定的除外。

创作作品的自然人是作者。

由法人或者非法人组织主持，代表法人或者非法人组织意志创作，并由法人或者非法人组织承担责任的作品，法人或者非法人组织视为作者。

最高人民法院关于审理著作权民事纠纷案件
适用法律若干问题的解释

第七条　当事人提供的涉及著作权的底稿、原件、合法出版物、著作权登记证书、认证机构出具的证明、取得权利的合同等，可以作为证据。

在作品或者制品上署名的自然人、法人或者非法人组织视为著作权、与著作权有关权益的权利人，但有相反证明的除外。

4. 案例启示

著作权产生于印刷术的应用，繁荣于科学技术的迅猛发展，其保护受到了越来越多国家的重视。《中华人民共和国著作权法》在中国是一部相当年轻的法律，自 20 世纪 90 年代被制定以来，也不过历经了三十载的沉淀。诚如总则中的第一条所言，本法的制定目的是"鼓励有益于社会主义精神文明、物质文明建设的作品的创作和传播，促进社会主义文化和科学事业的发展与繁荣"。保护一个著作权人的作品免受他人侵犯，就是对整个社会主义文化秩序的保护，才能够进一步促进广大民众积极投身于社会主义精神文明、物质文明的建设之中，保证一切创造智力成果的源泉充分涌流。

而具体到大学生群体中，最重要的著作权作品莫过于毕业论文，因为它不仅是每一位大学生四年本科学习生涯的学术结晶，倾注了作者大量的心血与热爱，更是大学生通过毕业答辩、拿到本科学位的必由之路，标志着其结束学生生涯、正式迈入社会或者进入更高的学府进修。当我们发现自己的学术科研成果被他人抄袭、剽窃，应当义正词严地向侵权人发出警告，要求其停止侵权，在得不到救济或得不到适当救济的情况下，勇敢地诉诸法律，保护自己的智力成果。

三、网络篇

（一）言论自由

📖 **案例**

．．

1. 案情简介

A 是一名容貌清丽的短视频穿搭博主，日常爱在某短视频平台发布自己的穿搭视频，有时在某二手购物平台出售自己的二手服饰。B 是一名大学生，日常空闲时爱刷短视频，偶然刷到 A 的短视频后，发现对 A 无好感，故在之后的时间中，加入了 A 的黑粉群，在群聊中多次发布各种针对 A 进行人身攻击的语言；B 还盗取 A 在短视频发布的视频截图、二手平台售卖服饰的图片后进行后期 P 图，再配上大量粗鄙、低俗字眼的文字后公开发布。因 B 多次在自己的各类社交平台公开发布关于 A 的不实言论，A 及其家人的日常生活均被严重影响，A 不堪凌辱，为及时解决问题，便主动同 B 协商，希望 B 能够删除其不实言论并公开道歉，以使自己名誉不再受侵害。但 B 始终认为在互联网上发布言论是自己的合法权利，所以自己的行为归根到底也只是在行使自己的合法权利，没有任何不当，因此 B 拒不道歉，也不愿删除自己发布的各类言论。无奈之下，A 向人民法院提起诉讼，希望借助法律的力量让侵害自己合法权利的 B 受到法律制裁，让自己能够不再受诽谤与侮辱，自己的名誉权不再受侵害。

基于此，我们不免思考：言论自由是我国公民依法享有的权利，但言论自由是否意味着言论不受限制？我们应如何正确行使自己的此项合法权利呢？

2. 以案释法

（1）处理过程

根据本案查明的事实，本案中当事人 B 仅依据自己道听途说的传闻，随意捏造并公开发布针对当事人 A 的不当言论，造成对当事人 A 的网络暴力，行为已构成侮辱、诽谤，侵犯了当事人 A 的名誉权。在 A 主动协商，请求删除有关内容并公开道歉，以便停止对自身人格与名誉侵犯的行为，使自己及家人能够正常生活之时，B 仍不接受，并辩称自己在互联网上发布的信息中涉及的"A"并非本案当事人A，还表明是在行使言论自由的权利。事实上，根据B前后发布的言论来看，足以印证其所指的"A"即本案当事人A，言论自由不是无视法律法规、公序良俗而造成不良影响，B的辩称不应被采纳。

（2）处理结果

言论自由是我国宪法中确认的公民具备的一项基本人权，是国家公民就各种政治和社会问题以不同语言表达其思想和意见的自由。然而，言论自由并不意味着言论可以超越言论自由的界限。当下，我们正处于互联网时代，但互联网不是法外之地，言论自由和舆论监督具有基本的"法度"，言论的表达和评价要基于客观事实是言论自由、舆论监督与侵害名誉权的界限，绝不能突破法律规定和公序良俗的底线。A认为B发表的涉案言论已经贬损了自己的人格，严重影响了自己的生活，于是起诉要求B赔礼道歉并进行经济补偿。一审法院审理认为B发布的言论确实直接贬损了A的人格，构成以侮辱、诽谤的方式侵犯A的名誉权，故判决B公开致歉，并支付精神损害赔偿金及赔偿其他经济损失。B不服，认为其发表言论是行使言论自由的权利，且涉案言论中的"A"并未明确说是本案当事人A，遂向二审法院提起上诉。二审法院审理认为，结合涉案言论的上下文，可以认定提及的"A"就是本案当事人A，B仅凭自己主观的推断、道听途说的传闻，随意在网上公开发表针对A人格与名誉的不当言论，导致了损害当事人A人格与名誉等方面的谣言流传开来。言论自由并不是每个人都能不受限制，无视法律法规、公序良俗，本案当事人B的行为已超出言论自由界限，并对当事人A的日常生活造成严重影响，侵犯A的名誉权，构成诽谤和侮辱。故二审判决驳回上诉，维持原判。

（3）法律思考

本案的争议焦点为B行使"言论自由"的行为是否损害A的名誉权。

第一，言论自由的定义与界限。言论自由是帮助公民表达意愿、交流思想和传播信息的必要手段和基本工具。我国宪法中确认公民享有言论自由权，但公民在行使言论自由权时不得违反宪法的其他规定。任何质疑国家主权、国家安全和社会稳定，或损害宪法规定的民族、社会、集体利益和其他公民合法自由和权利的言论，捏造事实、散布不实阴谋、故意散布谣言、扰乱社会秩序的言论，肯定是依法并不属于言论自由的范围。

第二，名誉权。名誉权是人格权所包含的相对宽泛的权利，是指公民和法人的名誉不受侵害的权利，任何通过侮辱、诽谤、捏造事实、散布流言蜚语等方式损害公民和法人名誉的行为，都将会使被害人受到情绪困扰和心理创伤，故这些负面的行为都是侵犯公民名誉权的行为，依法应当受到处罚。每个公民或法人组织都依法有名誉权，即对自己人格的社会评价享有不受干涉的权利。

第三，侵犯公民名誉权。侵犯公民名誉权的主要手段包括侮辱、诽谤等，既包括严重贬低他人人格，也包括以"语言＋文字"的形式贬低他人。侮辱诽谤涉及的内容也主要是公民的人格内容，如人格、道德、思想等。

3. 法条链接

中华人民共和国民法典

第一千零二十四条　民事主体享有名誉权。任何组织或者个人不得以侮辱、诽谤等方式侵害他人的名誉权。

名誉是对民事主体的品德、声望、才能、信用等的社会评价。

中华人民共和国网络安全法

第十二条　国家保护公民、法人和其他组织依法使用网络的权利，促进网络接入普及，提升网络服务水平，为社会提供安全、便利的网络服务，保障网络信息依法有序自由流动。

任何个人和组织使用网络应当遵守宪法法律，遵守公共秩序，尊重社会公德，不得危害网络安全，不得利用网络从事危害国家安全、荣誉和利益、煽动颠覆国家政权、推翻社会主义制度、煽动分裂国家、破坏国家统一，宣扬恐怖主义、极端主义，宣扬民族仇恨、民族歧视，传播暴力、淫秽色情信息，编造、传播虚假信息扰乱经济秩序和社会秩序，以及侵害他人名誉、隐私、知识产权和其他合法权益等活动。

4. 案例启示

言论自由是宪法赋予公民表达自我观点、促进彼此沟通交流的重要权利，但人们在行使自己这项合法权利的过程中，更应具备较高素养、把握尺度，不违反法律法规，不违背公序良俗，为构建和谐社会贡献力量。

（二）网购自由

📖 案例

....

1. 案情简介

2021 年 7 月 17 日，某博主在某平台一家卫浴店铺里购买了一个浴缸。直至 8 月初，商家未按照约定时间发货，并虚假发货、强制发货、售卖假货，而该博主因为误收快递花了 700 元钱把东西退了回去。并且，商家、某平台都在推脱责任，未曾针对此事对该博主进行赔偿，而该博主仍然在积极寻找救济措施，与商家和某平台客服、卫浴厂家、市场监督管理局沟通联系。10 月 22 日，该博主与某平台的网络服务合同纠纷在当地互联网法院立案。

该案例所需要解决的矛盾很常见，是网购售后服务合同纠纷。结合案例，也就是在遇到商家未按照约定时间发货、虚假发货、强制发货、售卖假货等情况时，如何要回自己的钱款，让商家受到应有的惩罚？

2. 以案释法

（1）处理过程

在此案中，商家未按约定时间发货，博主与之协商后不但没有立即发货反而提供一个假物流单号撒谎掩饰，对此该博主的处理方法是立即申请退款并告知商家。10 月 22 日，该博主与某平台的网络服务合同纠纷在当地互联网法院立案，双方进行了长时间的协商。

（2）处理结果

最终，该商家退回博主之前损失的所有财产。

（3）法律思考

针对商家未按约定时间发货的情况，博主立即申请退款并告知商家。这一方法简单直接，但有一弊端——无赖商家可能不会同意退款，同时会谎称已经发货，此案的商家便是这样的行径。因此，遭遇商家未按约定时间发货的情况，消费者可向网购平台投诉。比如根据某平台规则 48 小时延迟发货，自动赔付 5％。倘若遇到商家虚假发货，消费者可向网购平台投诉。比如某平台规定消费者投诉成立，赔付 30％。

倘若普通消费者像案例中的博主一样遭遇了强制发货，可立即联系商家要求召回快递；若商家未召回，货物送到消费者有权拒收且无需承担运费，切记不可听信商家的话自行承担运费。若快递员在未联系消费者的情况下，把货物放在代收点，消费者可以不去取货，并告知代收点拒收货物。若货物被放在快递柜，也可以不去取货，直接申请退款（"未收到货"—"不退货仅退款"）即可。若卖家拒绝退款申请，可以在申请退款的 3 天后，且卖家拒绝状态下，在退款页面点击"要求客服介入"处理，申请后关注 4～6 个工作日等待处理。如果误收了快递，只能自费退回。

商家售卖假货，消费者可以像该博主一样先同商家协商和解，若不能达到维护权益的目的，消费者可向相关网购平台投诉，由平台去处理。投诉成功后商家会受到网购平台的处罚，比如被扣分、影响店铺排名、影响钱款收款期限、删除商品、下架商品等。倘若投诉后消费者仍没有得到商家的三倍赔偿，应该立即向 12315 平台或商家公司注册地的市场监督管理部门投诉网购平台，还可在互联网法院提起诉讼，投诉或诉讼成功后，消费者可获得三倍赔偿，平台和商家也会受到相应地处罚。

在投诉或起诉前，我们应正确地给商家和网购平台的行为进行定性，这样才能针对不同情况寻求相应的解决方法。本案中最重要的法律问题就是商家行为的定性，商家在销售页面的标题描述是"卫浴"，而消费者实际收到的商品没有品牌信息或标志的行为，该行为可以被认定为某平台规则里的"商品描述不一致"，按目前法律来看，同时也符合《中华人民共和国消费者权益保护法》中的"欺诈消费者"。因为其虽然在宣传时说的是某名牌卫浴，但实物并没有冒用相应的品牌信息和 Logo，并不构成"销售假冒伪劣产品"。商家在陈列展示商品时，如果采用了一些不正当的手段，对消费者进行欺骗和误导，让消费者误认为买到了心仪的产品，侵害了消费者的合法权益，构成"欺诈消费者"。

3. 法条链接

中华人民共和国民法典

第五百八十四条　当事人一方不履行合同义务或者履行合同义务不符合约定，造成对方损失的，损失赔偿额应当相当于因违约所造成的损失，包括合同履行后可以获得的利益；但是，不得超过违约一方订立合同时预见到或者应当预见到的因违约可能造成的损失。

中华人民共和国消费者权益保护法

第三十九条　消费者和经营者发生消费者权益争议的，可以通过下列途径解决：

（一）与经营者协商和解；

（二）请求消费者协会或者依法成立的其他调解组织调解；

（三）向有关行政部门投诉；

（四）根据与经营者达成的仲裁协议提请仲裁机构仲裁；

（五）向人民法院提起诉讼。

4. 案例启示

这个案例只是众多网购侵权案例中的沧海一粟,作为一个普通的消费者,被商家、网购平台要得团团转,想必内心都无比气愤吧。这个案例清晰又现实地展现了一些网络卖家藏在暗处胡作非为;网购平台只顾利益关系、监管不作为;市场监督管理部门对网购市场监管的无奈;消费者网购维权耗时长成本高,十分艰难复杂。但同时也让普通消费者看到了希望,维权虽难但也是有方法的,网购虽有坑但也总有人会站出来与之对抗。

我们大学生作为一个普通消费者,既然知道事后维权的艰难,那就需充分做好事前预防与准备。首先,消费者要了解在网购过程中可以享有的权利,例如安全权、知悉真情权、自主选择权、公平交易权、求偿权、监督权等,这样才能有效及时地发现经营者与网购平台的侵权行为;其次,消费者要学会有效收集证据、保留证据,包括但不限于与经营者沟通的聊天记录、开箱视频、商品各个角度的照片、网购平台操作截图等,以备投诉时使用;再次,消费者应充分知晓网购维权的途径与方法,在遭遇侵权行为后可以及时有效地与商家对抗,可以申请退款、拒收,投诉到平台、厂家、消费者权益保护协会、12315,在互联网法院提起诉讼等。同时,希望未来的网购法治建设会更加完善,比如可以增加网购平台对平台内上架的商品的真实性、合法性审查的义务,加强对平台内卖家的监管,将重点放在对相关权益人和权利持有人投诉的处理上,提升售假处罚的执行效率和透明度等。

星星之火,可以燎原。我相信如果每一个普通人都敢于维护自己的权益、勇于与无良商家斗争,网购市场的环境就会越来越好,侵权行为也会越来越少。

(三)旅行须知

📖 案例

··

1. 案情简介

小萌是某高校在读大学生,她与好友约定假期前往某地旅行,并于 2019 年 9 月 13 日在某网络软件上分两个订单提前预订了两间海景房,其中一个订单入住时间为 2020 年 2 月 12 日,数量一间,房型为"尊贵海景房(促销特卖)",房价为人民币 724 元一晚;另外一订单为 2020 年 2 月 13 日入住,房间数量及房型相同,房价为 697 元一晚。小萌以信用卡方式预付上述房费合计

1421 元，并于当日收到酒店所属公司所发送的付款成功以及预订成功的告知短信。但到了 2020 年 1 月 30 日，该公司以短信的方式通知小萌，关于小萌预订的同年 2 月 12 日、13 日的客房"酒店告知（此房型无海景，请知晓）"。小萌当即致电被告客服人员询问两个订单房间的详情，表示若确无海景则需退还预付款。该公司随后通知小萌，称两个订单所涉房型因预订时在 9 月可以看到海景，现在是 1 月因为新建高层建筑致使海景被遮挡，故看不到海景。同时拒绝了退款请求。小萌认为，该公司宣称的海景房并无海景，即便因季节变换导致海景消失，该公司在经营该酒店超过一年的情况下也应对此知晓，但仍以海景房向游客提供。故诉至法院，请求判令该公司退还原告酒店预付款 1421 元，并加付三倍酒店预付款 4263 元。

2. 以案释法

（1）处理过程

第一，酒店所属公司的关于"该订单一经确认不可取消修改，若未入住或者取消修改，将扣除全额房费"的"取消政策"，是否属于格式条款，限制了小萌权利、加重了小萌的责任？

合同当事人应当全面依法地履行合同项下的义务。小萌预订酒店海景房，观赏海景是其预订酒店考虑的重要因素。虽然涉案酒店客房因附近新建高层建筑致使海景被遮挡并非该公司的过错，但会对小萌造成一定的利益损失，故小萌提出退款具有一定合理性。酒店公司以预订时已告知小萌订单不可取消为由拒绝退款，但表示尽量安排高楼层的房间以便小萌可以看到海景，属于单方变更合同情形。在履约条件发生变化的情况下，若仅允许经营者单方变更合同，同时仍依据合同订立时的格式条款排除消费者变更或要求退款的权利，加重了消费者的责任，有失公允，故在协商不成的情况下，小萌可以要求全额退还预付款。

第二，酒店公司所称已经按照约定提供了服务，在小萌预定该房型时确能看到海景，但是入住时看不到海景的特殊情况是否属于欺诈行为？小萌是否能够要求退一赔三？

根据法律规定，欺诈是指一方当事人故意告知对方虚假情况，或者故意隐瞒真实情况，诱使对方当事人作出错误意思表示。本案中，小萌提前数月预订酒店客房，该房型在小萌下单时可以看到海景，故酒店公司在缔约时并不存在告知虚假情况或隐瞒真实情况的情形。经核实，无法看到海景系附近新建高层建筑所致。本案也无证据表明海景有无会因季节更替呈现有规律的变化，从而使得该公司有能力预知。基于此，该公司不存在欺诈的故意，小萌退一赔三的主张不能得到支持。

（2）处理结果

被告酒店公司于本判决生效之日起十日内退还原告小萌人民币 1421 元，驳回小萌的其余诉讼请求。案件受理费人民币 50 元，因本案适用简易程序审理，减半收取计人民币 25 元，由小萌负担人民币 18.75 元，被告酒店公司负担人民币 6.25 元。

（3）法律思考

外出旅行逐渐成为当下非常热门的休闲娱乐方式。外出游玩不免涉及预订酒店住宿，由于互联网的发展，大学生出行时使用携程旅行、美团、去哪儿旅行等旅游软件进行网络预订酒店住宿已成为常态。但由于大学生缺乏相关法律知识储备，往往在取消订单等方面受到酒店"格式条款"的限制进而遭受财产损失。因此，大学生在外出旅行时，要增强法律意识，善用法律武器，勇敢捍卫自己的合法权益，在合理合法的情况下，抵制酒店不正当的"取消订单则扣除预付款"等"霸王条款"，让愉快的外出旅行也能得到法律的保护。

3. 法条链接

中华人民共和国消费者权益保护法

第二十六条　经营者在经营活动中使用格式条款的，应当以显著方式提请消费者注意商品或者服务的数量和质量、价款或者费用、履行期限和方式、安全注意事项和风险警示、售后服务、民事责任等与消费者有重大利害关系的内容，并按照消费者的要求予以说明。

经营者不得以格式条款、通知、声明、店堂告示等方式，作出排除或者限制消费者权利、减轻或者免除经营者责任、加重消费者责任等对消费者不公平、不合理的规定，不得利用格式条款并借助技术手段强制交易。

格式条款、通知、声明、店堂告示等含有前款所列内容的，其内容无效。

4. 案例启示

外出旅行中，不少大学生实行"特种兵"式旅行，一个假期畅游几个旅游胜地。不过，也要提醒大家，应该找有资质的旅行社报名旅游团，并在旅游过程中理性消费，避免冲动消费。针对一些旅游服务机构的违法和违规行为，可以采取适当的方式保存证据，并根据这些证据，向旅游投诉处理机构或者旅游市场执法部门进行投诉。

主要参考文献

一、专著

曹义孙，2012. 多面向的法治教育 [M]. 北京：中国政法大学出版社.

邓小平，1993. 邓小平文选：第 3 卷 [M]. 北京：人民出版社.

邓小平，1994. 邓小平文选：第 2 卷 [M]. 北京：人民出版社.

邓演平，2010. 大学生思想政治教育论 [M]. 长沙：湖南大学出版社.

江泽民，2006. 江泽民文选：第 1 卷 [M]. 北京：人民出版社.

冷传莉，2020. 法治中国与法学教育 [M]. 北京：知识产权出版社.

毛泽东，1982. 毛泽东论思想方法 [M]. 北京：红旗出版社.

毛泽东，1992. 毛泽东同志论教育工作 [M]. 3 版. 北京：人民教育出版社.

倪瑞华，2021. 思想政治教育认同基本理论研究 [M]. 北京：中国民主法制出版社.

蒲鸿志，2021. 法治教育研究 [M]. 北京：中国社会科学出版社.

齐立石，2017. 大学生思想政治教育 [M]. 成都：电子科技大学出版社.

邱仁富，2013. 思想政治教育话语论 [M]. 上海：上海交通大学出版社.

舒婷婷，2019. 法治视野下的思想政治教育研究 [M]. 北京：人民出版社.

谈娅，2021. 新时代高校思想政治教育创新研究 [M]. 重庆：西南师范大学出版社.

王红梅，2021. 高校法治教育实效性研究 [M]. 北京：中国社会科学出版社.

王卉，2021. 课程论视域下大学生思想道德与法治教育研究 [M]. 武汉：武汉大学出版社.

习近平，2017. 习近平谈治国理政：第 2 卷 [M]. 北京：外文出版社.

习近平，2020. 习近平谈治国理政：第 3 卷 [M]. 北京：外文出版社.

习近平，2022. 习近平谈治国理政：第 4 卷 [M]. 北京：外文出版社.

习近平，2023. 习近平著作选读：第1卷 [M]. 北京：人民出版社.

习近平，2023. 习近平著作选读：第2卷 [M]. 北京：人民出版社.

姚建龙，2016. 大学生法治教育论 [M]. 北京：中国政法大学出版社.

中共中央马克思恩格斯列宁斯大林著作编译局，2012. 马克思恩格斯选集：第1卷 [M]. 北京：人民出版社.

中共中央宣传部，中央全面依法治国委员会办公室，2021. 习近平法治思想学习纲要 [M]. 北京：人民出版社.

朱丽，2016. 大学生法治教育研究 [M]. 成都：电子科技大学出版社.

二、学位论文

蔡卫忠，2014. 公民意识养成视阈下的大学生法律教育问题研究 [D]. 济南：山东大学.

陈洁，2012. 我国大学生法治教育研究 [D]. 上海：复旦大学.

邓映婕，2016. 依法治国背景下高校大学生法治教育的现实困境与路径构建 [D]. 上海：华东政法大学.

高学敏，2014. 中国公民普法教育演进研究 [D]. 上海：复旦大学.

李金枝，2021. 公民法治教育的中国模式与实现路径 [D]. 上海：华东政法大学.

刘佳璇，2022. 习近平法治思想涵养高校思想政治教育研究 [D]. 济南：山东大学.

刘宁，2016. 当代中国的法治教育研究 [D]. 武汉：华中师范大学.

孟鹏涛，2017. 中国高校法治教育问题研究 [D]. 长春：吉林大学.

庞桂甲，2021. 习近平关于文艺铸魂育人重要论述研究 [D]. 北京：中共中央党校.

申中芳，2022. 列宁法治建设思想及其当代启示研究 [D]. 重庆：西南大学.

舒婷婷，2017. 法治视野下思想政治教育研究 [D]. 南京：南京师范大学.

谭林，2020. 新时代大学生思想政治教育方法创新研究 [D]. 成都：西南交通大学.

杨洪涛，2020. 法治思维融入高校思想政治教育的路径研究 [D]. 重庆：西南政法大学.

赵宇航，2022. 全面依法治国背景下大学生法治教育研究 [D]. 上海：华东政法大学.

朱文玲，2022. 习近平法治思想引领高校法治教育的实践策略研究［D］. 长春：吉林大学.

三、期刊

龚延泰，2015. 论中国特色社会主义法治理论发展的法治实践动力系统［J］. 法制与社会发展（5）：5－16.

韩宝庆，2015. 将全面推进依法治国理念融入大学生思想政治教育的若干思考［J］. 思想理论教育导刊（2）：127－130.

何桂美，2015. 对高校法治环境与思想政治教育深度融合的思考［J］. 学校党建与思想教育（22）：59－60.

黄佳，2022. 高校法治教育一体化发展的内涵、要求与对策［J］. 东北师大学报（哲学社会科学版）（4）：150－156.

黄滢，2016. 大学生社会责任感培养——基于思想政治理论课中法治教育的视角［J］. 学术论坛（2）：169－172.

纪玉超，林海涛，2017. 高校思想政治教育资源整合路径研究［J］. 黑龙江高教研究（7）：146－148.

李菊蕾，2021. 思想政治教育融合法学教育的可能性［J］. 中学政治教学参考（25）：87.

李牧，董明皓，2022. 论全面依法治国视域下的大学生法治教育［J］. 思想理论教育导刊（7）：65－70.

李禹潞，张磊，李肃霜，2021. 法治文化融入高校大学生思想政治教育工作的实践向度［J］. 黑龙江高教研究（2）：131－135.

林凯，周晨，2019. 对高校思想政治教育中融入法治教育的思考［J］. 学校党建与思想教育（18）：26－28.

吕勇，孙艺华，2023. 法治教育与思政教育协同育人论析［J］. 中学政治教学参考（13）：21.

马钰，2020. 新中国70年高校法治教育的回顾和展望［J］. 当代教育科学（3）：92－96.

孟莉，2016. 当代大学生法律意识培育微探［J］. 学校党建与思想教育（8）：61－62.

舒畅，陈红军，2021. 高校思想政治教育与法治教育的协同发展［J］. 中学政治教学参考（31）：106.

王乐泉，2015. 坚持和发展中国特色社会主义法治理论［J］. 中国法学（5）：
　5—13.

王学俭，李迎娣，2016. 依法治国视域下的思想政治教育调适研究［J］. 湖北
　社会科学（2）：187—192.

吴宏亮，薛建龙，2023. 思想政治教育与法治建设相互作用机理探析［J］.
　中州学刊（1）：37—43.

熊建生，郭榆，2022. 新时代思想政治教育内容建设的新要求［J］. 思想理论
　教育（3）：59—65.

徐蓉，2015. 法治教育的价值导向与大学生法治信仰的培育［J］. 思想理论教
　育（2）：16—20.

许长宾，陈晓华，2022. 思想政治教育何以渗透法治理念［J］. 中学政治教学
　参考（48）：104.

杨柳，刘军，2022. 思政教育对法治中国建设的推动［J］. 中学政治教学参考
　（46）：17.

杨燕，2017. 依法治国方略背景下法律意识的功能论析［J］. 学校党建与思想
　教育（9）：91—94.

杨竹，刘张飞，2020. 论大学生法治教育的学科属性、基本内容与实施路径
　［J］. 思想理论教育导刊（6）：65—68.

袁梦，2022. 法治思想融入学校思政教育探索［J］. 中学政治教学参考（27）：
　11—12.

张宇恒，2019. 从法制教育到法治教育的转向与进步［J］. 上海教育科研（7）：
　10—14.

赵吉民，2021. 法治教育与思政教育的协同发展研究［J］. 中学政治教学参考
　（30）：87.

四、报纸

陈晓明，2021—05—26. 高校思想政治教育中的法治素养教育探析［N］. 法治
　日报（11）.

楚岭辉，吴迪，2022—11—24. 高校法治教育契合社会需求的着力点［N］.
　中国社会科学报（11）.

房玉春，2022—09—27. 推动高校法治教育，努力实现三个转化［N］. 光明
　日报（13）.

郭宝付，2020-07-06. 坚持高校法治教育与道德教育相统一［N］. 中国社会
　科学报 (5).

汤维建，2022-09-20. 习近平法治思想的基本特征［N］. 人民政协报 (3).

习近平，2016-07-02. 在庆祝中国共产党成立 95 周年大会上的讲话［N］.
　人民日报 (2).

习近平，2019-03-19. 用新时代中国特色社会主义思想铸魂育人 贯彻党的教
　育方针落实立德树人根本任务［N］. 人民日报 (1).

习近平，2021-07-02. 在庆祝中国共产党成立 100 周年大会上的讲话［N］.
　人民日报 (2).

后　记

　　党的二十大报告首次单独把法治建设纳入专章论述、专门部署，习近平总书记在报告中也 23 次提到法治一词，彰显了全面依法治国的重要地位。大学生法治教育是高校落实立德树人的根本任务、培养时代新人，助力中国特色社会主义法治建设的重要组成部分。面对百年未有之大变局，大学生法治教育面临着挑战和机遇。进一步推进大学生法治教育，深入研究法治教育与思想政治教育融合的有效路径，是高校法治教育持续发展的内在需要，能不断提升思想政治教育的工作实效，有助于大学生坚定中国特色社会主义法治道路自信，不断凝聚起法治中国建设的磅礴青春力量。

　　本书将"大学生法治教育与思想政治教育融合"作为研究方向，源自笔者在学校法学院工作，有多年从事大学生法治教育和长期担任高校辅导员参与大学生思想政治工作的实践经验，也源自笔者在高校辅导员专业化发展探索中，根据兴趣、爱好和工作实际，选择将"大学生法治教育"作为自己主要的研究方向和未来长时间持续关注的研究领域。

　　本书以习近平新时代中国特色社会主义思想为指导，系统梳理大学生法治教育和思想政治教育相关理论基础，回顾总结发展历程和研究现状，阐述分析内在关联和问题成因，从完善新时代大学生法治教育工作体系、大学生法治教育与日常思想政治教育融合的路径选择、大学生法治案例分析与思考等方面，多方位、多层次提出提升高校法治教育的对策、建议和实施路径。本书始终站在大学生管理者视角，特别是关注了高校辅导员对推动大学生法治教育的重要作用，综合运用了思想政治教育学、法学、教育学、心理学、管理学等学科知识，强调法治教育融入大学生日常思想政治教育的实践特征，具备一定的理论深度和实践向度。本书的前言、绪论、后记和第一、四、五、六、七、八章由熊胤撰写，第二、三章由陈萱源撰写。

　　在本书的撰写过程中，笔者学习参考了法治教育和思想政治教育的经典著作、大量专家学者的研究论著和学术论文，在书中采用脚注的方式进行了标注，在书末列出了主要参考文献，对原作者深表谢意！此外，笔者学识水平有限，理论功底还需加强，研究领域也有待进一步深入与拓展，有些观点有待进一步探讨，本书中不免存在疏漏和不足之处，请各位专家学者和读者批评指正。

最后，感谢四川师范大学学生工作部（处）·武装部、法学院、"青春向党"辅导员名师工作室对本书出版提供资助；感谢四川大学公共管理学院陈萱源老师的鼎力合作；感谢各位领导、同事在本书出版过程中提供的帮助；感谢学生团队全程参与调研、校稿。

熊　胤

2023 年 6 月